21世纪高等师范类院校通用教材

教师礼仪通论

主　编　吴艳华
副主编　王金萍
编著者　吴艳华　王金萍　商隶君　张海燕※
　　　　张海燕　刘佳怡

河北大学出版社

图书在版编目（CIP）数据

教师礼仪通论 / 吴艳华主编. -- 保定 : 河北大学出版社, 2013.11
ISBN 978-7-5666-0251-0

Ⅰ. ①教… Ⅱ. ①吴… Ⅲ. ①教师－礼仪 Ⅳ. ①G451.6

中国版本图书馆CIP数据核字(2013)第216269号

责任编辑：梁志林
装帧设计：赵　谦
责任印制：靳云飞

出版：河北大学出版社（保定市五四东路180号）
经销：全国新华书店
印制：保定市北方胶印有限公司
开本：1 / 16（710mm × 1000mm）
字数：235千字
印张：14.25
版次：2013年9月第1版
印次：2015年10月第3次印刷
书号：ISBN 978-7-5666-0251-0
定价：26.00元

克己复礼，德润万物

——《教师礼仪通论》序

当社会经济发展达到一定的规模体量，“软硬件”磨合的问题随之而来，国民素质的养成和提高便凸显出其重要性。“中国梦”不仅包含着漂亮的经济数据，更对应着每一位公民的全面发展、和谐发展，对应着全民族文明程度的提升。十年树木百年树人，人的素质的提高不会一蹴而就，需要涵濡浸渍逐步累积，其中一个重要环节就是礼仪文明的教化与传承。孔子曰：“不学礼，无以立”，国学大师钱穆先生也曾指出“礼”是中国文化的根本特质。从社会架构到个体人生，从思想修为到生活细节，礼仪文化无不浸润其中。温润如玉的君子一直是国人传统的人格理想，而这一层温润的色彩无疑正是来自于礼的陶冶。

文明的最终落脚点是人，而不是典籍章册。过往一段段苦难而喧嚣的历史跋涉，历经战乱的冲刷、思潮的撞击甚至人为的破坏，很难说今天国人的礼仪素养还能达到何种水准。千尺之台起于垒土，文化的复兴更为浩繁，既要高屋建瓴的顶层设计，又需胼手胝足的埋首耕耘。当下之际，亟待重拾礼仪教育，于细微处展开扎实全面的工作。陶行知先生说过：“在教师手里操着幼年人的命运，便操着民族和人类的命运”。教育的终极目标在于塑造合格、优秀的公民，进而使之成为社会的栋梁、国家的基石。从这个意义出发，今天的教育体系中，礼仪教育越发不可缺席。

教师是教育的实施主体。礼仪教育的真正贯彻，有待于每一位教师秉持“克己复礼、育人兴邦”的价值取向，身体力行，而这首先要求教师自身具备良好的礼仪修养及一定的理论储备。令人遗憾的是，我国的师范教育课程体系及教师在职培训课程体系中，礼仪教育目前还算是一个盲区，没有设置专门的“教师礼仪”课程加以强化训练、深入研讨。据此，从教师教育本身的规律与架构来讲，“教师礼仪教育”是一个需要填补的空缺。

再从教育的普遍规律来着眼。礼仪教育是生活化的教育，作为学生天然的仿效对象，教师的一言一行、一举一动实际上已经构建了一个整体的教育氛围，这绝不是一两位教师通过一两门课程所能达到的效果，全体教师都应有意或无意地参与其中。礼仪教育又应是充满了艺术性的美的教育，空谈理念无所助益，在教与学的对接中教师本身的示范引导更为重要。加强教师的礼仪修养，不仅于教师自身是一种雕琢和锤炼，更会在言传身教中给学生带来美的启迪、礼的教化。教师由内而外传达出的美好会成为学生最好的成长借鉴，内化于心、外化于行，从而为学生留下深远的荫庇。

值得欣慰的是，沧州师范学院礼仪研究中心诸位老师精心撰写的《教师礼仪通论》一书日前付梓，该书以教师礼仪为切入点，正切合了时代的需求，顺应教育规律而又立意高远。获赠书稿先睹为快之余，吴艳华主任嘱我作序。品读揣摩中，我看到了撰写者的用心和努力。礼仪知识包罗万象，书中围绕教师实际工作需求、常见易错问题进行了梳理、筛取与强化，内容极富指导性与针对性，不枝不蔓、要言不烦，学风质朴不重虚华。同时，这部书又不落操作手册般刻板教条的窠臼，不吝大量篇幅落墨于中国古代礼仪文化知识，蕴藉典雅，仅从章目题名即可一窥翰墨之香书卷之气，撰写者复兴国学、踵事增华的良好用意自不待言。书稿架构完整、立论独到，清晰表明教师礼仪独立的研究意义和存在价值，展现出教师礼仪自身的发展规律和传承脉络，使“教师礼仪”作为一门专有学科的学术地位进一步得以明确。

文明的接续总是瓜瓞绵绵不绝如缕，岁月荣枯载沉载浮之中，中华民族始终顽强地葆有着精神根脉，总会有人兢兢业业践行克己复礼，总会有人脚踏实地打造心灵净地。我相信，礼仪教育方兴未艾，礼仪研究任重道远，诸位老师的坚韧与付出，必将汇入整个社会文明提升的洪流，善莫大焉。

是为序。

胡连利

2013年9月于北京

目 录

第一章　德辉于内　礼发诸外

——礼仪概述

第一节　礼仪的起源与发展

中华民族的文化源远流长，悠久灿烂。“礼”作为中华民族优秀文化的一个重要组成部分，经历了从起源到逐步发展、成熟的历程，也折射出中国文化的发生、发展嬗变的足迹。

一、礼仪的起源

关于礼仪的起源，学术界都认为起源很早，原始社会就已有礼仪的萌芽，在人类社会进入文明之初，就已有礼仪的很多表现。但礼仪起源的具体缘由却众说纷纭，莫衷一是，较有代表性的观点有：

（一）礼仪起源于饮食

这种观点认为礼仪作为一种行为规范，是由社会物质基础所决定的，饮食乃人生第一需要，是最基本的物质形式。在人类社会中，人与人之间的差别、等级主要体现在饮食分配上的差别，卑者、幼者向尊者进献饮食，使尊者、长者先食、多食，以表示尊崇，这种尊卑、长幼有别的行为规范，就是最原始的“礼”，这从原始人类分配食物的习俗就已见端倪（详见杨英杰《关于“礼”的起源的再探讨》，2000），因而最早的礼仪主要应从人们的饮食行为中产生。例如：

《礼记·礼运》中说：“夫礼之初，始诸饮食。其燔黍捭豚，污尊而抔饮，蒉桴而上鼓，犹若可致其敬于鬼神。”古代先民认为神亦如人，不能离开衣食住行，因而应虔诚地奉上自己的食物，这种敬鬼神的方式尽管简陋，但应当是最原始的祭礼的雏形。《诗经·小雅·楚茨》中写道："神嗜饮食，卜尔百福。"正是形象地记录了先民进行祭礼的心态。清人孙希旦的《礼记集解》认为："礼经纬万端，无乎不在，而饮食所以养生，人既生则有所以养之，故礼制始此焉。"《盐铁论·散不足》说："古者燔黍食稗而烨豚以相飨，其后乡人饮酒，老者垂豆，少者立食，一酱一肉，旅饮而已"，认为"乡人饮酒"之礼就是从原始氏族制社会中人们的"相飨"发展形成的。

杨宽在《古史新探》中说："礼的始诸饮食，不外乎三个方面，一是把鬼神看作活人一样，给以饮食，在给以饮食时，讲究尊敬的方式，这就产生了祭礼……一是在聚餐和联欢会中讲究对长者和宾客的尊敬方式，分饮酒，礼该即由此产生。"上述文献资料可以说是对礼仪起源于饮食的最好的阐释。

（二）礼仪起源于宗教祭礼

此说认为，原始社会由于生产力的低下，原始人面对大自然的电闪雷鸣、山崩地摧、江河横溢、赤日炎炎往往束手无策，于是在渴望征服自然的幻想中，创造了一个神的世界，古代神话、原始巫术、原始宗教也就随之产生。原始人祈求神灵的庇佑，希望神灵能够为他们驱除灾难、赐福降运，保佑平安，就要经常进行祭祀活动，祭礼也就应运而生，成为人与神灵沟通的一种行为方式。许慎《说文解字·示部》解释："礼（禮），履也。所以事神致福也，从示从豊，豊亦声"。在《豊》部中又阐释："豊，行礼之器也，从豆，象形"。可见，从"礼"字本身的字形来解析，礼含有以器行礼、祭神祀福的内涵。在《左传》中也有"国之大事，唯祀与戎"的主张。可见在春秋战国时代，祭祀是国家的头等大事之一。我国古代记述国家祭祀、民间祭祀的文献数目众多，因而，礼仪起源于宗教祭祀的观点，尽管还存在争议，但影响甚大，为很多学者所接受。

（三）礼起源于男女婚姻

此说认为礼仪起源于男女有别及婚姻嫁娶。《礼记·昏义》说："夫礼，始于冠，本于昏（婚）"。《易传序卦》则说："有天地然后有万物，有万物然后有男女，有男女然后有夫妇，有夫妇然后有父子，有父子然后有君臣，有君臣然后有上下，有上下然后礼义有所措。"这是最典型的礼起源于男女婚姻的观点。

（四）礼起源于“制欲治乱”

这种观点的主要代表人物是荀子。荀子认为，人性本恶，如果人的欲望不加以限制，就会引起社会的动荡、混乱，因此需要礼仪的约束、教化，使人由恶变善。他在《性恶》篇中说：“从人之性，顺人之情，必出于争夺，合于犯分乱理，而归于暴。故必将有顺法之化，礼义之道，然后出于辞说，合于文理而归于治。”“古者圣王以人之性恶，以为偏险而不正，悖乱而不治，是以为之起礼义，制法度，以矫饰人之情性而之，以扰化人之情性而道之也。使皆出于治，合于道者也”。可见，荀子认为礼仪是为规范社会秩序，规范人的行为，规范世风而制定和延续的。

荀子的这种观点给后世以很大影响，唐代柳宗元、北宋王安石都曾受过他的影响。

（五）礼仪起源于习俗

有些研究者认为礼仪起源于氏族社会的传统习惯、习俗和种种以实物及象征性动作构成的仪式。因为礼仪本身即是一种具有极大的普遍适用性、日常习见性和文化仪式外现性的行为规范体系，它必然与社会的文化、风俗、习惯有密切的关系。《慎子·佚文》说：“礼从俗。”《礼记·坊记》说：“礼者，因人而为之节文，以为民坊也”。近人刘师培在《古政原始论》中指出：“上古之时，礼原于俗。典礼变迁，可以考民风之同异。”学者杨向奎在《社会与礼乐文明》中作了精辟阐述说：“礼仪起源于原始社会的风俗习惯，在当时，人们有一系列的传统习惯，作为全体氏族成员在生产、生活的各个领域内遵守的规范。等到阶级和国家产生后，贵族们利用其中某些加以改造和发展，逐步形成各种礼仪，作为稳定阶级秩序和加强统治的一种制度和手段。”

此外，还有礼仪生于尊祖崇孝、礼仪生于商品交换、礼仪生于天人之际等种种起源说。

以上诸种观点各从某一方面入手，均有其合理性。我们认为，礼仪深入到了社会的方方面面，十分宽泛，因而探讨礼仪的起源应当从多角度、多侧面入手，这将涉及哲学、社会学、伦理学、宗教学、民俗学、心理学等多学科。因而，礼仪的起源问题还有待不断深入、全面地研究，以期得出科学的结论。

二、礼仪的发展

礼仪在从远古社会萌芽后，经过了漫长的发展过程而逐渐完备、成熟，关于礼仪的发展阶段，学者看法不尽相同，其大致的发展脉络为：

（一）产生、发展时期

从远古至先秦时期，礼仪逐渐产生、发展。由于历史资料的缺乏，夏商之前及夏商礼仪的具体情形及礼制今人了解较少，古代学者认为“尧舜之时，五礼咸备”多属臆测，但从现存资料来看确实已有较多的礼仪活动。

夏、商、周建立后，逐渐形成了较为完备的宗法等级制度和伦理规范，礼仪活动也逐渐规范、详尽，其中，夏礼较为简朴，殷商之礼与周礼在其基础之上发展起来，孔子在《论语·为政》中说：“殷因于夏礼，所损益可知也；周因于殷礼，所损益可知也。”到商朝，从现存的商卜辞中已看到有大量的祭祀活动。对于周礼，今人的了解相对较多，其文献资料也较为丰富，特别是出现了三本系统的礼仪著作《周礼》、《仪礼》、《礼记》，从记述看，周礼在上古社会最为完备、庞大、严整，对后世产生了深远的影响。

在春秋战国时期，尽管社会动荡，出现了孔子所谓“礼崩乐坏”的局面，但各诸侯国对礼仪依然十分重视，尤其是先秦诸子对礼的重视和理论阐释达到了一个新的高度。孔子是我国古代著名的思想家、教育家，也是历史上著名的礼仪学家。他曾言“不学礼，无以立”，不仅把礼仪作为修身养性立足社会的根本，而且把礼仪当作治国安邦的基础。孔子选取了士必须学习的礼制十七篇，编辑成《礼》，即流传至今的《仪礼》。孟子也十分重视“礼”，并把仁、义、礼、智、信作为基本道德规范。他认为：“辞让之心”和“尊敬之心”是礼的发端和核心。荀子则指出：“人无礼则不生，事无礼则不成，国无礼则不宁。”管仲则把礼看作人生的指导思想和维持国运的支柱，他说：“礼义廉耻，国之四维，四维不张，国乃灭亡”。这充分说明，在春秋战国时期，礼仪已被提升到“修身齐家，治国平天下”的层面。

（二）定型期

这个时期主要是在两汉魏晋南北朝期间。随着时代、社会生活的发展变化，礼在不断更新内涵，以适应统治者及社会生活的需要。

在两汉时期，汉武帝“罢黜百家，独尊儒术”，礼仪从此以儒学为思想主导。汉武帝将《诗》、《书》、《礼》（即《仪礼》）、《易》、《春秋》合称“五经”，奠定了《礼》经学的正统地位（到宋代确定的《十三经》中，“三礼”均包含在内）。至东汉初，班固在《白虎通义》中对《礼记》曾表述的“三纲”进行了详尽阐释，即“君为臣纲，父为子纲，夫为妻纲”，同时以“仁、义、礼、智、信”为“五常”，这就是对后世影响深远的“三纲五常”。两汉时期，元旦、元宵节、清明节、重阳节等我国的传统节日及相关的节日礼仪大都基本定型，礼仪的影响范围也逐渐扩大，从王公贵族、宫廷官府走向市井都会，成为每个人的行为规范。

魏晋南北朝时期，战乱连年，社会动荡不安，社会的价值观、道德伦理观不断发生着变化，传统的礼仪观受到了冲击、挑战，佛教、道教盛行而与儒教分庭抗礼，知识分子盛行玄学，清谈成风，很多知识分子表现出“非道德化”的放任风气，以阮籍、嵇康为代表的“竹林七贤”就是突出的代表。

而在思想文化领域中，南北朝的礼学研究十分发达，全面而深入，形成了所谓“礼学尤明”的时代。特别值得一提的是，传统礼仪受到冲击的局面中，仍有很多学者坚持维护传统道德伦理观，坚持传统礼仪的教化，最令人推崇的是北齐颜之推的《颜氏家训》，此书堪称古代家礼的典范，对后世家训产生了深远影响。

（三）成熟期

主要在隋唐、两宋时期。隋朝国运短祚，主要起了过渡作用。唐代是中国封建社会的黄金时代，在思想文化、文学艺术上达到了空前的繁荣，礼仪的发展也达到了成熟期，这主要以官方颁定的《大唐开元礼》为标志。

《大唐开元礼》在开元年间由唐玄宗主持纂修，历时十五年。全书以“五礼”——吉礼、宾礼、军礼、嘉礼、凶礼的次序，详尽而完备地记载了以皇帝为中心的国家典礼仪制，兼及地方政府的祭仪和官僚家庭的吉凶之仪，叙述详尽、完备、严整，前所未有，成为封建礼制的扛鼎之作，而空前绝后，产生了广泛而深远的影响。

宋代的礼制基本沿袭前朝。值得注意的是，宋代理学兴起，对礼治思想多有阐述，并对礼制秩序加以了强化。随着城市繁荣，市民阶层的兴起和农村阶级矛盾的不断加剧，宋代学者开始注重民间礼仪教化，强化家庭礼仪的作用，以期通过民间、宗族的风俗教化来加强对人们的控制。著名史学家、学者司马光曾写出了《书仪》，在《仪礼》的基础上结合宋代礼俗论述了礼仪规范、风俗教化；著名理学家朱熹据此又写成《家礼》，主张建立有宗法血缘性的家族礼仪，认为宗族礼仪对治国平天下具有重要意义，“有补治道”。他在书中主要论及宗族礼仪及日常生活行为规范，极具实用价值，因而具有广泛的社会影响。此外，宋代还有一些家训、乡规、民约等文字传世，如司马光的《居家杂仪》、陆游的《放翁家训》等等，充分表明礼仪已深入到人们的生活，为更多的人所接受。

（四）延续衰朽期

元、明、清、近代时期是古代礼仪的延续时期，这一时期礼仪不断细化，与成熟期的勃勃生机相比，显得十分繁缛，并愈来愈为统治者巩固其统治地位所强化、利用。

元代统治者由于是游牧民族入主中原，因而在文化观念上与中原文化有了强烈的冲突，尽管元代统治者沿袭宋代礼制，但实际上由于汉人地位的低下，知识分子地位的卑微，汉制礼仪并不能很好地施行，因此这时礼仪处于低潮期。

明王朝建立后，在礼制上基本沿用周、汉传统。同时为了加强统治，在礼制上有森严的等级规定，不得僭越，因而此时的礼仪制度显得十分专制、冷酷无情。如《明律例》规定：庶民男女衣服一概不得僭用金、绣、锦、绮、丝、罗，违者不仅自己受罚，还要祸及家人；房舍舟车、日用器皿，也概不例外。这是用立法形式来制定礼制，由此形成了“贵贱不相逾”的生活方式。可见，此时的礼仪已成为统治者的统治工具而显示出僵化、残暴的一面。但值得一提的是，在明中后期，随着经济发展，资本主义萌芽，市民阶层进一步壮大，在社会上传统礼仪受到了强烈冲击，出现了越礼逾制的局面，很多居民大讲排场，追求奢侈、享乐，恣意而为，这在明代的拟话本小说《拍案惊奇》及《醒世恒言》、《警世通言》、《喻世明言》等作品中多有反映。

清人入关后，进一步加强了思想文化统治，在礼制方面也愈加严酷、残暴。在清初，清代统治者强迫汉民剃发，改易衣冠，均依满族礼俗，“留发不留头，留头不留发”。在朝廷礼仪方面，更强化了等级身份，繁缛而森严。在宗族制度方面礼法也被空前强化，国家法律明确承认宗族的礼法权威，族长训诫子弟，施以家法，甚至可以置之死地。可以说，此时的礼制已经腐朽衰败。

清代乾嘉年间，有礼经学的学者撰写了一些著作，如黄以周的《礼书通故》，孙诒让的《周礼正义》等等。

（五）变革新生期

辛亥革命至今，是礼仪的变革新生时期。

辛亥革命推翻了中国的封建统治，中国的社会面貌发生彻底的变革，礼制也产生了根本的变革。南京临时政府在建立之初就颁布了一系列礼法文告，要求革除前清官厅称呼，人民一律剪辫，废除贱民身份，许其一体享有公民权利等等。服装也发生重大变革，森严的等级制度被废除，人民可以自由选择服饰，因此汉满服装、西服中服开始并行。孙中山更是倡导设计立领、四袋式的新式服装，并带头穿着，一时成为风尚，被称为“中山装”。清式的叩拜、请安之礼被废除，改为鞠躬礼。称谓也由“大人”、“小人”等带有等级身份标志的称呼改为“先生”、“同志”等。西方的一些礼仪文化也逐渐进入中国，形成中西礼仪并存的局面。但由于传统礼仪的根深蒂固，仅凭一纸文告是很难彻底扭转的，加之后来的军阀混战，战乱频仍，礼仪变革的成效并不尽如人意，但毕竟禁锢已经打破，礼仪变革已经发端。

新中国成立后，中国礼仪发展到一个崭新阶段，礼仪可以说推陈出新，古为今用，洋为中用，获得了新生。人民当家作主，人人平等，呈现出全新的礼仪内涵与表现。很多落后的、腐朽的礼仪被彻底废止，代之以移风易俗的新风尚，人人皆以“同志”相称，见面问候“您好”，行握手礼，在宴饮、会见、谈判等场合的礼仪简朴、庄重、大方。但在20世纪50年代后期和60年代的“文化大革命”中，由于极“左”思潮的冲击，礼仪文化被粗暴践踏，中华民族的传统美德和优良风俗被一概否定，在“残酷斗争，无情打击”之下，社会陷入混乱、无序，“礼仪之邦”的礼仪文化荡然无存，令人痛心。

在改革开放的今天，中共中央、国务院始终致力于物质文明与精神文明的建设，建立适合经济发展的社会秩序和社会风尚。1982年，全国总工会、共青团中央等组织联合发出了《关于开展文明礼貌活动的倡议》，号召全国人民特别是青少年开展“五讲四美”（讲文明、讲礼貌、讲卫生、讲秩序、讲道德，心灵美、语言美、行为美、环境美）文明礼貌活动，这可以说是我国现代礼仪建设的里程碑。从20世纪90年代起，我国的大专院校、中小学开始逐渐增设礼仪课程，一些专门的礼仪机构、礼仪学校也应运而生，大量的礼仪书籍相继出版，各行各业的礼仪规范纷纷出台，礼仪讲座、礼仪培训日趋红火，人们越来越认识到礼仪的重要性。进入二十一世纪，中共中央又提出建立“和谐社会”的主张，也赋予了现代礼仪崭新的内涵。今后，随着社会的进步、科技的发展和国际交往的增多，礼仪必将得到新的完善和发展。

第二节　礼仪的内涵与特征

所谓礼仪，就是人们在长期的社会交往活动中形成的约定俗成的行为规范与准则，它包含了礼貌、礼节的全部内容。礼仪规范可分为社会通用礼仪和专项礼仪。社会通用礼仪是用来约束每一个社会人的，它是社会文明和个人道德修养程度的标志，如谦逊恭敬的态度、优雅得体的举止、文明礼貌的语言、整洁大方的服饰，等等；专项礼仪是各行业根据自身工作性质的特殊需要设立的各种准则与仪式，如对外交往中有专门的外事礼仪，商业企业有商务礼仪，升旗仪式、各种典礼仪式等也是属于专项礼仪。

一、礼仪的基本内涵

礼是中国传统文化的核心，是中华民族所独具的文化特产，西语没有礼仪这一对应词。礼仪的内涵极其丰富复杂，而又有古代礼仪与现代礼仪之别。

（一）古代礼仪的内涵

我国自古以来拥有源远流长的礼仪文化，古代典籍中述及礼仪的有多种，例如《易》、《尚书》、《诗经》、《春秋》、《左传》、《论语》、《孟子》等，而尤以“三礼”为最。“三礼”是《周礼》《仪礼》《礼记》三部礼学典籍的合称，约成书于战国后期，相传为周公所作，近代学者认为，“三礼”中的篇目多为孔子及其弟子撰写。《周礼》侧重于记载国家典章制度，《仪礼》侧重于记载礼仪制度，即人们的行为规则与准则，《礼记》则是对《仪礼》的阐释和对古代礼学思想的阐发。统观“三礼”和大量的古礼典籍，其内涵极其丰富浩繁。

1. 礼仪是治理国家的典章制度

就《周礼》来讲，就展示了一个理想化的国家典制，在服制、饮食制、宗庙祭祀制、宫室建造、乐制、职官制、田制、军制、学制、刑制、婚制、丧葬制、朝聘制等有关国家、民生的典章制度上，规定可谓极其完备，蕴含丰富，例如，在职官制度方面，古人奉行“以人法天”的思想设立了六种职官，即天官、地官、春官、夏官、秋官、冬官，这六官象征着天地四方六合，亦即宇宙，每个职官又统领60官，6个职官共统领360官，这360又是周天的度数，“周天”意味着周朝天下——这确实是极为完善又带有象征意义的统治秩序。

再如，国家城邑的设计上，先用土圭测日影，在地中建王城，方千里；在王城四外5000里布“九畿”：“方千里曰国畿，其外方五百里曰侯畿，又其外方五百里曰甸畿，又其外方五百里曰男畿，又其外方五百里曰蛮畿，又其外方五百里曰夷畿，又其外方五百里曰镇畿，又其外方五百里曰番畿。”（《周礼·夏官·大司马》）这种以王域为中心的外方九畿格局，大小相套，依次迭远，类似一个同心圆，显示了国家都城建筑的整齐划一，规范有序，也突出了王权至上的威严。

从《礼记·王制》篇看，它详细描述了天子颁爵制禄、田地分配、封邦建国、纳税贡赋、朝聘巡守、田猎、殡葬、劳役、宗庙祭祀、教化刑禁、述职考绩、选士养老、职官设置等制度，颇似一部大同世界理想的施政大纲，比如其中记述的朝聘巡守制就是明君臣之礼的典制，它规定各地诸侯每年要派大夫聘问天子一次，每三年派卿聘问天子一次，每五年诸侯亲自朝见天子一次，这称为朝聘之礼。而天子为了加强与各地诸侯的联络，考察其施政业绩、礼乐、物价、衣服、宗庙、民风等社会情态，要出王畿巡察，称为巡守。每五年一巡狩，巡狩当年的二月告庙出发至东岳泰山，五月南巡至南岳衡山，八月西巡至西岳华山，十一月北巡至北岳恒山，巡守结束回到王宫。

再如作为极其肃穆的生命终结仪式殡葬制规定：天子死后七天入殡，第七个月入葬；诸侯死后五天入殡，第五个月入葬；大夫、士、平民死后三天入殡，第三个月入葬；为父母守丧要三年，服丧期间不做别的事情，这一点，从天子到庶民是一样的；至于丧事的规格，根据死者的身份、爵位而定。

又如养老礼规定“凡养老，有虞氏以燕礼，夏后氏以飨礼，殷人以食礼。周人修而兼用之。五十养于乡，六十养于国，七十养于学，达于诸侯，八十拜君命，一坐再至，九十使人受。”养老礼作为一种人伦制度写进《王制》，充分表明了古人对尊老奉老的重视程度之深。

总之，从以上所举看出，中国古代礼仪是一代王朝的政教刑法和朝章国典，换言之，古代中国的礼，其实是一个建构完备的制度与文化的体系，这一体系涵摄着政治、法律、宗教、伦理和社会制度等多重内容。

2. 礼仪是古代社会人们生活、行为的规范与准则

仅从《仪礼》17 篇、《礼记》49 篇来看，古代礼仪的涵盖范围极其广泛，“道德仁义”、“教训正俗”、“分争辩讼”、“君臣”、“上下”、“父子”、“兄弟”、“宦学事师”、“班朝治军”、“莅官行法”、“祷祠祭祀、供给鬼神”等，都依一定的礼数行事。

比如，向位之礼就是按照尊卑、男女、人鬼、祖宗社稷等的不同身份、地位而规定的朝向、居、坐、立的位置。规定东、南、左为阳，西、北、右为阴；阳为尊，阴为卑；人为阳，鬼为阴；男为阳，女为阴；男为左，女为右；左为祖，右为社；尊者面东、面南，卑者面西、面北。《礼记·檀弓上》对此有多处记载，比如关于朝向之礼的记述：“复，尽爱之道，有祷祠之心焉；望反诸幽，求诸鬼神之道也。北面，求诸幽之意也。”意思是说，招魂，是表示敬爱的方式，要怀有求神的诚心；盼望先人从阴世回来，这是祈求鬼神的方法，所以，招魂时要向着北方，就是表示向阴世祈求。又例：“葬于北方北首，三代之达礼也，之幽之故也。”意思是说葬在北郊，头朝北，这是三代以来通行的做法，因为鬼神要到幽暗的地方去。

又如关于位置之礼的记述：“孔子与门人立，拱而尚右，二三子皆尚右。孔子曰：‘二三子之嗜学也，我则有姊之丧故也。’二三子皆尚左。”大意是说，孔子与门人站在那里，用右手掩着左手行拱手礼，弟子们也学他的样子行礼，孔子就说：“你们是太好学我的样子了，我是因为有姊姊新丧才这样行礼的。”弟子们听后忙改为“拱而尚左”，即急忙都改为用左手掩着右手行拱手礼了。古礼规定行拱手礼时右手在外掩左手叫尚右，是凶礼；左手在外掩右手叫尚左，是吉礼；妇女与此相反。所以，孔子告诉弟子们自己有姊新丧才“拱而尚左”。《礼记·曲礼》也说“道路，男子由右，妇人由左，车从中央”。

又如，跪拜之礼是古代较为普遍的礼节，其要求是：两膝着地，上身挺直，股不能着足跟，若着足跟就不是跪而是坐了。拜的时候，先拱手，

头俯于手，与胸部平。跪拜之礼分为稽首、顿首、空首、振动、吉拜、凶拜、奇拜、褒拜、肃拜等九种，其中稽首礼是吉礼中的最敬礼，拜时，头要轻轻的触到地；顿首是凶礼中最重的礼节，跪拜时头要急促的触到地。《礼记·檀弓上》曰："拜稽颡，哀戚之至隐也；稽颡，隐之甚也。"意思是说，拜与叩头至地，都是悲哀至极的表现；而叩头至地，则是二者中最痛苦的表现了。

迎送之礼也是古代重要的仪节，以宾主的尊卑关系而遵守相应的礼节。迎宾时，若宾主尊卑相同，则主人要到大门外迎宾；若主尊宾卑，则在大门内迎接；若是君迎臣，则不必至门，只降一级台阶即可。送宾时，主人应送至大门外，并拜别，而宾不必答拜，也不必回顾。

从以上所举礼仪通例中可知，礼是古代人在交往中所应遵守的准则，依礼而行则为有礼，否则视为失礼。而在具体的活动中，更有严格规范的礼仪程序，如冠礼、射礼、乡饮酒礼、士相见礼、燕礼、聘礼、婚礼、丧礼等，每一种仪式都有着特定的角色、位置、迎送方式和招待规格等。这些规定由礼制而逐渐成为人们一种共同的文化心理，并成为人们共同遵守的社会行为法则。

3. 礼是具有约束力的道德规范

古代礼仪中，将仁义道德视为礼的核心要素，人们的思想行为受道德的约规，从而自觉的将遵守礼仪当作一种高尚的修养和情操，并赋予其法理性，"三礼"中有大量文字对之进行描述和阐发。

例如，《礼记·曲礼》开篇则言"毋不敬"，强调了以敬为主的礼的道德原则；又言"太上贵德"，是以上古时代崇尚美德来教化世风；《礼记·聘义》中，孔子答子贡问君子何以"贵玉而贱珉"时，将美玉比美德，言玉具有仁、知、义、礼、乐、忠、信、天、地、德等美好品质，这些正是君子所要追求的道德标准；《中庸》盛赞舜帝的至德，"舜其大孝也与！德为圣人，尊为天子，富有四海之内，宗庙飨之，子孙保之。故大德必得其位，必得其禄，必得其名，必得其寿"，这里通过赞美舜帝的大德引领人们向善向仁，启示人们有德就有一切，做一个有德的人。道德贯穿于每一项具体活动仪式中，比如在射礼中，对射者的仪表、姿态、神情都有严格的要求："进退周还必中礼。内志正，外体直，然后持弓矢审固"，"功成而德行立，德行立则无暴乱之祸矣，故曰：射者，所以观盛德。"可见射礼不单是勇力和射技的较量，更是立德正己之礼。

公共道德是品德的重要内涵，礼书中多有论及。《礼记·曲礼》云："行不中道，立不中门"，"室中不翔，并坐不横肱"，"登城不指，城上不呼"，"入国不驰，入里必式"。这几段论述了在公共场所所应遵守的道德规范：走路时，不要在道路的中央行走；站立时，不要站在大门的中间；在屋内不要甩开两臂走路；与人并排而坐时不要将双肘横撑向两边，登上城楼（墙）不要指手划脚，不随便大喊小叫，驾车进入城邑要慢慢行驶而不能奔驰（以免惊扰他人），进入里巷要下车向父老乡亲行礼致意。总之，在公共场所，要节制自己的言语行为，修炼自身的公共道德意识，不能一味的考虑自身的舒适和自由而忽视他人的感受，不能将自己的自由自在建立在别人的不便与不适的基础上，否则，不但给他人带来不便，还给人留下傲慢无礼、自私自利、公德意识淡薄的印象。

环保意识也是公德的重要内容，三礼中也有论及，例如《礼记·月令》云："禁止伐木。毋覆巢，毋杀孩虫、胎、夭、飞鸟。毋麛，毋卵。"春暖花开，万物复苏，正是各种动植物开始繁衍生长的季节，保护动植物，禁止乱砍乱伐、禁止捕杀飞禽走兽正是为了保护人类生存环境的需要，是人与自然和谐共处、天人合一境界的具体体现。因此，要顺应自然，保护生态。现代社会提倡建设和谐社会的生存与发展目标，正是对我国传统文化精神的继承和发展，也是公共道德的重要内涵。

4. 礼仪是"质"与"文"的统一

《论语·雍也》记载着这样的话："质胜文则野，文胜质则史，文质彬彬，然后君子。"意思是说，质朴胜过文雅就显得粗野，文雅胜过质朴就显得做作，文与质相得益彰，才是君子应有的风范。由此可认为，礼仪实际有两个层面的含义，即内在的"质"（内涵）与外在的"文"（表现），是礼质与礼文的统一。也就是说，礼仪是内在修养与外在形式的结合，"德辉动于内"而"礼发诸外"是礼仪的最高境界，诚于中秀于外，内外兼修方为美。

（二）现代礼仪的内涵

现代礼仪是对传统礼仪的继承与发展，相比传统礼仪，现代礼仪更加简约，古代礼仪中有关国家的典章制度、比较繁琐的礼仪形式等已不再纳入现代礼仪范围，但在其思想精神上仍表现出与传统礼仪一脉相承的关系。比如作为规约人际关系的道德准则、礼质与礼文相得益彰的审美追求、以及一些具有传统特色又符合现代社会实际的仪节等仍是现代礼仪的诸要素。

德是礼的灵魂，敬是礼的核心，“德”与“敬”是礼的本质内涵。《礼记》讲“行修言道，礼之质也”、“著诚去伪，礼之经也”，孟子说“尊敬之心，礼也”、“敬人者，人恒敬之”，都是对德与敬的深刻阐述，体现了中华礼仪的本质特征，现代礼仪继承了这一思想文明，并与现代社会的物质文明和精神文明相结合而发扬光大。

二、礼仪的特征

（一）规范性

礼仪约定了个人与个人、个人与群体、群体与群体之间的行为规则，虽然不同的国家、不同的民族其礼仪有不同内容和方式，但都具有规范性这一基本特征。

规范性即指礼仪规则产生于约定俗成，而自其产生之时起，就对其所影响的人群具有约束、规范的作用，具有一定的强制力，一旦触及则会引发负面评价甚至社交危机。例如，从个人礼仪来讲，讲究仪表整洁、态度平和、语言文雅、举止得体，遵守这些规范可以很顺利地进行互动交往，反之则会受到误解不利于正常的交往。又如从空间礼仪来看，在空间距离礼仪中，分别规定了亲密距离、私人距离、社交距离和公众距离的范围，交往双方应视彼此关系的不同而适当保持距离，否则亲密的人距离过远会导致缺乏安全感、陌生的人距离过近会让人感觉唐突失礼。至于国与国之间的外交礼仪就更加讲究，稍有不慎极有可能引发外交风波造成严重后果。

（二）承传性

每个国家的礼仪都有鲜明的民族特色，现代礼仪又是继承了传统礼仪文明而发展起来的。作为拥有五千年文明历史的古国，我国礼仪文化的承传性更加明显。

礼仪作为一种文化具有传承性特点。从礼的发展与起源来看，礼仪作为一种文化可谓源远流长，自先秦以来的“三礼”，基本形成了我国古代最完整、最系统的礼仪制度，到孔子的“克己复礼”，孟子荀子对孔子礼学思想的继承与发展，以至后世对礼的修订，使礼仪成为我国传统文化中最有特色的部分被一代一代传承下来，在这一过程中，逐渐摒弃了与社会进程不相符的部分，使礼更趋于现代化。

礼仪作为一种行为规范具有传承性特点。从古代礼仪的内涵和类别来看，礼仪所涉及的范围极为广泛，成为维系社会秩序的典章制度和人们一切活动的准则。随着社会的发展、历史的变迁，许多礼仪范式已不再为现代社会所适应，大量的礼仪形式经过现代社会的整合而转换成一种新的模式被广泛继承和应用，如现代人继承了“吉礼”中祭人鬼的仪节而转换成在每年的清明节、中元节祭墓的礼俗，等等。

礼仪作为一种教育具有传承性特点。我国古代的学校教育基本上以礼仪文化为主要内容，小孩子识字初始就读《三字经》、《弟子规》、《童蒙须知》、《孝经》等生活、人伦典籍，“三礼”、《论语》等更是文人必读书目，百姓人家也一向注重对子女的礼仪教育，各种文化、文学、艺术作品也大多是礼仪精神的承载体和宣传品。世代相袭，广泛传播，礼仪文化在动态中得以传承、完善和发展。

礼仪作为一种修养，具有传承性特点。礼仪不仅是一种形式美，更重要的还是道德美，具有强大的道德约束力。它依托于人的品德行为的自律、健康的心理素质和深厚广博的文化素质，社会舆论素以修养好为美，中外相同，古今相沿。

礼仪作为一种审美范畴具有传承性特点。礼仪是一种美，美是有社会性和艺术性的。古代礼仪中所规定的人的个人行为、家庭行为、社会行为，以至国际行为，在君臣、父子、夫妇、兄弟、朋友等的人伦关系中得到整齐划一的界定，对其利弊得失的评价就是一种审美，是一种社会美的认定，古往今来大量的文字在不间断地审视着这种美的效果。同时，礼仪中那些繁复的仪节、程序也体现了古人认识美、反映美、创造美、推广美的态度和水平。周而复始，一代又一代，礼仪被借鉴和继承下来，成为现代礼仪的厚重积淀。

（三）差异性

礼仪的差异性指的是等差和相异两层意思。

据清华大学教授彭林先生研究，等差是古代礼仪中最重要的特征之一，也是礼与俗的主要区别之一。不同等级的人行不同的礼，等级越高，礼数越高。《礼记·乐记》曰：“乐者为同，礼者为异。同则相亲，异则相敬。”礼的作用是区别差异，有差异才会有恭敬。例如古代的祭天礼，只有天子才配有这一资格，诸公大臣是没有这种资格的。所有的礼也只是统治阶级行使的特权，“礼不下庶人”，平民百姓无权施礼。现代礼仪也具有等差性，如身份、地位、年龄等在礼仪上就有尊卑、高低、大小之分，但要说明的是，这与古代礼仪的等差有着质的区别。这种区别主要是，古代礼仪的等差具有鲜明的阶级歧视和政治统治的因素，而现代礼仪的等差则不存在这种问题，它是建立在政治平等、人格尊严平等基础上的敬老爱幼、敬贤尊长、敬人自谦的品德美、行为美、心灵美的修养体现。

另一方面，礼仪的差异性还表现为由于各地文化背景、地理环境、民情风俗、物质条件和精神文明程度的不一致而导致的礼仪的不统一，即差异。例如少数民族与汉民族、农村与城市、中国与外国在某些礼节风俗上的相去甚远。如西方国家有对女士不问岁数、对男士不问钱数的习惯，而我国对此不以为然；中国人见面多行握手礼，而日本人则多行鞠躬礼、西方则行拥抱礼或接吻礼等等。因此，我们需要了解熟悉各个国家、各个民族、各种场合的礼仪规范。“未入境，先问俗”，了解差异性，才能做到得体施礼。

（四）可操作性

礼仪不单单是理论的阐述、学术的讨论，而是更大程度上的实际操作，它以极强的实践特点被广泛应用到人们交往的每一个环节中。每一个站姿、坐姿、走姿，每一个手势、表情，都需要反复训练成为基本的修养而运用于交往中；每一项活动的程序都需要一个环节一个环节去实际操作；每一项活动内容都需要做实际的物质准备，比如花卉礼仪中对花卉与包装的选择、赠送的方式等都需要精心的准备；会议礼仪中，对会议日程的安排、地点的选择、通知呈送、主席台座次牌的排放等也都需要实际操作；接待礼仪中，吃住行的安排都要一一落到实处。总之，礼仪不只是在纸上，更是在实际生活、交往中对礼仪的本质、准则、规范、程序的行为实施。

（五）时代发展性

礼是一个时代的产物，它受制于某一时代的物质水平、生活方式、文化背景、民族心理等综合条件，并随着这些条件的改变而改变。

第一，中国古代礼仪的内涵极为广泛，如前所述，它涉及到政治、法律、军事、外交、文化、伦理关系等各个方面，它实际是一代王朝的执政纲领和典章制度，是统治者治理国家、维系社会秩序的准则和规程。现代礼仪的内涵大为减少，政治、法律、军事、外交等作为国家体制已从礼仪中退出，礼的本质内涵“敬”与现代社会的礼仪要求相融合，成为现代人际交往的准则。

第二，古代礼仪在向民间扩布过程中，逐渐演变成了一些礼俗，一改天子、王公大臣、士人施礼的严格刻板印象，从而变的更加生动活泼、自由灵活，使礼仪从朝廷渐渐走向民间。

第三，随着中原的统一，华夏民族与蒙、满、回等少数民族大融合，使礼仪具有了多民族并存相融的特点，如服饰礼仪方面，战国时“胡服骑射”带来的中原服饰的变化，元初“剃发易服”对汉服的影响，满清旗袍对我国服饰的改变等，现代服饰继承、借鉴、融合了古今中外的服饰文化，具有了符合现代人审美观念的现代服饰礼仪。

第四，中华礼仪对国外礼仪原则和仪式的吸纳，使现代礼仪具有了国际性特征。随着我国的改革开放，西方礼仪中的女士优先原则、西餐礼仪、各种节日（如圣诞节、情人节、复活节、母亲节、感恩节等）传到我国，在某种程度上被“中国化”，成为我国许多人特别是年轻人喜欢的节日，中西礼仪合璧，丰富着我国现代礼仪的内涵。

总之，礼仪规范不是一成不变的，它随着社会的发展而发展变化。一方面，社会的进步使礼仪不断发展完善；另一方面，随着对外交流范围的扩大，人类文明程度的提高，使礼仪在历史传统基础上不断被赋予新的内容，礼仪活动向着更文明、简洁、实用的方向发展。

第三节　礼仪的原则与类别

一、礼仪的原则

（一）遵守原则

礼仪是人们在社会交往中需要遵循的行为规范和准则，它不仅涉及到个人行为、家庭伦理关系、各行各业的相互往来，还涉及到不同民族、不同国家的礼貌礼节及其涉外关系，它是维系人们之间相互理解、彼此尊重、和谐共处、互惠互利的重要纽带。它要求每一个参与者、社会组织和团体都应该自觉、自愿地去遵守，以礼仪去规范自己在社会活动中的一言一行、一举一动，做到守法循礼，守约重诺。没有了遵守，礼仪也将不复存在。比如，就礼宾次序来说，它是按照国际惯例解决多边活动中的位次排列和先后顺序问题的一项基本原则，其目的在于使参加活动的所有团体或个人都受到平等的礼遇和尊重，避免因安排不妥而使来宾产生不愉快的感觉，这样，就规定了“以右为尊”的位次原则、“身份对等”原则和先后顺序原则等。这些原则基本上成为了人们在参加各种规格的会议、宴请等活动时必须遵守的秩序。假如人们对之熟视无睹，率性而为，那么，就会远近亲疏有分，长幼先后无序，“礼宾”的意义也就没有了。

（二）适度原则

礼仪的适度原则是指人们在对礼仪内涵的基本认识和具体操作过程中，既要符合礼仪的规范性，又要兼顾礼仪的灵活性，使之更趋于合理性和实用性。在人际关系中，如果我们不考虑时间、地点、场合、身份、地位等诸多具体因素，而是一味地、机械地恪守礼仪的每一个教条，不仅不能很好的实现“礼”，反而会适得其反，造成失礼，甚至出现“笑话”。《礼记·檀弓》中孔子和子游就丧礼中的“踊”就都表达了礼要“适度”的观点。所以《礼记·乐记》云：“礼胜则离”，“过制则乱”，意即礼超过了限度就会造成隔离不亲，礼的制作超越了秩序就会出现混乱，“中正无邪，礼之质也”，不偏不倚、无过之无不及才是恰到好处的礼仪。因此，在人际交往和各种工作中，对礼仪的隆重程度、仪式的繁简、规模的大小、礼物的质与量的选择等方面，都要考虑适度原则，既要彬彬有礼，又不能低三下四；既要热情大方、尊重对方，又不能轻浮、阿谀，失去自尊。把握适度原则，就是要注意感情适度、谈吐适度、举止适度，做到“不失足于人，不失色于人，不失口于人“。

（三）自律原则

礼仪中的自律原则是指在人际交往中，应严格按照礼仪准则，自觉地在心中树立起一种道德信念和行为准则，来规范自己的言行举止，不需外界的监督。自律原则从三个方面对礼仪的内涵与特点作了强调。一是强调了礼仪作为规范人们品德、言行、交往的准则，它以一种无形的文化思想、道德力量和有形的仪式相结合规约着每一个人。二是人们对这些规范的主体认同，并且认为遵守礼仪是一种理所当然、义不容辞的责任和义务。三是人们对这一规范的自觉履行，并将之当作一种高尚的道德情操和良好的文化素养而身体力行，例如，公共场所一定要着装整洁、仪容端庄、精神振奋；在需要保持安静的场合不能大声喧哗；路遇师长要主动行礼问候；乘车时，应主动排队买票，扶老携幼、尊重妇女；要注意公共卫生等等，这些都是礼仪的自律性原则的具体体现。

（四）互动原则

礼仪是在双边或多边活动中发挥作用的。“礼尚往来，往而不来，非礼也；来而不往，亦非礼也。”礼崇尚的是相互往来，有来无往、有往无来都不是礼。在馈赠、求助、慰问、宴请、凭吊、祝颂等的礼节上，大到国际间的交流，小到亲朋好友之间、家庭邻里之间或师生之间的交往，不管是侧重于物质的还是侧重于精神的，都是双（多）方互动、彼此施（受）礼的。可以说，没有互动，也就没有了礼。这种互动有时体现为立刻实现的互动，有时则体现为等待时机的互动。比如见面相互点头微笑致意或握手致意等，是立刻实现的礼的互动；又比如逢年过节走亲访友需捎带些礼品，受礼者大都会在当时或一二天之内予以回访，这也是可以立刻实现的互动。而又比如，在婚礼、丧礼中，人们按照习俗赠送的礼品或钱财，往往不会是立刻得到物质性的回赠，只有等到自己遇有此类事情或其他需要帮助的时候才会得到相应的回报。各地之间、国际之间的困难援助，也是一种等待时机的互动，这种等待时机的互动有时是几个月，有时是一两年，有时甚至是更长的时间。

总之，互动原则在礼仪中是必不可缺的，是人人必须遵守的。

二、礼仪的类别

（一）中国古代礼仪的类别

作为传统文化的核心，在我国古代，礼渗透到社会生活、政治体制、人伦关系的各个层面，它的内容与形式极其丰富繁冗，因而对它的分类历来也是众说不一。《中庸》有“礼仪三百，威仪三千”之说，《礼记·王制》有冠礼、昏礼、丧礼、祭礼、乡礼、相见礼“六礼”之说，《周礼·春官·大宗伯》将礼又分为吉礼、凶礼、军礼、宾礼、嘉礼等“五礼”。在各种历史文献中，《周礼》因其完备性和权威性而成为后世修礼的范例，因此，“五礼说”成为人们普遍认同的分类法。

吉礼：指祭祀之礼。古人为了消灾祛祸、保佑平安吉祥，于是祭祀神鬼祈求降福，故称吉礼。《周礼·春官·大宗伯》载：“以吉礼祀邦国之鬼、神、示。”吉礼分为祭天神、祭地神、祭人鬼。

祭天神：这是国家最高最隆重的典礼，只有天子可以祭天。《周礼·春官·大宗伯》载：“以禋祀祀昊天上帝，以实柴祀日月星辰，以槱燎祀司中、司命、风师、雨师。”昊天上帝为天神之首，祭祀时将祭品置于柴薪上焚烧，使烟气上升闻于天神。祭天仪式非常庄严肃穆，对祭坛、祭品、日期、方位等都极为讲究。比如，古人认为天圆地方，所以祭坛必须是圆形的；冬至为阴尽阳生之日，所以祭日必须选择在冬至；天为阳地为阴，南为阳北为阴，所以，祭祀方位要选择在南郊。祭品也是有区别的，昊天上帝的祭品是玉、帛、全牲；日月星辰的祭品是帛和牲体而无玉；司中、司命、风师、雨师等的祭品无玉无帛只有牲体。北京的天坛就是明清两朝祭天的地方。

祭地神：夏至为祭地之日。《周礼·春官·大宗伯》载："以血祭祭社稷、五祀、五岳。以貍沈祭山林川泽。以疈辜祭四方百物。"意思是用牲血祭祀社神（土神）、稷神（百谷之神）、五祀（五行之神）和五岳之神，这些神是地神之首，祭祀时将牲血滴在地，使血气下达及于地神。祭山林用貍祭，祭川泽用沈祭，意思是将玉帛、牺牲埋在土中或沉入水中来祭祀山林川泽。祭掌管四方百物的小神用疈辜祭，就是用剖开的牲体以示祭典。地神保佑生民康泰平安，风调雨顺，五谷丰登，因此祭地仪式也是很虔诚神圣的。

祭人鬼：就是对祖先的祭祀。古人认为，人死后就变成鬼，鬼与人一样也要有居住的地方，于是就设立宗庙，宗庙就成了祖先亡灵的寄居处，祭人鬼就是祭宗庙。周朝的宗庙制度规定，天子七庙，诸侯五庙，大夫三庙，士一庙，庶人不准设庙，庶人祭祀祖宗就在居室内进行。宗庙祭的仪式很繁富，主要有"四时祭"和丧礼中诸多的祭祖仪式。四时祭指每年的春夏秋冬四季之首，用时令果品蔬菜供奉祖先，表达后辈慎思追念之情。天子因其宗庙多而难以在一日之内遍祭，所以就只有春季对宗庙一一祭拜，而夏秋冬三季则改为合祭，就是将庙主集中请至太祖庙一并致祭。因为祭祖只是统治阶级的特权，平民百姓无权设庙，但受其影响，也逐渐形成了祭祖礼俗，后来出现的祠堂制就是这种礼俗的表现形式。

（二）凶礼

指对方遭遇忧患而对之施以必要的救助或吊唁哀悼之礼。《周礼·春官·大宗伯》载："以凶礼哀邦国之忧，以丧礼哀死亡，以荒礼哀凶札，以吊礼哀祸灾，以禬礼哀围败，以恤礼哀寇乱。"凶礼包括五种形式：

1. 丧礼

是古代礼仪中最为重要的礼仪之一。指的是与自身有着一定关系的人死后，按照特定的礼仪去吊唁、服丧以致哀。丧礼于死者是安抚其鬼魂，于生者则成为分长幼尊卑、尽孝正人伦的礼仪。与丧礼密不可分的是丧服制度，根据与死者关系的亲疏分为斩衰（cui）、齐（zi）衰、大功、小功、缌麻等五种丧服，以及从三年至三月不等的服丧时间。

2. 荒礼

百姓或邻国在荒灾之年比如遭遇农业欠收、瘟疫流行等自然灾害而由国家实行的政治礼制措施。如《周礼·秋官·小行人》载："凶荒杀礼。"意思是遭受饥荒的诸侯国对出使该国的他国使者可以减省礼仪。荒礼的内容有多种，如"散礼"、"薄征"、"缓刑"、"移民通财"等都是。

3. 吊礼

邻国遭遇水火之灾，派使者前往慰问并给予相应的救助。

4. 襘礼

邻国发生祸难、发生重大物质损失，兄弟之国应凑集钱财物品相救助。例如《周礼·秋官·小行人》有"祸灾杀礼"，意思是对遭受祸乱灾害国家的来使可以减省礼仪。

5. 恤礼

恤是忧的意思。邻国发生外患内乱，应该派使臣前往存问安否。

上述五礼中，襘礼、恤礼为国家事务，只有国君或重臣才可以施行。丧礼、吊礼、荒礼可以是国君或重臣施行，也可以由贵族施行。这些礼仪制度对民间的影响也是很大的，它们逐渐成为普通百姓尤其是亲戚邻里之间互相帮助、互相哀怜、和睦相处、礼尚往来的民间礼俗。

（三）宾礼

天子、诸侯接待宾客的礼仪。古代宗法社会中，天子与诸侯、诸侯与诸侯多为宗族、亲戚关系，为了联络感情，彼此亲附，需要有定期的礼节性会见，因而《周礼·春官·大宗伯》载："以宾礼亲邦国"。天子会见诸侯的礼仪有八种：朝、宗、觐、遇、会、同、问、视。"春见曰朝，夏见曰宗，秋见曰觐，冬见曰遇"，此四种是六服之内的诸侯按照四时顺序轮流进京拜见天子。"时见曰会"是指如果天子有征伐之事，其他诸侯要临时来朝，因无常期，故称"时会"；"殷见曰同"是指天子12年巡狩一次，若不巡守，四方诸侯要同往京师朝见，称为"殷见"；"时聘曰问"是指天子有事，诸侯派使臣专朝聘问，因无常期，称为"时聘"；"殷覜曰视"是指凡遇仅有侯服来朝之年，因来朝者少，故诸侯使卿聘问天子，谓之"殷覜"。天子与诸侯相聘问的礼节，今已无从得知。诸侯之间的聘礼有大聘、小聘之分，两者的仪节基本相同，只是使者的身份、礼品的多少等有所不同。出使聘问国时，使者要带上礼品，临行前要举行告庙仪式，并有人境、郊劳、致飧、聘享、私觌、归饔饩、问卿、还玉、送宾、复命、告庙等一系列规范严谨的仪节。聘礼确立了我国古代一系列外交礼仪的原则与规范，如互惠互利、外交礼遇、互赠礼品、重礼轻财等，成为我国外交礼仪的渊薮。

（四）军礼

是天子及诸侯为了抵御内外骚乱甚至兵火威胁而命将选士、进行征伐的礼仪。《周礼·春官·大宗伯》载："以军礼同邦国"。军礼包括大师之礼、大均之礼、大田之礼、大役之礼、大封之礼五种。如，大师之礼是天子御驾亲征的礼仪，威仪盛大，举国重视。《礼记·王制》载："天子将出征，类乎上帝，宜乎社，造乎祢，祃乎所征之地；受命于祖，受成于学……"意思是天子亲征是一项重大的国事，出征前要举行祭礼：祭上帝、祭社稷、祭宗庙和祭所征之地，祈求各方神明保佑天子凯旋归来。大田之礼是通过田猎来检阅战车数量和军队的作战能力的礼仪，古代诸侯都要亲自参加春夏秋冬的四时田猎。除上述五种之外，军礼中还包括军队的车马、旌旗、兵器、军容、行列等，对此都有严格规定。比如在军队的规模设置方面，规定天子为六军，诸侯的军队不得超过六军而又必须与国力相称，具体设置为大国三军，次国二军，小国一军。当时的军力往往用战车多少来衡量：天子万乘，诸侯千乘，大夫百乘。征伐胜利后，又有凯旋礼、告庙礼、献俘礼、献捷礼、受降礼、饮至礼等。

（五）嘉礼

"嘉"是好、善的意思。嘉礼是彼此之间为了联络感情、融洽关系所遵守的礼仪。《周礼·春官·大宗伯》载："以嘉礼亲万民"。嘉礼包括以下六种：

1. 饮食之礼

"以饮食之礼亲宗族兄弟。"我国自古是一个宗法社会，各诸侯国之间大都是同宗族的亲戚关系，为了加强联系，延深亲情，宗族兄弟、四方宾朋饮酒聚会，这就是饮食之礼。

2. 昏冠之礼

指的是冠礼和笄礼，即成年礼。古代男子 20 岁举行加冠礼，女子 15 岁举行笄礼，象征着男女都告别童年而步入成人行列，成年的男女就可以谈婚论嫁了，"以昏冠之礼亲男女"。"联姻"是天子与诸侯之间、诸侯与诸侯之间相互亲和的一项重大举措，也是普通百姓家庭的一件大事。《礼记·昏义》说："昏礼者，将以合二姓之好，上以事宗庙，而下以继后世也。故君子重之。"

3. 宾射之礼

射礼有四种：一是大射礼，是天子在重大祭祀前为挑选助祭者而举行的射礼。二是乡射礼，是每年的春秋季节各地方官为荐贤举士、敦化风俗而举行的射礼。三是燕射礼，是国君与大臣燕饮之后举行的射礼，旨在明君臣之义。四是宾射礼，是与故旧朋友的射礼。所以，《周礼》说"以宾射之礼亲故旧朋友。"

4. 燕飨之礼

"燕"通"宴"，意为安闲、休息。"以燕飨之礼亲四方之宾客。"指的是天子、贵族在政务之余为联络与下属的感情而举行宴饮活动。如天子为前来朝聘的使者设宴款待，或为出使他国归来的臣僚、为新建功勋的将士设宴款待；也可以是无特殊原因而宴请群臣，以示体恤、亲和。

5. 脤膰之礼

脤和膰都是宗庙社稷的祭肉，祭祀仪式结束后，将祭肉赐与同姓兄弟之国，以增进感情，所以，《周礼》说"以脤膰之礼亲兄弟之国。"

6. 贺庆之礼

对于异姓诸侯的喜庆之事，要致送礼品，以示庆贺，保持彼此之间的友好往来。所以，《周礼》说"以贺庆之礼亲异姓之国。"

嘉礼的范围非常广泛，除上述六种之外，还包括诸如乡饮酒礼、正旦朝贺礼、冬至朝贺礼、皇后受贺礼、皇太子受贺礼、尊太上皇礼、养老礼、学校礼、职官礼、会盟礼等等。

随着历史的进程，古代礼仪有许多已不再适应现代社会物质、精神和人们生活的要求，"五礼"的内涵发生了重大演变，而其仪节的繁琐程度也被大大简化。比如，吉礼中祭天祭地仪节在民国时就已被废止，只沿袭了祭祖祭神明的礼俗，如清明扫墓活动、中元节的民间上坟活动等；凶礼中，民间的哭丧仪式可谓古代丧礼的演化；国家政府对因地震、旱涝等自然因素造成损失的地区实行赈济措施，可谓是古代"荒礼"的现代形式；对他国因灾难而采取的国际性外交援助可谓恤礼的演化，成为现代涉外礼仪的重要内容。嘉礼中的养老、优老礼仪在现代社会中已积淀为一种美德而得到了发扬光大。

总之，"五礼"以其特有的文明而成为中国以至世界灿烂文化的重要组成部分。

二、现代礼仪的分类

现代礼仪的内容很多，从不同的角度可以划分为不同的类别。

（一）从国别角度，礼仪可以区分为国内礼仪和国际礼仪

国内礼仪是我国人民在中华传统礼仪的基础上，结合现代社会的政治、经济、文化特点和道德要求而形成的约定俗成的、为人们共同遵守的礼貌礼节。它广泛渗透到人们的个人生活、学习、工作、交往的各个方面。从个人礼仪修养、家庭礼仪到公共礼仪、公务礼仪、外交礼仪，从不同行业礼仪规范到具体场合的礼仪应用，都体现了我国的文明程度。国内礼仪既具有普遍性、共同性特征，同时，又由于我国幅员辽阔，民族众多，“十里不同风，百里不同俗”，又使我国礼仪带有明显的区域性和民族性特征，因而，民族礼仪、宗教礼仪、港澳台礼仪也是国内礼仪中很重要的组成部分。

国际礼仪是世界各国在长期的政治、贸易、文化、科技、体育、教育等外交活动中共同遵守的惯例性的礼貌礼节。虽然不同的国家各自有着不同的礼仪形式，但在长期的外交关系中已潜隐地形成了相互尊重、和平共处、维护本国和他国形象的共同原则和礼仪规范，所以国际礼仪带有鲜明的国际性特征。比如，遵守国际和平共处五项原则、求同存异、真诚守信、遵时守约、女士优先、以右为尊等。在礼仪的具体实施中，如仪表仪容、见面礼、接待礼仪、礼宾次序、迎送礼节等都有基本的规范与仪式。比如鸣炮礼的国际惯例是，欢迎国家元首或相应级别的官员时，鸣放 21 响礼炮；欢迎政府首脑或相应级别的官员时，鸣放 19 响礼炮；欢迎副总理级官员时，鸣放 17 响礼炮。又如交谈礼仪中也有共同的禁忌，如不涉及对方国家的机密，不涉及宗教信仰、不涉及个人的隐私等。

（二）从行业角度，礼仪可以区分为服务行业礼仪、学校礼仪、军队礼仪、政务礼仪、商务礼仪、体育礼仪、涉外礼仪、节庆与习俗礼仪、宗教礼仪等

服务礼仪是指服务行业应该遵守的礼节，主要包括宾馆饭（酒）店礼仪、通讯行业礼仪、医院礼仪、银行礼仪、商业礼仪等，每个行业都有符合自身特点的礼仪规范。

学校礼仪是指教师和学生在校园共同学习、生活中所要遵守的礼仪。

主要包括师生之间的礼仪、学生之间的礼仪、教师之间的礼仪、学生集体活动礼仪、住宿礼仪、餐厅礼仪、升国旗礼仪、少先队礼仪、共青团礼仪、课堂礼仪、观看运动会礼仪等。

部队礼仪的内容也很多，主要包括三种：一是举手礼，即敬礼；二是注目礼；三是举枪礼。举枪礼是专为仪仗队规定的，在迎送外宾、仪仗队接受检阅时要行举枪礼，以显庄严和军威。另外，军人的仪表仪容、举止行为、队形演练、接受检阅等也是军礼中很重要的内容，显示出军人的风采。

政务礼仪主要是政府机关、行政部门工作人员应该遵守的礼貌礼节。政务礼仪除了包括工作人员的仪表仪容、言谈举止之外，主要还是指上下级之间的礼仪、政务拜访与接待礼仪、政务公文礼仪、政务会议礼仪、政务通讯礼仪、信访礼仪、政务宴请、馈赠礼仪等。

商务礼仪指在商务活动中彼此应遵守的礼貌礼节。主要有商务谈判礼仪、营销礼仪、商务服务礼仪、庆典贺颂、签字仪式等方面的礼仪。

体育礼仪是在各种类型的体育活动中，组织者、工作人员、运动员、裁判员、观众应遵守的礼貌礼节。主要包括各种不同规格、不同规模的运动会礼仪、各种单项运动礼仪（如滑冰、滑雪、跳水、游泳、射击）等。

涉外礼仪指我国政府或团体在进行外事活动时应遵守的礼仪，主要有涉外服饰礼仪、外事迎送礼仪、外事会见会谈礼仪、外事宴请礼仪、礼宾礼仪、外宾参观游览礼仪、涉外舞会礼仪、招待会礼仪、外交出访礼仪、对外凭吊礼仪、外事慰问或外交祝贺礼仪、外交受勋礼仪等。

节庆与习俗礼仪，我国的节庆与习俗很多，官方的法定节庆主要有元旦、三八妇女节、五一劳动节、六一儿童节、七一建党节、八一建军节、九月十日教师节、十一国庆节、元旦等。民间节庆和习俗主要有春节、元宵节、清明节、端午节、中元节（农历七月十五，俗称鬼节）、中秋节、重阳节、生日礼、祝寿礼、婚礼、丧礼、祭礼等等。

宗教礼仪，我国是个多宗教的国家，其中主要有五大宗教，即佛教、道教、伊斯兰教、天主教、基督教。每种宗教都有相当严格细致规范的宗教礼仪，懂得并遵守宗教礼仪是非常必要的。

（三）从主体与客体的内外关系角度，礼仪可以区分为个人礼仪、公共礼仪、公关礼仪、社交礼仪等

个人礼仪：主要指个人在礼仪修养、仪表仪容、言谈举止等方面的礼仪，还可包括家庭礼仪、邻里之间的礼仪等。

公共礼仪：指在公共场所应遵守的礼貌礼节。主要有公共交通礼仪、社区礼仪、乘坐交通工具时的礼仪、旅游观光礼仪、超市商场购物礼仪、在需要保持安静的场所（如图书馆、医院病房探视病人、听音乐会时）的礼仪等，做到遵守公德，不随地吐痰、不随处乱扔果皮纸屑、不乱泼脏水乱倒垃圾，在不允许吸烟的场合不随便吸烟等。

公关礼仪：社会组织在进行公务活动时应遵守的礼貌礼节。主要包括公务拜访礼仪、公务迎送礼仪、公关交谈礼仪、公关宴请礼仪、公关信函礼仪、会议礼仪、礼仪书信、礼宾次序、听取和汇报工作的礼仪等。

社交礼仪：个人或组织在从事社会交往活动中所应遵守的礼仪，主要包括仪容礼仪、服饰礼仪、朋友礼仪、致意礼仪、握手礼仪、介绍礼仪、交谈礼仪、馈赠礼仪、受礼礼仪、宴会礼仪等。

从上述分类不难看出，现代礼仪的类别并不是截然分开的，而是相互交叉、相互渗透的。

第四节　教师礼仪的重要意义

一、教师礼仪的滞后或缺席

教师不仅是文化知识的传播者，还是文明的歌者礼仪的使者，事实上，这种品质与使命在广大教师身上也得到了充分验证。但由于种种原因，我们的教师中也出现了一些令人遗憾的现象。

首先是自身礼仪意识的淡薄问题。教师是知识分子群体中的一员，拥有强烈的求知欲与责任心。每一位教师自踏上讲台开始，无不在自己的专业领域孜孜以求、精益求精。教师最在乎的就是自己的专业素养和教学技能，所有的精力时间都用在备好课、上好课、帮助学生考一个好分数上。繁忙的工作往往也使许多教师无暇自顾，对自身的关注被一再压缩，也忽略职业技能中的重要一环——礼仪修养，从而造成教师自身礼仪修养意识的淡薄问题。

其次是礼仪教育意识的淡漠问题。教育应该是全面的，教师以教书育人为本，但在大多数教师的普遍认识中，所谓的“教书育人”多侧重于学科知识的传授和思想道德的说教，特别是在现行应试教育的体系之下，学校的一切制度、教学的终极目标都围绕着“分数”这个指挥棒，在这样的前提下，礼仪教育作为我国传统教育的有机组成部分，受到了较大的忽视。然而，生活是丰富的，成长的过程是多维的，孩子们要学习的不仅是书本上的知识和空洞的道德规范，更应掌握为人处事的态度和方法。作为学校，尤其应该牢记“千教万教，先教做人”。不是每一个孩子都能在学业上有所成就，但每一个孩子却都必须面对自己的人生，迎接生活的挑战。礼仪教育正是专注于美好心灵的培育、良好习惯的养成，使孩子们能以健康的心态积极融入社会人生。教师推行的礼仪教育，可以是专门的课程系统讲授，更多情况下则可以“行不言之教”，用自己良好的礼仪素养去潜移默化地带动学生向真向善向美。

再次是礼仪知识的相对匮乏。虽然我国自古以来就被称为“礼仪之邦”，拥有深厚的礼仪文化传统，然而具体到每一个人身上，还是要通过有意识的学习才能深刻体会礼仪内涵，系统掌握礼仪规范。礼仪规范巨细无遗地涵盖社会生活的方方面面，又依场合、身份、职业等等因素的不同而各有所重。身为教师，不但要懂得生活中的通用礼仪规则，更应特别注意教师职业在礼仪规范上的某些特殊要求，才能在各个方面起到为人师表的表率作用。然而遗憾的是，在师范院校的培养计划、以及各级各类教师职业培训中，礼仪课程均难觅踪影。现实中，我们往往可以看到：有的老师学问精深却仪表邋遢，正如鲁迅先生在《藤野先生》中描写的那样，堂堂教授在公车上甚至于被疑为小偷；有的老师一味奉行“教不严，师之惰”，对学生爱之深，责之切，过于严厉甚至讽刺挖苦的话语让学生饱受“内伤”，与自己的教育初衷也背道而驰……如此种种，其实都有待于教师切实提高自身礼仪修养，使自己的言行举止音容笑貌都成为辅助教学的有效手段。

二、教师礼仪的重要意义

（一）礼仪：传统美德与现代文明的双重选择

“礼”是中华传统文化的核心，自“周公制礼作乐”以来，逐步形成了丰富而庞大的体系。我国著名国学大师钱穆先生曾说：“礼是中国文化的特质，标志着中国的特殊性。从一个家庭，到家族到整个国家，所有的思维方式和行为准则都是由‘礼’的原则建立起来的，故我国有‘礼仪之邦’之称誉。”时至今日，许多传统礼仪仍有其强大的生命力。尤其是在当今社会，人类文明正努力构建人与自然、人与社会、人与人的和谐关系，我国正努力跻身于世界先进民族之列，我们培养的接班人，其文明程度就是未来社会文明程度的集中体现。对于教师而言，教师文明礼仪修养的程度直接决定着下一代的文明礼仪程度，加强教师礼仪修养，惠及我们的孩子们，使他们从小就懂得“毋不敬”：在家孝敬长辈，懂得“父子有亲，长幼有序”；在学校尊敬老师，懂得“师道尊严”、“尊师重教”；在社会上自尊自重和尊敬他人，懂得“礼者，自卑而尊人，虽负贩者必有尊也”；懂得“德辉动于内”才能“礼发诸外”，懂得“发乎情，止乎礼仪”等，有秩序，讲规范，遵纪守法，知书达礼，使礼仪文明发扬光大，使我们的民族素质大大提高。

（二）礼仪：修身养性塑造合格公民的基础

“礼，身之干也”（《左传》）；“凡人之所以为人者，礼仪也”（《礼记·冠礼》）；“人能有礼，然后可异于禽兽也”（唐·孔颖达）。“不学礼，无以立”（《礼记》）。从这些古语中可知，礼，是一个人的立身之本，“先学做人，后学做事”是对一个人的基本要求，也是教育的基本准则，更是教师的基本素养。

良好的礼仪修养是遵守公德，尊老爱幼，遵纪守法，匡世济穷，除暴安良，谦虚随和，宽人律己，互帮互助，睦邻友邦等等，让人成为一个堂堂正正的大写的“人”，从而使整个民族素质得到极大提高与改善。

彬彬有礼，然后君子。教师自觉的礼仪意识，良好的礼仪习惯，丰富的礼仪知识，是一种无形的资本，可以塑造自身圆融通达的个性，昭示着丰富的人文内涵和个性魅力，使教师的认知品质、情感品质、意志品质健康发展，形成既有独立的个体精神，又有完整的群体特质的健全人格。体现在形式上，就是语言文明礼貌、体态舒展美观、待人接物大方自然，从自尊自爱自律到爱学生爱身边的人，再到爱国家爱人民；从爱自己的物品到爱学校的设施，再到爱国家的一草一木、对人类环境充满无限关怀；从遵守家庭规则到遵守校规校纪，逐步养成遵守国家的法规制度；养成从个人到集体，从家庭到国家的观念与品格，从而使礼仪内化为高尚情操与良好的品质素养，做一个合格的公民。

（三）礼仪：构建社会文明的有效途径

中华民族是世界四大文明古国之一，礼仪是我们修身养性、齐家治国、安邦兴民的特有制度与文化。这特有的礼制与文化中，孕育了许多美好的道德与行为规范，它的约定俗成性使其以某种精神的规约力量规范着每一个人：一个人高雅的气质，潇洒的风度，谦恭有礼、不卑不亢的态度来源于此，一个集体的公众形象、社会效益和经济效益也于此有密切的关系。校园是社会的缩影，学生是国家的未来，一所校园厚重的文化底蕴和师生礼仪素养对民族未来和文明传播的影响意义重大。《荀子》说，“人无礼则不生，事无礼则不成，国无礼则不宁”，今天，我们要构建和谐家庭、和谐校园，构建和谐的人际关系和人与自然的关系，以致构建和谐国家和谐社会，礼仪是必不或缺的重要途径。

（四）礼仪：教师职业素质的重要构成

对于教师这样一个特定的人群，学习礼仪知识、提高自身素养所带来的效果不仅惠及个人，更会通过教师的示范效应在学生身上产生深远的影响，从而起到以点带面的积极作用。

我国著名教育家陶行知先生说“德高为师，身正为范”，这句话已经成为众多师范院校的校训。在学生心目中，不管有意识或无意识，教师天然地会成为他们所模仿的对象。教师的一言一行、一举一动，在学生看来不仅有示范作用，而且会产生放大效应。教师衣着整洁举止端庄，学生自然也会熏陶出自然朴实的美感；教师和蔼亲切彬彬有礼，学生自然也会感受到落落大方的风范。越是低龄的学生，对教师的信任感、模仿性就越强，因此这时教师有责任为其树立起一个正面的形象。随着学生渐渐成长，他的目光中多了审视、比较甚至挑剔，这时教师更应该从各个方面提高自我要求，不仅有渊博的学识，还要有恰到好处的表现，让学生看到一个表里如一、堪称为人师表的典范，这样才能获得学生心服口服的赞誉。因此，教师的礼仪修养理应成为其职业素养的一部分。

思考与练习

1. 学术界对礼仪的起源有多种认识，你同意哪一种，试加以说明。
2. 什么是礼仪？礼仪的内涵与类别有哪些，试具体说明。
3. “尊敬”是礼仪内涵的本质，结合你的实际生活和工作谈一谈其作用与效果。
4. 试述礼仪的原则与特征。

第二章　文质彬彬　然后君子

——教师形象礼仪

【情景导入】

周恩来总理在南开中学读书时，在大立镜旁悬了面“纸镜”，上书四十大字：面必净，发必理，衣必整，纽必结；头宜正，肩宜平，胸宜宽，背宜直；气度：勿傲，勿暴，勿怠；颜色：宜和，宜静，宜庄。铭如其人，周恩来一生严谨潇洒，温和平正，言行一致。成为世人敬仰的楷模。后来，周恩来镜铭也成了南开中学的“容止格言”。

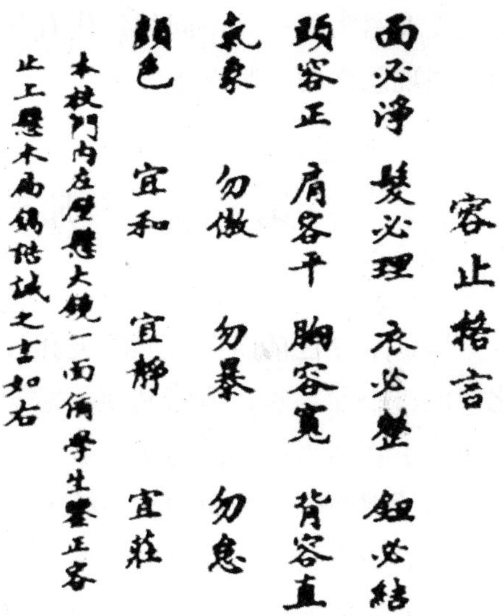
容止格言
面必淨 髮必理 衣必整 鈕必結
頭容正 肩容平 胸容寬 背容直
氣象 勿傲 勿暴 勿怠
顏色 宜和 宜靜 宜莊
本校門內左壁懸大鏡一面俾學生鑒正容止上懸木匾鐫箴之言如右

在我们的记忆中，敬爱的周总理总是那么温文尔雅、风度翩翩，内心世界和外在仪表完美地结合在一起，构成了我们记忆中永远珍藏的一道风景。对于教师来讲，尤其应该贯彻这种“内外兼修”的修养之道。我们中国人很讲究“为人师表”，这实际也道出了教师这一职业的特殊性。回忆起学生时代，相信每个人记忆深处都会有一位或几位难忘的老师。也许我们已经忘记他在课堂上具体说过的话，但记住的是他特有的风度气质、音容笑貌，他总会以一种独特的、活生生的形象浮现在我们的脑海里，让我们情不自禁地向往、追索乃至于模仿。教师是一个感性的职业，教育是一种润物无声的行为。我们中国人从未单纯地把教师看作一种职业，而是把教师当作一种表率，一种典范，因此才有了“为人师表”一说，这也是社会赋予教师的神圣使命：教师要塑造起高尚而完美的形象，在各个方面承担起表率典范的作用，给学生以正确的积极的引导与影响。

说到教师形象，它是有形的外在表现及无形的精神气质等各方面的综合，也包括了一个社会特定文化所形成的心理期许。在国人传统的心理当中，教师是一个什么样的形象呢？也许我们会想到“匹夫而为万世师”的孔子，一袭布衣、一身大雅；也许我们会想到宁可饿死不领美国救济粮的朱自清，谦和之中犹有傲骨；也许我们会想到民族的脊梁鲁迅，俯首甘为孺子牛的热切……我们更会想到从小到大陪伴着我们成长的老师们，那些朴素、亲切又不乏严厉的身影。当然，与任何事物一样，教师形象也与社会的发展紧密相关，不同的年代有其不同的特质，在今天，我们从礼仪层面该展现怎样的教师形象呢？

第一节　教师形象礼仪基本素养

形象素养包括内在的形象美和外在的形象美。内在美指思想品德、文化知识、心理素质、情感品质、意志品质等素养，是形象美的本质特征。外在美主要是指仪表美，它一般包括容貌、服饰、姿态、美容化妆、气质风度、精神面貌等方面的和谐统一，是内在素养的外在体现，也是形象美必不可少的重要方面。真正的形象美是内在美与外在美的和谐一致。在过去，教师的形象更多的注重内在的“为人师”，这一点至今仍是评价教师形象的重要砝码。事实上，现代社会对教师形象的评价已悄悄加重了外在美的份量，使内在美与外在美这架天秤越来越趋于平衡。比如在一些现代人的观念中，风度翩翩、仪表堂堂、英俊洒脱的形象，不仅是机关干部、商界、社交界、演艺界等人士所具有的形象特点，也已是现代教师的理想形象。我们都有这样的经验，无论是幼儿园的小朋友、还是中小学生、大学生都更加喜欢自己的老师有干净美观的仪容仪表，有高雅大方的气质仪态，有健康干练的精神状态，他们常以自己的老师有美好形象而自豪，因而，礼仪就成了现代教师必不可少的素养了。

教师基本的礼仪素养主要包括：

一、品德素养

这是教师形象礼仪素养中最基本也是最重要的内涵，无德则无礼，无礼事难成。比如诚信、负责、谦恭、公共意识等，都是师德内涵的重要构成要素。当代一位学者有句至理名言："教师两个底线不能碰，一是道德底线：师生之间不能是一种交易关系；二是法律底线：人不能把钱带进天堂，钱却能人把带进地狱。"

教师职业的主要行为不外乎六个字：读书、教书、著书。日复一日，年复一年的岁月轮回中，教师就是在这六个字上展示其人格魅力、道德风范与学识修养的。

"腹有诗书气自华"，读书，读好书，是教师敬业、乐业的美好品行，是对学生、对社会、对人民高度负责的行为体现；教书，教好书，是教师基本的职业操守，一个好老师，要紧的是对学生激情与兴趣的保护与开发，对学生少说"不"，多说"能"，助推、激励他们成功；著书，著大书，要紧的是坚持真理，尊重科学，端正学术道德，恪守学术规范，坚决摒弃浮躁庸俗、弄虚作假、抄袭剽窃他人成果等失范失德的行为。

总之，作为教师，为学，学为人师，为人，行为世范，仰不愧于天，俯不怍于人，做知书达礼、德艺双馨的美丽教师。

二、审美素养

礼仪是人类情感灿烂的花朵，是人们在社会生活中知美、爱美、行为美的重要体现，它的内容与形式的和谐统一，使之具有文化与审美特征。因此，作为教师，应该具有一定的审美素质，在趋向美、辨别美、传播美上表现出较高的修养，以便引导学生的美感追求，提高他们的审美趣味和层次，提高他们对礼仪的认识，从而真正懂得礼仪美。

三、礼仪习惯素养

习惯是优秀，优秀是习惯。美国心理学巨匠威廉·詹姆斯对"习惯"有一个经典注释："播下一个行为，你将收获一种习惯；播下一种习惯，你将收获一种性格；播下一种性格，你将收获一种命运。"英国哲学家艾蒙斯说："习惯不是最好的仆人，就是最坏的主人"，可见习惯的重要性。

良好的礼仪习惯可以涵养品格，美育气质，陶冶情操，美化形象。大家知道，礼仪不单是书本上的学问，而是一个实践过程，光是死记硬背条条框框不行，它更多来自鲜明的文明礼仪意识，来自日久天长的礼仪修养，来自良好的礼仪习惯。身为教师，在日常生活和工作中，在一举手、一投足、一开口时，处处想到尊重别人，包括对学生的爱护与尊重，对美化礼仪形象，对事业和个人生活都将受益无穷。

四、礼仪知识素养

系统、扎实地掌握古今中外礼仪文化知识是教师必备的素养。我国古代礼仪文明博大精深，3000 多年前周公制礼作乐，一部《周礼》提出了礼制纲领。其后历代圣贤继承并完善，使礼乐文明成为了儒家文化的核心。现代礼仪继承并发展了古礼的内核，又适应现代社会物质文明和精神文明的需要，并随着改革开放、对外交流频繁，中华礼仪又吸纳和融合了国外礼仪的一些元素，从而整合成古今相通、中外互补的现代礼仪，使我国礼仪呈现出民族性、现代性、国际性等特点。教师要深入广泛的学习和研究这些礼仪知识，具备充分的礼仪专业知识素养，使之内化为品行，外化为规范，在文明礼仪的践行中丰富教师的形象内涵。

总之，礼仪是一个人内涵素质、文化修养的外在体现。如果内涵不丰富，只是皮净，象个绣花枕头，只能做到形似而达不到神似，那么，外在的礼仪也显得故弄玄虚，做作呆板，失去了意义。目前国内的一些礼仪教育培训中，对“形象礼仪”或“礼仪形象”常有一种误解，认为形象礼仪就是要求如何站的标准、坐的标准、微笑时露出几颗牙齿、手势多少度、走路时一步迈多少公分等，当然这是必要的标准训练要求，无可厚非，但也因此造成一场培训结束后，学生们就把礼仪形式看的格外重要，而压缩了礼仪内涵的文化成分。对教师来讲，礼仪形式的规范固然重要，但老师毕竟不是 T 型台上的模特儿，对外形的要求那么苛刻，而是三尺讲台上的知识讲解者和灵魂的工程师，在这一点上，老师高尚的道德情操、扎实的专业素质与文明礼仪修养可能更应成为“形象礼仪”的首要因素。其次，要训练好必要的礼仪形式，如仪容仪表仪态的修整与训练，高雅大方的气质风范，这样，从内涵到外形，真正塑造出教师美好的礼仪形象，成为社会文明礼仪的光荣使者。

一滴水可以折射太阳的光辉，

一件小事可以看出一个人文化素质的高低和礼仪修养的深浅，
这正是——

小节之处见精神，
言谈举止是文化，
诚于中而秀于外，
内外兼修方为美！

这也许就是教师美好礼仪形象的精要表述。

第二节　仪容仪表美

礼仪是从仪容仪表仪态开始的，古人对此非常讲究。《礼记》一上来就说："礼仪之始，在正容体、齐颜色、顺辞令"，还规定了"七不"，即"不敢哕噫、嚏咳、欠伸、跛倚、睇视；不敢唾；寒不敢袭；痒不敢搔；不有敬事，不敢袒裼；不涉不撅；亵衣衾不见。"意即在严肃、正规的场合，打饱嗝、打哈欠、伸懒腰、吐唾沫、擤鼻涕、歪坐、斜视、跷二郎腿，或者只穿睡衣、内衣，甚至赤膊，都显得随便、懒散，缺乏敬意，这些礼仪作为优秀传统已成为现代社会的行为规范。

那么，什么是仪表仪容？讲究仪容仪表对塑造教师形象有什么促进作用呢？

一、仪表仪容美的作用

所谓仪容仪表，从广义上讲，指的是人的容貌和外表，包括相貌、美容化妆、服饰、姿态、气质风度、精神状态等；从狭义上讲，单指脸庞、头发、肢体等要素。中华民族具有注重内在美的优良传统，历来强调不要以貌取人，那我们为什么要把仪容仪表放在第一位呢？

首先，在师生之间，学生对老师的信任、好感是顺利展开教学工作的第一步，这是一种心理上的认同，而这其中第一印象是很重要的因素。心理学上，把不相识的人第一次见面所形成的直观感觉称为第一印象，由于第一印象具有鲜明深刻的特点，其晕轮效应优劣直接影响到交往活动是否继续进行，因此，交往时注重第一印象便成为一种普遍的心理倾向。在心理学中有这样一个公式：

第一印象＝60％仪表仪容＋40％谈吐声音

也就是说，端庄、整洁、美好的仪表，可以使人产生好感，留下深刻而美好的第一印象，从而为交际活动打下基础。

由这里可以看出，当师生接触的第一个瞬间，教师良好的风貌举止会成为吸引学生的第一要素。尤其是对于涉世未深的学生来讲，越是低年级的孩子，就越依赖于感性判断，老师得体优雅的外貌会在第一时间打通师生心灵的桥梁，营造出一个顺畅的教育氛围。

其次，从教育的特性出发，有一句话叫做“言传身教”，这其中“言传”当然指的是语言上的知识讲授，而“身教”的涵盖范围就更广了，它是教师通过自身的一系列行为方式在潜移默化中对学生产生的影响。从另一个角度，也可以说学生会有意无意地模仿自己的老师。作为教师，他的一言一行、一颦一笑、一衣一饰实际都是在影响学生、教育学生。这其中，外表可以说是最直观、最直接的了。《礼记·冠义》中就曾说过：“礼义之始，在于正容体，齐颜色，顺辞令。”意思是说礼仪是从端正容貌、整齐服饰和使用得体的辞令开始的，可见我们的古人很早就认识到了仪容仪表对于端正身心修养、培养礼仪规范的重要性。那么，作为学生模仿的对象，教师尤其应该以端庄规范的仪容仪表为学生提供一个好的范本，帮助学生建立起正确的审美观、价值观。

第三，从教育的效果来讲。当下中国的教育，被广为诟病的一个现实是“应试教育”现象，教学被简化为追逐分数，而对孩子们人文素养、精神境界的培育则非常欠缺。但事实上，对于一个孩子终身受益的却并不是考试分数，而是在学生时代养成的良好的行为习惯、心理素质。尤其是对低年级的孩子，我们贯彻“养成教育”的原则，以自身良好的风貌传递给学生积极的信号，势必会起到由外而内整个心灵的熏陶与提升。朱熹的《童蒙须知》是一部有关儿童行为规范的教材，在《衣服冠履第一》提到孩子的仪容时，就有许多具体要求，如“大抵为人，先要身体端整，自冠巾、衣服、鞋袜，皆须收拾爱护，常令洁净整齐。”这里非常强调衣冠要整洁。一个有良好修养的人，在公共场合，一定是服饰整洁、言辞文雅、举止得体，这既是内在修养的表露，也是对他人的尊敬。朱熹把这一点放在“为人之先”的地位来要求，是深得古礼大旨的。

由此可以看到，讲究良好的仪容仪表，展示出教师应有的儒雅风范，这不仅关系到教师个人的形象问题，更是整个教育过程不可或缺的部分。教师一定要把自身形象的展示当作必不可少的教学环节，这样才能激发学生情感、创设良好教学氛围、收到成功的教育效果。

二、仪表仪容美的层次

对于任何一个人来讲，仪表仪容美都可以分为三个层次展现：

首先是自然之美。即先天的生理条件，如端正的五官、娇好的容貌、比例协调的身体曲线等。

其次是修饰之美。天生丽质的人的确令人羡慕，但这种幸运并不是每个人都会有的，因此，人们可以通过美容化妆来达到仪容美。同时，即使是一个天生丽质的人，如果每天蓬头垢面不事梳洗，恐怕也会令人退避三舍。因此，每个人都应该进行适度的美化修饰，至少要具有基本的整洁清雅。

第三是内心美的外在流露。内心美是指人的道德、情操、气质、文化品位等深层次的精神世界所达到的高度，内心美是魅力之源，是仪容仪表美的实质，由内而外散发的美才会使人容光焕发，充满真正的吸引力。

作为新时代的教师，我们应该追求的是内在美与外在美的和谐统一。

回首过去的年代，或许在人们传统的印象中，一提到教师便普遍会有一个“安贫乐道”的观念，似乎教师形象总是与清寒、奉献、保守相连。人们对于教师要求更多的是他的专业能力与精神境界，而一个教师如果表达出对于外在美的追求，甚至有可能会被认为是不务正业、误导学生的表现。而现代社会，随着经济的发展和社会观念的改变，作为教师，讲究仪容仪表之美是顺利完成教育任务的重要一环，更应该内外兼修，由内而外地打造出富有魅力的全新教师形象。

三、仪表仪容美的要求

具体来讲，仪容仪表包含三个方面，即面容、发式和肢体的细节要求。这些部分有一个共同的底线，就是必须保持整洁卫生，在此基础上再来谈到教师礼仪的要求。

（一）面容

人人都希望自己有一张姣好的面容，给人留下美好印象。然而面容也是最容易出问题的地方，即使基本的整洁卫生的标准，也很容易被一些防不胜防的小问题跳出来破坏掉。比如本来干净的脸上不经意蹭上的污渍，比如年轻教师脸上过多的油光，比如吃过东西之后残留在牙缝里没有剔除干净的残渣，比如毛发粗壮的男士鼻孔里面探头探脑没有清理的汗毛，比如吃过有浓烈味道的食物之后口腔散发的异味，比如耳窝里面没有洗到的污垢……这些都会成为让人尴尬的焦点。尤其是对于教师来讲，我们面对的是一群充满了活力和好奇精神的孩子，他们往往乐于发现老师身上的小缺点，这有时可比课堂上的内容更吸引他们的注意力。因此，作为教师一定要勤于自查，在做好基本的清洁工作的基础上在细节方面多下功夫，比如上课之前先照照镜子看看有没有什么“小状况”，比如课间如果吃过了东西及时地刷牙漱口等等。否则的话，轻则被学生笑话，影响他们的课堂注意力；重则会被学生认为过于邋遢马虎，从而引起他们的排斥心理。试想，如果一个老师整天带着一张油腻腻的、不干净的脸去上课，或者身上时不时地散发出异味，又怎么能获得学生的尊重呢！

比较特殊的一点是，教师作为知识分子，佩戴近视眼镜的比例是很高的，因此眼镜甚至已经成了面容的一部分，我们也把它纳入仪容仪表的要求。对于眼镜，首先要做到的是镜片的洁净，一定要时时擦拭、光亮如新。否则，带着脏兮兮的镜片，给别人的感觉就好像隔着脏玻璃往屋里看，即使屋子再干净也会让人感觉蒙上了灰尘。其次，眼镜要讲究美观，镜框一定要与脸型相配，这样才会平添一股文雅的书卷气。另外我们借机也说一说墨镜的问题。太阳暴晒或者有风的天气，人们喜欢戴一个墨镜来保护眼睛。但一定要记住，墨镜是属于室外用品，进入室内一定要摘掉，否则让别人看不见你的眼睛是很失礼的。即使是在室外，和别人面对面交谈时也应该摘下墨镜以示诚意。假如遇到特殊情况，比如有眼疾离不开墨镜，那我们一定要及时向别人解释清楚，以免误会。

对于女教师来讲，还要涉及到化妆这个特殊问题。爱美之心人皆有之，按照国际惯例来讲，适度化妆更被视为对人对己的一种尊重。因此，女教师适度化妆是无可厚非甚至值得提倡的，但一定要做到“适度”，以淡妆为宜，扬长避短，千万不要浓妆艳抹。女教师画一个淡淡的工作妆，接近肤色的粉底、柔和疏朗的眉形、提亮神采的眼影、滋润自然的唇色，妆容似有若无之间，在扮靓自身的同时，会给学生带来美的启迪与享受，增加学生的认同感。相反，如果老师化浓妆，带着夸张的烈焰红唇或者迷离的烟熏妆去上课，且不说美与不美，单在心理距离上已经拒学生于千里之外了，又何谈良好的教学效果？

（二）发式

一个人的发型应该是他最富于变化、最能展示个性的地方。尤其是现代社会，人们常常开一句玩笑，那就是单看发型已经不足以区分男女。各种各样的打理方法、染烫技巧使人们的头发具有了无限的变化可能。然而不是所有的发型都适合教师这个职业，作为教师，考虑到对于学生的示范作用，并不适合成为时尚的急先锋。想象一下吧，假如我们的男老师顶着一头迪克牛仔式的爆炸波浪、或者我们的女老师做出一个火红的板寸发式出现在课堂上，那岂不是把课堂变做了秀场，学生们还怎么安心向学呢？

因此，在保持头发清洁的基础上，男女教师均应从职业层面对自己的发型加以选择。男士应以儒雅庄重为原则，不留长发，不蓄鬓角，不理光头，不追赶过于时髦的发式，传统的平头、三七分，或者青年教师打理成稍微时尚一点的板寸、毛刺等都是不错的选择，总之要努力追求斯文的风范。女士以端庄利落为标准，如果留短发，要注意打理出层次，方显知性之美；如果留长发，宜束成发辫或盘成发髻，而不要留恋“长发飘飘”的浪漫感觉，因为那样在讲课中很容易发梢飞动而显得杂乱无章，上了年纪的女教师更不应该再尝试披肩长发。尤其注意的是，无论什么发型，都不要留过长的刘海，那会阻挡眼睛与学生的交流；不染过于触目的颜色，那会分散学生的注意力，喧宾夺主。

（三）肢体

如果说面容和发型是视觉印象中浓墨重彩的“高峰”，具有先声夺人的冲击力，那么肢体形象则可看作是支撑高峰的“基础”，由更多需要精心呵护的小细节构成，似乎不显山不露水，但却决定着一个人的仪表形象能够达到的高度。比如，一个人虽然有着精致的发型和妆容，一双手伸出来却如“枯藤老树”，那她的形象分岂不会大打折扣？同样，一个朴素低调的人，看上去那么平凡，但无论哪里都找不出一点纰漏，举手投足之处都那么干净雅致，这毫无疑问会成为人们眼中的“第二眼美女”，积累起极高的个人魅力。因此，我们一定要关注自己的肢体形象，让它成为自己的加分因素。在这方面主要谈两点，手部是一个重点，四肢是一个重点。

1. 手部护理

手是人的第二张脸，人们往往可以从一双手上读出一个人过往的经历、教养、生活状况。一双手可以传达出多种多样的信息，老人的手是沧桑的、孩子的手是好奇的、男人的手是坚定的、女人的手是温柔的……作为教师的手，应该是一双引领的手，一双让人信赖的手，指引着学生深入知识的殿堂、踏上人生的旅途。同时，在工作中，手又是教师最有力的工具，写板书、打手势、与学生交流等等，处处要用到它，“曝光率”可谓相当的高。那么，我们应该怎样塑造这“第二张脸”呢？其实很简单，决定成败的关键只有一个——指甲！

一般来讲，保持手部的常规卫生只要注意勤洗手就可以了，但为什么有些人的手总是显得脏兮兮呢？秘密在于指甲，如果指甲修剪得不整齐，指甲缝里藏污纳垢，那一双手又怎么会显得清爽干净。因此，指甲必须修剪整齐，尤其注意指甲缝隙要剔除干净。有些人喜欢留长指甲，但作为教师，男士一律不准留长指甲，女士也要适可而止，因为长长的指甲很容易与养尊处优无所事事联系起来，有碍于职业形象的确立。另外还容易犯的一个错误就是，有些人喜欢留小手指的指甲，这似乎也是中国人特有的习惯，以之作为工具来完成一些私密的工作。但指甲既然是显露在外的，那也就没有私密性可言了，只是给双手徒增了一层市井之气。因此，这样的陋习我们要坚决杜绝，让干净整洁的手传达出简洁、稳定、干练的知识分子的气息。

作为教师，因为大量接触粉笔，手部的皮肤很容易干燥。我们建议大家随身带一支护手霜，及时护理自己的双手，保持滋润舒适。另外，爱美的女士往往喜欢涂抹指甲油以增添靓丽风姿，作为教师，我们不能说坚决杜绝这一爱好，但一定注意，绝不要使用过于浓烈、艳丽或怪异的色彩，那不适合女教师文雅大方的气质诉求。可以选择浅粉、浅荧光紫或透明色等柔和的颜色，以提高亮度为目的进行指甲美化。

2. 四肢细节

四肢的细节我们主要是指夏天穿衣较少时裸露在外的胳膊、腿、双足等部分。四肢过多过重的体毛、尤其是腋下的腋毛应及时剔除，否则穿无袖或短袖上衣时露出腋毛是极为不雅的。而且如果有腋臭的话，一定要采取医学手段加以治疗，不要让难闻的气味给自己和他人带来尴尬。还有就是保持双足的清洁，脚趾甲修剪整齐，把脚当作手一样的去打理，这样才不会显得粗俗失礼。

以上我们从三个大的方面谈到了教师的仪容仪表需要注意的问题。当然这只是一个大概的描述，因为有一句话叫做“细节决定成败”，而我们所呈现出来的仪容仪表恰恰是由无数有形的、无形的细节构成的。其实，美的标准各有不同，美的表现也是各有精彩。身为教师，我们要追求庄重典雅的外在表现，更要展示高尚丰富的内心世界。“腹有诗书气自华”，讲台不是选美场，一个教师最终吸引学生的，一定是他精湛的专业知识、高远的精神境界、无私的职业操守，而得体的仪容仪表则会起到锦上添花的作用，让教师的形象更加生动完美。

第三节　着装礼仪

俗话说“人靠衣装，佛靠金装”，自古以来，服饰就大有讲究，宋代学者朱熹就提出了“三紧”要求，就是帽带要紧、腰带要紧、鞋带要紧。三者都扎紧了，人的精神状态才会显得振作，才能表现出对人、对事的郑重。现代服饰虽然不同于古代，但在穿着得体、整洁、庄重、大方的要求上并无二致。

服饰的重要性不言而喻。在现代社会，随着物质生活水平的提高，人们对服饰的要求已普遍超越了实用功能而着眼于审美功能，服饰就像是无声的语言，在第一时间向周围传达出主人的审美趣味、文化修养、个性爱好乃至于经济能力、职业状况。身为教师，在讲究仪容仪表的基础上，搭配适当的服饰更是一个需要仔细揣摩的问题。

一、通用着装原则

衣食住行“衣”打头。在日常生活、工作和交际中，给人的第一印象恐怕就是仪表和服饰，所谓“一见钟情”就带此意。一个人如果仪表堂堂、潇洒大方就很有人缘，反过来，衣冠不整，轻则说你不修边幅，重则说你愚昧无知。所以，人们无不希望通过服饰来弥补自身形体、行为、心理等方面的不足，或强化自己的动人之处。可惜的是，并不是所有的人都能遂其所愿。有的人珠光宝气，衣着华丽，不仅不能给人以美感，反而令人觉得俗不可耐；有的人衣着朴素、简洁，却令人感到很舒服。可见，服饰是一门艺术，它充分反映了一个人的文化素养之高低和审美趣味之雅俗。

这里所说的通用着装原则，是指人们在着装时都需要审视、遵守的规范，简而言之有三点，即整洁大方原则、TPO 原则和三色原则。

（一）整洁大方原则

就是要平整、干净，这是最首要、最基本的着装礼仪。不管新或旧，时尚或普通，整洁是第一位的，尤其刚刚从衣橱里拿出来的叠放很久的衣服，一定注意熨平那些皱巴巴的叠痕；浅颜色上衣的袖口、领口这些关键部位最易感染污渍，要勤换勤洗，保持干净；裤线要烫熨平直，注意检查是否有开线、破损的地方；皮鞋要擦亮，鞋带要系好。如果衣冠不整、邋里邋遢者，会被人说成不修边幅，甚至被说成缺乏修养，愚昧无知。

（二）TPO 原则

TPO 是英文 Time、Place、Object 三个单词首字母的缩写。T 代表时间、时代、时令；P 代表地点、场合；O 代表目的、目标、对象。TPO 原则是世界通行的着装原则，具体说来，有以下几个方面要求：

1. 着装应与时间相协调

首先，要与时代潮流相协调，这是一个大前提。每个时代都有每个时代的时尚潮流，我们虽然没有必要对时尚潮流亦步亦趋，但也不能过于滞后或超前。比如，某个人穿着二三十年前的服装款式，恐怕会惹人侧目，影响对他的正常评价；反过来，如果谁大胆地把 T 型台上的概念装穿到大街上，恐怕也会令人咋舌的。现代社会，时尚的变化让人应接不暇，但时尚元素及其呈现方式不一定适合每一个人。

同时，还要注意春夏秋冬四个季节对服装的款式、质地、色彩等方面的要求。春夏季节宜色浅、质薄、款式新颖的服饰，秋冬季节宜色深、质厚、款式简单的服饰。

2. 着装应与自身条件相协调

选择服装首先应该与自己的年龄、体形、肤色、身份、性格、职业等和谐统一。

首先，爱美之心人皆有之，不管是年轻人或是中、老年人，都有打扮自己的权利和欲望。但是，不同年龄的人都有不同的穿着要求。例如：

青少年着装可以绚丽多姿，清新活泼，体现青春气息，但不必过分追求服装面料的高档次，不过分展现珠光宝气的华丽，而以灵动的个性、新颖的设计取胜。年长者及身份地位高的人，选择服装款式不宜过于新潮，款式简单而面料质地则应讲究些才与身份年龄相吻合，比如中年妇女可以表现出风韵和个性，中年男子可表现出阳刚、成熟、练达，老年人由于观念的差异，可以表现出或老成持重，或老当益壮，或慈祥随和，不过，还是以“宽松”为好。如一套深色中山装，老年人穿上，则显得成熟稳重，小伙子穿上，也许有点老气横秋的感觉；少女穿超短裙会显得朝气蓬勃，热烈奔放，少妇穿超短裙会显得有失雅观，甚至有轻佻之意。

第二，人有高矮胖瘦，肤色有深有浅，着装应与体形肤色相协调。比如，身材瘦长、颈细长、长脸形者宜穿高领或圆形领服装，而短款上衣，窄瘦裙子、窄瘦裤子则不宜穿着；身材较胖较矮者、颈粗圆脸形者，宜穿深色低“V”字型领，最好是直线条、冷色调、款式简洁的套装、套裙，而色彩鲜艳的大花图案服装、或宽格子、宽条纹的服装、浅色高领服装、大“U”型领的服装则不适合；对于身材匀称，形体条件好、肤色较浅的人，着装范围则较为宽泛，可谓“浓妆淡抹总相宜”。

第三，服装一定要和人的性格协调，否则穿在身上会像是话不投机的朋友，总让人有隔膜感。从性格看，人的性格主要分为外向型和内向型两大类，一般外向型的人更乐于尝试不同的变化，比较适合穿着设计感较强、视觉冲击力较大、色彩较鲜明的服装。相比之下，内向型的人趋向于保守，对变化有抵触心理，不希望自身过于引人注目，因此适合款式简单、色彩柔和低调的服装。

第四，着装要与职业相宜，这是不可忽视的。职业是人的社会身份，人们看待一个人一定会考虑到他的职业背景，会从他的职业出发衡量其言行举止，因此一个人即使是在工作之余也要考虑到自己的职业形象。另外，职业要求除了对人的着装有约束之外，再者就是一个人所从事的职业会塑造他特有的气质，例如军人总是飒爽挺拔、医生总让人感觉理性有条理等等，这也会影响其对服装的选择。如果一个人想表现出积极进取的敬业精神和专业高超的工作能力，穿着上便不可以太随便。特别是职业女性，穿过分时髦、过分性感的服装会给人以轻飘、庸俗的印象，才能和智慧则可能会被遮蔽。

3．着装应与出席场合相协调

有人说，穿衣戴帽，各有所好。但实际上，着装虽然看似私人行为，其本质上却是一种社会性的，不同场合对着装有不同要求。比如，年轻女孩子大都喜欢穿吊带装、超短裙、休闲鞋来彰显自己的青春活力，但假如要去参加一个重要的面试、或者出席隆重的场合，相信一个有分寸的女孩会给自己选择更职业、更正式的装扮，在这样的场合，那种“短、露、透”

的装束肯定就不合适了。因此，完美的着装一定是和特定的场合互相协调的。

场合有不同的分类，比较通用的是分为公务场合、社交场合、休闲场合三大类，本书重点介绍这三类场合的着装礼仪。

（1）公务场合着装要求。公务场合指工作人员按规定执行国家或集体事务的具体场合。一个人出现在公务场合时，他所代表的不单是个人形象，而且代表了他所在集体的形象，因而在着装方面的基本原则应该是以保守、大气为主。

公务场合的着装大致有两种，一种是制服，比如公、检、法、部队有制服，公司、商场、宾馆等具有本组织标识的工装，学校有校服等等。穿着制服时，应严格按照规范穿着，否则便会不伦不类。另一种是自主着装，这时就需要注意了，出现在公务场合一定要着正装，比如西装、套装、套裙、长裙、长裤、长袖衬衫等，而不宜着时装、便装，风格上也不应过分鲜艳、华丽和时髦。假如过于随意，或打扮得过于花哨怪异，人们会对其工作能力、工作作风、敬业精神甚至生活态度产生怀疑，对其所服务的单位也会产生不良印象，直接影响到集体形象。

如果是少数民族，正式场合可着民族服饰。

（2）社交场合着装要求。所谓社交，指出于某种需要而进行的工作的、生意的等沟通感情的交往应酬活动。一般社交场合大致包括宴饮活动、庆典活动、联谊活动、酒会、舞会、艺术演出、体育表演等。这些场合气氛热烈，轻松活泼，友好和谐，所以在服饰方面应突出时尚个性，比较隆重的社交场合应着礼服，讲究色彩、款式、面料质地感与造型的华美。需要强调的是，这些场合尤其不能穿着过分保守、过分庄重、过分严肃的服饰，那样会破坏和谐欢乐的气氛。

（3）休闲场合着装要求。休闲是公务、社交之外的自我身心的休整，属于工作之余的完全自由的私人场合，诸如度假旅游、逛街散步、运动健身、拜访亲朋、友人聚会等。在着装方面，休闲场合的要求相对宽松自如，讲究舒适、随意、便洁，最适合休闲装，益于放松身心、沟通感情，营造轻松、愉悦、温馨的氛围，如果西装革履一定会显得拘谨做作。

但要说明的是，休闲场合也是一种公共场合，服饰方面尽管开放随意，但也是有所限制的。比如，不能怪里怪气、不能喧宾夺主、不能蓬头垢面不讲卫生，包括不能违反公序良俗造成不雅场面。这最后一点尤其需要注意，因为有很多人认为所谓休闲就是要让自己随心所欲，所以我们就看到许多不该出现的画面：穿着睡衣拖鞋散步或购物、内衣外穿浑然不觉、有的男士夏天光着膀子出现在公共场合……其实，休闲场合的穿着，因其自主性较强，应该是最体现一个人的审美眼光、时尚感觉乃至于文化素养的，甚至我们可以把它看作是国民经济、国民素质的一个直观体现，里面蕴涵着极为丰富的、多元化的信息。

另外，特别要提示的是，在生日欢筵、婚礼等喜庆场合，不能花枝招展、过分醒目，否则可能要喧宾夺主，引起误会，别人将你当作寿星、当作新郎新娘就要当场尴尬了；在悲伤场合，比如去医院探视病人、视察灾区慰问灾民、参加葬礼等，则要着素妆，以黑、白、灰等素色简洁的服饰为准，切忌浓妆艳抹、大红大绿、绫罗绸缎、珠光宝气，等等，那样的穿着是绝对失礼的。

4. 着装应与交往对象及目的相协调

社会中人总是面临着与各种各样的人接触、处理各种各样的事务，因此，着装应与交往对象、交往目的相宜。处理日常事务、与普通公众交往，最好选择大众化、自然大方、朴素的服装，而标志身份与权威的高档服装可能会使双方心理距离拉大，不利于沟通。而处理公务、与身份地位较高的人士打交道，穿着则应具备一定的档次，才会引起对方的心理认同，纳入共同的话语体系。

5. 着装应与服装本身的质地、款式、风格相谐调

上面所述都是针对着装与外在元素的和谐统一，而本项述及则是针对服装自身的。

服装的质地、款式、风格可谓千差万别，搭配得当会相映生辉，搭配不当则两败俱伤。就面料而言，在上下装的搭配上，应选择相同或相似的面料，避免差距太大，上下不配套。就款式风格而言，有的是正装，有的是休闲装，有的追逐时尚，有的固守传统，有的偏重民族色彩，有的主打未来概念，所以，在穿着时，要注意款式的上下统一，避免错乱搭配。例如，印花丝质上衣搭配运动短裤，材质上首先就差距太大，风格上一为民族温婉、一为现代简约，这就产生了矛盾；又如大家经常嘲笑的西装搭布鞋，一为正式、一为随意，不伦不类。

（三）三色原则

所谓“三色原则”是指全身着装颜色搭配最好不超过三种，而且以一

种颜色为主色调。三色原则可以避免乱而无序、眼花缭乱的感觉。

常言道，“先看颜色后看花”，没有不美的色彩，只有不美的搭配。在视觉上，色彩的冲击力是第一位的。对于服装色彩原则，提示两点：一是注意服装本身颜色搭配，二是服装颜色与着装者皮肤颜色的搭配。要注意学习基本的配色知识和技巧，合理搭配，比如可以是上下装同色，可以是同色系配色，可以是撞色混搭，也可以通过巧用佩饰起到画龙点睛效果。

以上是最基本的着装规范，不同的人群根据不同的时间、场合与目的，选择得体的着装，体现出应有的文化素养与形象气质。而作为教师，则在遵守这基本要求的同时，还应该有着与教师职业、工作环境、工作目的相契合的部分。

二、教师着装规范

教师的着装不应单纯满足美的需求，不是通过衣着把自己打扮得漂亮，而是提高教师的自信心，展示学者魅力，增强对学生的影响力和感染力。因此，对教师来说，朴素大方、高雅庄重、文质彬彬、美而不俏、艳而不俗，在越来越开放的现代服饰观念和缤纷多彩的服饰艺术中，尽量以传统和保守为基调，体现出教育者应有的风貌。比如款式不宜过于时髦，色彩不宜过分耀眼或过分灰暗，饰物不宜过分杂乱。奇装异服会分散学生的注意力，珠光宝气更像一个贵妇人而不是教师，因此，教师服饰所传递的信息应该是尊严而不是刻板，是美丽而不是妖艳，是贤淑而不是招摇，是自信而不是傲气，是高雅而不是富贵，是大气而不是怪异。根据前面谈到的各项原则，我们得出了教师着装的“四宜四忌”：

（一）宜保守，不要太时尚

爱美之心人皆有之，人人都希望自己走在大街上是最时尚最醒目的一个。尤其女教师，对服饰美的偏爱与兴趣是女人的天性。但是，教师这个职业所扮演的尊长的角色对服饰有诸多的拒绝，有时必须要牺牲一些这方面的追求和渴望。很简单，假如一个老师每天往课堂上一站，就相当于召开时尚发布会，人们不禁要怀疑，他（她）用了如此之多的精力来追逐时尚，又有多少精力用于工作呢？学生在他的课堂上接受的是知识熏陶还是时尚洗礼呢？近年来的时尚风格流行混搭，也就是将很多不同的单品搭配在一起，以追求丰富的层次感。然而，如果一个老师上课的时候，让学生最感兴趣的是数一数今天他（她）搭了几件潮流单品，或者今天他（她）

的衣服上汇集了几种图案、代表多少流行信息，或者不知不觉被飘逸的围巾飞扬的裙摆夺走了注意力，那么我们可以说该老师的形象展现就是“跑题”的，他（她）的装扮已经对自己的工作造成了障碍。

时尚是易变的而教育是永恒的，因此我们的老师不妨保守一点，也许这样才能更经典一些，在学生长久的记忆里才会具有更深远的美感与魅力。

（二）宜庄重，不要太随意

无论有意无意，学生总会从各个方面模仿自己的老师，而老师也充当了很多方面的启蒙者的角色。教师是学生了解社会的一个重要窗口，学生的审美趣味、价值取向很难说不会受到老师的影响。因此，作为老师一定要谨言慎行，在各个方面做好学生的表率。在服装选择上，出现在课堂上的老师，一定要保持庄重的形象，给学生一个正面的引导，切忌轻佻与随意性，具体来讲有“三忌”，即过于暴露、过于短小、过于紧身的服装不宜出现在课堂上。

一方面，教师应追求含蓄的美感，类似低胸服装、吊带衣、超短裙、拖鞋、短裤，包括面料过于透明的衣服，都不宜穿上课堂；另一方面，过于短小的服装，不仅对于穿着者的身材要求很挑剔，很难穿出美感，而且又有可能在抬手写板书的时候，把后腰、大腿大面积袒露给学生看，这显然是很不雅观的；再一方面，那些过于紧身的衣服，穿起来把整个的身体线条轮廓勾勒出来，未免过于性感，搞不好甚至让人感觉内衣外穿，贻笑大方。

另外，在颜色的原则上，也应以淡雅稳重为主，诸如大红大绿、过于醒目的花色等都不宜成为教师着装的主流。

（三）宜简约，不要太繁杂

简约首先指的是服装款式。我们说，简单大方就是一种美，而且是最经得起揣摩的美。职场服饰向来以简约的设计为首选，这样才能突出穿着者干练、专注的职业素养。过于复杂的设计、过多的装饰，褶皱、刺绣、亮片、串珠等等复杂工艺，可能会使一件晚礼服光彩夺目，而对于职业装却是画蛇添足。

简约还具有另外一层含义，也就是教师的着装不宜太“隆重”。从“场合”的概念出发，我们会发现，课堂虽然是一个公务场合，但它似乎又和其他一些非常严肃、非常隆重的公务场合不一样。因为课堂是面向学生的，学生是最富于朝气的活泼泼的生命，在孩子们的眼里，教师形象不应当仅仅是灰色的、蓝色的，不应当仅仅是庄重严肃、传统保守的，而应该是充满个性的、丰富多彩的，尤其那些年轻的女教师，她们还应该展示出青春的美丽和女性的风采，因此我们的课堂应该弥漫着亲切、愉悦、灵动的氛围。如果教师总像是出席高级会议那样，以全套正装上场，西装革履领带方巾一丝不苟，反而有可能使学生觉得生硬，觉得拘束有距离感。这时我们不妨简化自己的装扮，稍微往休闲风格靠拢，可以是 T 恤牛仔针织衫棉布裤等等的搭配，可以毛衣外套配长裤、长裙。比如春秋时节，一件色彩适中、款式大方的毛衫或长袖衫配上一条合体的长裤或长裙，让教师平添亲切生动，富有人情味；夏日一件长袖或半袖连衣裙，飘逸洒脱，会使年轻的学生眼前为之一亮，增加学生的愉悦心情，也使教师平添许多妩媚，显示出教师个性化的追求和服饰艺术所创造的人体的美感，在外型上就拉近了与学生的距离，使学生更加喜闻乐见易于接受，课堂气氛、师生关系也会更加融洽。

（四）宜严谨，不要太散漫

上面我们提到了教师着装不要太繁杂，应简约大方贴近学生生活，但切忌走向另一个极端，就是太过于随意，甚至邋遢。比如马虎的孩子可能穿着脏兮兮甚至开线破口的运动鞋而浑然不觉，我们的老师即使再与学生打成一片也不能这样吧？比如拖鞋虽然穿着舒适方便，但适合登上神圣的讲堂吗？比如男生们夏天可以穿短裤宽肩背心，而男老师们就不应该了吧？等等。也就是说，教师固然要与学生拉近距离，但毕竟要顾及到自己的身份和职业要求，顾及到社会评价和自己对学生的示范引导作用。以严谨的态度打理细节问题，看似随意的装扮实际却严格挑选独具匠心，领口袖口永远都是干干净净的，衣裤永远都是挺括合体的，出现在学生面前的永远都是神采奕奕的，这样才不愧为人师表的赞誉。

以上我们谈到了一般情况下教师着装的宜与忌问题，然而值得一提的是，教师着装还有一个很重要的功能，就是在一些重大的活动或重要的时刻，教师可以根据具体的环境、具体的情景，适时地利用变化的着装微妙地起到调整、调动学生情绪的作用。我们知道，在学生的眼里，教师无疑是权威的象征，是关键时刻的主心骨，教师的形象对学生而言具有很强的心理暗示意味。像是参加升旗仪式、毕业典礼等氛围隆重的大型集会时，教师身着严谨的正装，也会增强学生的庄严感；运动会、儿童节、青年节、联欢会等气氛活泼的联谊活动中，教师尽可以更大胆一些，秀一秀自己时尚潮流的一面，也会让整个活动更加热烈，让孩子们更尽兴。

三、西装礼仪

西服以其设计造型美观、线条简洁流畅、立体感强、适应性广泛等特点而越来越深受人们青睐，几乎成为世界性的通用礼服，也是工作、社交中必备的基本服装。然而，怎样才是西装的正确穿法却未必是人人皆知的，因此，我们在这里特地把西装礼仪单列出来详细讲述。

西装分为正装和休闲装。西装正装应为套装，必须裁剪合体，整洁笔挺，质地应是纯毛或高级混纺面料，颜色以深色单色为宜。休闲西装一般为单件上装，颜色深浅皆宜，也可以是暗条纹、暗格。质地可以是纯毛面料、混纺面料，也可以是化纤、条绒、皮制等面料。休闲西装一般搭配休闲裤和便鞋，不系领带。

我们要谈到的是正装西装的穿着礼仪。西服七分在做，三分在穿，穿着西装应遵循以下礼仪原则：

（一）成套穿着，注意细节

无论是男士套装还是女士裙装，西装一定要成套穿着，切忌分开单穿。虽然西装的设计很简洁，但越是简洁越要注意细节的规范。细节有以下三点：

纽扣：西服纽扣有单排、双排之分。对于女士来讲，西装的扣子应该严谨地全部扣好，这样才显出端庄风范。对男士来讲，纽扣系法则另有讲究：

双排扣西装应把扣子都扣好。

单排扣西装：一粒扣的，系上端庄，敞开潇洒；两粒扣的，只系上面一粒扣是洋气、正统，只系下面一粒是牛气、流气，全扣上是土气，都不系敞开是潇洒、帅气，全扣和只扣下面一粒不合规范；三粒扣的，系上面两粒或只系中间一粒都合规范要求。

口袋：西装的上衣口袋和裤子口袋是作装饰用的，除了折叠考究的礼宾手帕和礼宾花，不宜放其他东西，否则，鼓鼓囊囊的口袋就完全破坏了西装流畅的线条美。

商标牌：西服袖口一般会缝着商标牌，在买到西装的第一时间应将标牌摘掉，不然会给人炫耀的感觉，在高雅场合会贻笑大方。

（二）搭配规范，不出纰漏

西装的主要配件有衬衣、领带、腰带及鞋袜。

衬衣：穿西装时，内衣不要穿太多，春秋季节只配一件衬衣最好，冬季衬衣里面也不要穿棉毛衫，可在衬衣外面穿一件羊毛衫，穿得过分臃肿会破坏西装的整体线条美。配西装的衬衣颜色应与西服颜色协调，避免同色。正式场合男士不宜穿色彩鲜艳的格子或花色衬衣，比较稳妥的选择是白衬衣，白色衬衣配各种颜色的西服效果都不错。衬衣的正确穿法是下摆扎进裤子（对男士而言，女士不必），袖口应长出西服袖口1～2厘米，打领带时衬衣领口的扣子必须系好，不打领带时衬衣领口的纽扣应解开。

领带：谈到领带，首先明确一点，那就是女士是不打领带的。而对于男士来讲，领带是西装的灵魂，与西装是一个整体，一般正式场合必须打领带，非正式场合可不打领带。领带的质地以真丝和纯毛为佳，这样才能保持挺括的造型。领带的颜色非常重要，它是整套服装的焦点，因此一定要根据西服的颜色精心搭配。一般来讲，深色庄重、浅色明朗、花色灵动，应该根据场合加以调整。领带不宜太长，打好后以下端垂直腰带为宜，可用领带夹系在衬衣的第四至第五个纽扣之间，以固定领带。如果穿羊毛衫或背心时，领带必须置于毛衫背心的里面，而不能搭拉在外面。另外一定要注意，那种简单的“一拉得”是绝对不能登大雅之堂的。

腰带：西装应搭配正装腰带，质地以真皮为宜，不应搭配革质、布制腰带或休闲款腰带。同时，腰带上杜绝系挂任何东西，诸如手机、钱包、钥匙链、护身符等，否则会显得十分繁琐俗气。

鞋袜：男士穿西服套装必须穿黑色正装皮鞋搭配深色袜子，便鞋、布鞋、旅游鞋休闲皮鞋或杂色皮鞋都不合适，并切忌西服革履搭配白棉袜。女士穿西服套装或套裙应搭配同色系皮鞋，式样以简单大方的船鞋为主，不要搭配布鞋、凉鞋、休闲鞋或靴子。同时应穿着肉色丝袜，尤其是穿裙装的时候，一定要搭配长筒肉色丝袜，切忌裙装配短袜，以免出现“三截腿”现象（指穿短裙子的时候，穿着短袜，袜子和裙子中间还露着半截腿肚子，这样容易使腿部显的又短又粗，术语叫做“恶性分割”）。

有句话叫做“脚底无鞋穷半截”，无论多么高档次的服装，如果没有相应的鞋子配套，其效果会大为逊色的。因此，在这里着重谈一谈鞋袜礼仪。

首先，鞋子有不同的风格，所以必须多准备几双不同款式的鞋子，以搭配正装、休闲装等不同服装。所谓“西装革履”，搭配正装的一定是皮鞋，正式场合不宜穿平跟鞋和露脚趾的皮凉鞋。而搭配休闲装就选择余地就较大了。

其次，鞋子的色彩不宜过分杂乱，尤其配正装和职业装的鞋子，一般以深色为主，如黑色、棕色。男士袜子以深色、女士袜子以肉色为宜，还要注意与服装格调保持一致，职业女性最好不穿彩色或图案过于醒目的袜子。

第三，鞋袜穿着时一定要保持干净整洁，无异味。

第四，鞋袜穿着禁忌：

1. 与人谈话时，不能将鞋子半穿半脱的吊在脚上；

2. 正式场合不要当众脱鞋，也不能当众（特别是当着异性）整理鞋袜。

3. 正式场合一定要穿袜子，光脚穿鞋是失礼的行为。

4. 不能穿走丝的、破洞的长筒袜、连裤袜。女士的包里或办公室里最好准备一双长袜，有备无患。

5. 秋冬季节穿裙子时，注意选择具有保暖功能的长袜，而不能里三层外三层地套上很多，显得臃肿不堪。

总之，西装是教师必备的着装之一，得体地穿着，不仅能够给学生一种庄重印象，穿着者自身也会有一种成熟自信、精神抖擞的感觉。

四、旗袍

旗袍是近现代中国妇女穿的一种长袍，其式样从满族旗人妇女所穿的袍子改制而成，故称旗袍，最初的“旗袍”范围很广，男女之袍均包括在内。

在近现代，旗袍不断改进，在不同时期发生了很多变化，二十世纪四十年代后，受国内外新式服饰潮流的冲击，满族男性旗袍已废弃，旗袍成为专属女性的服装，逐渐形成今日各色各样讲究色彩和人体线条美的旗袍样式。

现代旗袍紧扣的高领，给人以雅致而庄重的感觉，微紧的腰身体现出腰臀的曲线，特别是两边的开衩，行走时下角微轻飘动，具有轻快活泼之感。既朴素又大方，又温柔、稳重，集庄重典雅于一身，已成为我国妇女最为理想的礼服，甚至连一些外国妇女也争相穿着。

旗袍的穿着应注重礼仪规范化。旗袍是礼仪服装，不宜作为公务服装；有人穿旗袍骑自行车，显得不伦不类；穿旗袍应穿连裤丝袜，以防袜头从开衩处袒露出有失雅观；着旗袍后站姿坐姿要十分注意，翘腿、叉脚、抬腿蹬凳子等都是失雅的。

选择旗袍，要从年龄、体形、季节等多方面考虑。年龄大些的妇女，面料颜色应稍深些，款式要宽松一点，以体现庄重文静、典雅大方。中年妇女，宜选色彩富丽高雅，乃至绣花、滚边的旗袍，体现雍容华贵。年轻女性，则宜选用绚丽优美的色泽花式、活泼俊俏的款式，体现青春健美，朝气勃勃。就季节来说，春秋两季，应选薄毛料或厚实的中长纤维的旗袍，穿着保暖又挺括。初夏，可选化学纤维面料的半袖旗袍，轻便、凉爽，价格便宜。盛夏时节，应选薄花布或丝绸制成的无袖旗袍，穿上凉爽宜人。冬季也可以穿旗袍，不过得絮上丝棉、驼绒之类，制成棉旗袍。

旗袍是最能展现体形美的服装，穿着要特别合身才行。挑选现成的旗袍，一定要仔细试穿。不仅长短、肥瘦要合适，领围、肩宽、胸围、腰围、臀围都要合身才行，甚至于腰节、乳距以及腰到臀部的距离，都要合适，过紧的行动不便，过于宽松的，难以呈现女性的形体美。

五、唐装

近年来，国内外着唐装渐成时尚，但对唐装的称谓内涵很多人有误解，以为是唐朝样式的服装，其实唐装基本上是清末的中式着装，唐装的称谓首先是从国外兴起的。我国的唐代是当时世界上最强盛的封建帝国，影响深远，因此海外各国皆称中国人为唐人，在美国、东南亚乃至欧洲的华人居地区，也被称为唐人街。很多华侨也自称唐人。海外也就把唐人穿的中国传统风格的服装称为唐装。在 2001 年的上海 APEC 会议上，中国作为东道主请前来参会的亚洲及太平洋经济体的领导人身着唐装亮相，由此掀起了祥和喜庆的唐装热，这不仅是传统与现代的融合，更显示了中国在国际大家庭中的地位与风度。

唐装的款式结构有四大特点：一是立式领型，上衣前中心开口；二是连袖，即袖子和衣服整体没有接缝，以平面裁剪为主；三是对襟，也可以是斜襟；四是直角扣，即盘扣，扣子由纽结和纽袢两部分组成。从面料来说，主要使用织锦缎面料。近来，中式的唐装被赋予了一些西式特征，使唐装得以走出礼仪服装、节日服装的小空间，日常生活及工作中都可穿着，拓宽了唐装的适用场合。

六、中山装

中山装是我国近代出现的一种服装，因革命先驱孙中山先生的倡导而得名。

清朝建立后，强令男子剃发蓄辫，“留头不留发，留发不留头”，服饰上统一着长袍、马褂。辛亥革命后，孙中山就职临时大总统，颁发了一系列政治经济改革的法令、政策，“剪辫”、“易服”是其中主要内容之一，孙中山先生认为“礼服在所必更，常服听民自便”。希望能有一种“适于卫生，便于动作，宜于经验，壮于观瞻”的服装式样，以适应时代的需求。在他的积极倡导下，设计出了一套有我国鲜明民族特色的简便服装，采用小翻领，上衣中间五枚纽扣，上下左右共四个明袋，对称均衡。四个口袋均加软盖，各订小纽扣一枚，美观安全。左右袖口各订三枚纽扣。裤子前面开缝用暗扣，左右两侧各有一暗袋，右前有小暗袋，称“表袋”。这种服装庄重、大方、美观，既可以做礼服，又可日常穿着，孙中山先生带头在各种场合穿着，一时广为流行，成为时尚，人称“中山装”。1912年民国政府通令将中山装定为礼服，修改中山装造型，并赋于了新的含义。依据“礼，义，廉，耻”定前身四个口袋，袋盖为倒笔架，寓意为以文治国；依据五权分立原则，前身为五粒钮扣，依据三民主义原则，将袖口定为三粒扣；衣领定为翻领封闭式，显示严谨治国的理念。民国十八年(1929年)，中国国民党中央政府通令，将中山装定为党政官员的礼服，并规定，文官宣誓就职时，一律要穿中山装。春季、秋季、冬季用黑色，夏季用白色。新中国成立后，中山装依然广为流行，人们在各种场合经常穿着中山装，在很多正式的场合，我国领导人经常着中山装出席，其生命力可谓经久不衰。

第四节　佩戴饰品的礼仪

饰品是服装必不可少的另一部分，与服装构成一个和谐统一的整体。没有饰品的着装如同没有绿叶的红花，缺少生气和活力。

一、女士饰品礼仪

女士的饰品很多，诸如首饰、发饰、眼镜、手表、包袋、丝巾、帽子、手套、鞋袜等。

(一) 首饰礼仪

常用的首饰包括耳饰、项链、戒指、胸针、手镯、手链、脚链等。

1. 首饰佩戴基本原则

(1) 质地统一。首饰材质有黄金、白金、白银、镶钻、宝石、水晶、珍珠、玛瑙、翡翠、玉等。所谓质地统一是指佩戴时，第一要注意首饰本身质地的统一，即白银配白银，黄金配黄金。假如是白金配玛瑙，或黄金配水晶，则显得不伦不类。第二要注意首饰材质与服装质地的统一，比如与高档的礼服相配的首饰必须是精致考究的白金、钻石、宝石等高档首饰；如果与职业装相配，应当是美观大方、造型简洁、做工精良的珍珠、水晶、K金首饰；如果与T恤装、牛仔装等休闲系列相配，应当是粗犷豪放、图形夸张、显示个性或显示民族风格的首饰，如粗大的金戒、宝石串、大耳环、脚链等。

(2) 色彩统一。第一是指所佩戴的首饰本身颜色一致——统一为美。例如，耳环是黄金的，那么项链、戒指也应该是黄金的，如果是白银的，那么项链、戒指也应当是白银的，决不能是黄金耳环、白银项链、翡翠手镯，那样会给人眼花缭乱、杂乱无章的印象。

第二是首饰颜色与着装颜色的相一致——明暗相映。如身着深暗色服装，则应配以鲜明光亮的首饰，以首饰的光泽衬托服装的暗淡，浅色的服装配有色宝石，这样，产生一种视觉对比的效果，使之珠联璧合，相得溢彰。

第三是首饰颜色与肤色的搭配——和谐为美。一般肤色较浅的人，对首饰色彩的选择范围相当宽泛；而肤色较深者，则受到相对限制，一般不宜选择过分亮泽、夸张的首饰，而蓝宝石、祖母绿、象牙色、翡翠更能衬出佩戴者优雅、高贵的气质，产生和谐美。

(3) 以少为佳。佩戴首饰的目的不是为了显示珠光宝气，而是对整体服饰起到提示、浓缩或扩展作用，以增加仪表仪容美。正像不能将所有的衣服一股脑儿都穿在身上一样，也不能一次性佩戴多件首饰。基本要求是以少为佳，即一般不宜超过三件。比如，可以是戒指与胸花的组合，可以是项链与手链的组合，也可以是耳环、项链、戒指的三件组合，或耳钉、颈链与手链的三件组合。

（4）款式简洁。首饰的款式风格各异，有的彰显富贵，有的显示雅致，有的制作精密，有的略显粗犷。正式场合宜佩戴材质真实、线条简洁、颜色淡雅的首饰。

（5）合乎季节。不同的季节要选佩不同色泽款式的首饰，以与合乎季节的服装色彩、格调、款式相呼应。一般而言，春夏季节，适合佩戴浅、艳色调的首饰，如白金、白银、水晶、珍珠等，显得精致轻盈、明快、凉爽；秋冬季节适合佩戴深、冷色调的首饰，如黄金、钻石，显得庄重、典雅。切忌一件首饰走过春夏秋冬四季。

（6）合乎习俗。不同国家、地区、民族不同，首饰佩戴的习惯和意义也不尽相同，如少数民族地区的首饰丰富多彩，佩戴时显示出各自的民族特色。

2. 首饰佩戴技巧举隅

（1）戒指。戒指的含义：作为一种饰品，戒指本身没有特殊的含义，只是佩戴在不同的手指上，便有了特定意义：

拇指通常不戴戒指，其余四指佩戴时的意义是：

食指表示尚未恋爱，正在求恋；

中指表示已有意中人，正在热恋；

无名指表示已订婚或已婚；

小指表示单身甚至独身主义；

也有中指和无名指同时戴着戒指的，表示已婚且夫妻感情非常好。

如果无名指和小指同时戴戒指，则意义就混乱了。

戴戒指的礼仪：

①通常戴在左手的手指上。

②一个手指只准戴一枚戒指而不能同时戴两枚以上。

③女士穿礼服戴薄纱手套时，戒指应戴在手套里面，只有新娘才允许戴在手套外面。

④与人谈话时，不要有意无意地抚弄、查看手上的戒指，否则，有故意卖弄之嫌。

⑤教师上课时，可以不戴戒指，如果佩戴，应该戴在左手上，以一枚为宜。

（2）项链、耳饰：项链粗细长短、耳饰（耳环、耳坠、耳钉、耳链）款式造型的选择，应根据佩戴者的脸型、颈型和具体的着装而定。一般椭圆脸型，可以选佩各种款式；其他脸型，应选择能缓和脸部线条的款式，切忌选取与脸、颈造型一个样子的首饰。

①项链配有形状各异的链坠，男女皆宜，但男士戴项链一般不外露。

②短项链（贴颈链）长约40厘米，适用于脸型、颈型偏长偏细者佩戴，搭配低领上装。

③中长项链长度约50厘米，对脸型适用度较宽泛，适合搭配领口较深的上装。

④长项链长度约60厘米，适用于脸型偏方、偏圆，颈型偏粗者佩戴，会造成对方视觉的拉长感，佩戴在衣服外面，搭配款式简约的长裙、长套裙、长裤。

⑤耳饰讲究成对地佩戴。

⑥正式场合每只耳朵上只戴一只，不允许佩戴多只。

⑦根据脸型选择款式：一般长脸型者适宜耳环、耳钉、耳坠，不适宜耳链；偏方、圆脸型者适宜耳坠、耳钉、耳链，不适宜耳环，尤其不适宜大耳环。

（3）手镯、手链、脚链的礼仪：

①根据手腕的粗细选择手镯、手链的粗细。

②质地、色彩、款式与着装相谐调。

③戴了手镯或手链的手就不能再戴手表。

④手镯和手链不能同时佩戴，比如左手镯，右手链，或一只手上既有镯又有链，都是有失规范的。

⑤手镯可戴单，也可以戴双；如果戴双，必须是成对的两只。

⑥手链宜单不宜双。

⑦脚链是一种较为时尚的饰品，多为年轻女性所喜爱。一般只戴一条，也可以两只脚都戴上。如果是穿丝袜，则要戴在丝袜外面。

⑧教师上课不妨可以佩戴手镯或手链，但注意不要分散学生注意力，而脚链是不宜佩戴的。

（二）其他饰品礼仪

1. 胸饰

包括胸针、胸花、领针、领花等。适用范围男女皆宜，可于庄重的服装中平添几分妩媚。

佩戴胸饰时的礼仪：

（1）佩戴位置：一般戴在左胸、左领；其高度应在上衣第一和第二粒纽扣的中间与左胸平行的位置。

（2）胸饰或领饰，以佩戴一枚为宜，工作中需要佩戴本校校徽，或佩戴其他徽章如纪念章、奖章等，就不要再戴胸饰或领饰。

（3）正式场合不能将胸饰或领饰别在书包、帽子、裙摆、腰带、右胸、衣服口袋等位置上。

2. 头饰

有发带、发卡、头花、发箍、假发等。佩戴时，头饰的色彩、风格、应与着装色彩、风格相谐调，过分夸张的头饰会让自己的脸相形见绌。

3. 丝巾

丝巾是女性必不可少的饰品，也是显示女性风采的饰品。丝巾的形状有长条形、正方形，有大有小，花色图案，应有尽有，面料质地，各式各样，尽显女性的阿娜飘逸，风情万种。佩戴时，丝巾可折叠成各式花形，可系于颈项，也可系于头上当作发饰，可系于手臂，也可折叠成小蝴蝶花很自然的配在腰际。

4. 手套

手套是服装整体中不可缺少的配饰，除御寒、防晒、工种需要等实际作用以外，还有纯粹的装饰作用，如纱手套、网眼手套等。佩戴时要注意在下列情况下应将手套摘下来：第一，进入室内；第二，在公务场合、社交场合，与人握手、寒暄、递接名片时。但社交场合女士的与礼服成一整体的装饰性的纱制手套可不必摘去。

5. 包袋

包袋是女性服饰的重要配件，有人说女人的包与女人的衣服是一对情人。包的大小不一，种类繁多，主要有：手包、拎包、挎包、腰包等。

（1）包的色彩、款式、大小应与着装相协调：

色彩方面成对比色：比如一套黑色西服套裙配上一浅色肩包，层次清晰，明暗相映。

款式方面相和谐：正装配正式的包，休闲装配休闲包。

大小方面相配套：比如穿着厚重的衣服要配稍大的包，相反，春夏季节着浅色单衣，则应配中小包；中长大衣或连衣裙宜配长带背包，也可手拎包。

（2）与佩戴者的身材相谐调：身材瘦小者、偏矮偏胖者，宜手包、拎包，最不宜大包、长带挎包。身材高瘦者，宜中型拎包、肩包和中长带挎包，不宜特小或特大的包。

（3）西装包括西服套裙最不宜配长带背包的斜背方式。

（4）公务场合宜选白色、黑色、棕色、咖啡色、枣红色的包；社交场合可选表现个性的包类；休闲场合则完全随个人意愿作选择。

（5）包内物品有规则：一般说来，女士包内的物品主要是一些常用品，如手机、零用钱、化妆盒、纸巾、电话本、钥匙、指甲剪等，周全但很零碎，放置时必须做到基本有规律，切忌当众取包里的物品时，翻腾半天也找不到，最后只好像倒垃圾一样将所有东西一股脑倾倒出来，有失女性的优雅与从容。

（6）包的放置：进入聚会、餐厅、对方办公室、别人家庭，应按照服务员或主人的引领将包放好；如果对方忽略了这一点而没有人来引领，也不要乱放，尤其不能随手扔在主人家的床上或任意什么地方，而应该放在自己座位的右手位置，或者置于椅背与自己的后背之间，既方便，又安全，还不失礼。

二、男士饰品礼仪

与女士相比，男士的饰品简约了许多。如果对一个男人评头论足，只要看他身上的三样东西就够了，那就是领带、皮鞋、手表。另外，皮带、公文包等也是男人重要的饰品，而首饰几乎就忽略不计了。

（一）领带

领带是西装的灵魂，也是男人风度和神采的显现。对男人服饰而言，只有领带才是能够引人注目、又可以频繁变化而又不致于过分张扬的东西。所以，男人要多准备几条不同质地花型的领带，就如同女人有多个不同的包袋一样。

关于佩戴领带的礼仪，在本章第二节已介绍。

（二）手表

就用途而言，手表有上班表、时装表、纪念表等；就质地而言，有普通的和镀金的机械表、中高档石英表、塑料电子表等，其款式造型也很多。

在多数人的观念中，手表只是一个时间概念，其实它还是一个审美概念，是服饰艺术中必不可少的配品。

手表礼仪

1. 首先给手表选配一条合适的表链。

2. 与场合协调

正式场合应佩戴造型较为庄重、质地较高档的机械表或石英表，决不可佩戴塑料电子表、卡通表或广告表，这类表只用于休闲场合。

3. 注意举止

与人谈话、听报告、开会、朋友叙旧、待客、作客等，不要习惯性的抬腕看表或摆弄手表，这是不耐烦、下逐客令的表示。

（三）皮鞋

一双讲究的皮鞋不仅能体现男人着装的整体效果，衬托出男人的英俊挺拔，更是男人身份和品位的象征。所以，对男人而言，皮鞋是很应当被引起关注的着装之一。

皮鞋的基本要求：

1. 款式与服装搭配

男士皮鞋款式较为简单，有三接头系带式，有系带或无带长鞋面式（秋冬季），有系带或无带短鞋面式（春夏季）。鞋跟有平跟和无跟之别。与正装相配的皮鞋应当是传统的三接头系带平跟皮鞋，但是目前市场上这种款式皮鞋已很少见到，加之，人们的观念也在改变，因而正装皮鞋就代之以平跟无带或有带、制作考究的平面光泽的牛皮鞋。这一款式也适用于配职业装；无跟皮鞋属于休闲类，是不能配正装的，但可以配工装或休闲装。

2. 颜色与服装搭配

男士皮鞋颜色也较为简单，主要是黑色、棕色。黑色最为正统，棕色也是不错的选择。黑色可以搭配任何色调的服装，棕色（或深或浅）可搭配米色调、咖啡色调的服装。而白色皮鞋最宜搭配浅色礼服在特殊场合穿着。

3. 整洁、卫生

要保持鞋面洁净，养成出门前擦皮鞋的习惯，养成定期给皮鞋上油打光进行保养的习惯，勤换鞋垫，消除异味；多准备几双皮鞋是男人最聪明的选择，可以替换穿着，还能使皮鞋定期透气消毒。

4. 注意举止文雅

不要因为新买的皮鞋穿着不适或其他原因而毫不顾忌的在众目睽睽之下脱下来整理，或趁人不注意将脚从鞋子里放出来透风；也不能当众趿拉着鞋子，将皮鞋当作拖鞋穿。

5. 因为穿着时间太久而已变形的皮鞋就不要再让它出现在正式场合了。

（四）袜子

基本要求：

1. 男人穿皮鞋，一定要穿袜子，尤其是在公务场合。

2. 讲究卫生，勤洗勤换，没有异味。

3. 颜色以深色、单色为宜。如浅灰色、黑色、咖啡色、浅棕色等，不宜花色。一般，男人不穿白袜子，因为它与裤子、皮鞋之间无法谐和。但穿旅游鞋、球鞋则宜配白袜子。

4. 质地以棉线袜为最适宜，它透气好，也舒适。一般不宜穿尼龙袜，尼龙袜不吸湿，不透气，容易产生异味。

5. 袜筒应稍长些，以免坐着翘起腿时因袜筒短而露出腿来，有失雅观和风度。

（五）皮包

男人的包虽不像女人的种类那么繁多，但其重要性是一样的。在质地、款式上也是有一定讲究的。

正式场合，质地应为中高档的真皮包，而不应是仿制品，或革类、帆布类；颜色以黑色、棕色为宜。关于这一点，一些现代礼仪专家有“三一定律说”，即鞋子、腰带和公文包的颜色要统一，最理想的颜色是黑色。

（六）腰带

一位礼仪专家在一次讲座中很风趣的说：“女人看头，男人看腰”。“男人看腰”是说，一看腰带的颜色、质地、款式是否与着装相谐调，二看腰带上是否挂有钥匙、手机、平安符等物品。严格讲，在正式场合，有身份、训练有素的男人腰上是什么物品也不挂的。

（七）首饰

男人基本上是不戴首饰的，若佩戴，也是不外露的。有些男士喜欢戴粗大的黄金项链，这除了显示富有以外并无什么美感可言；还有些男人喜欢在脖子上系一根细细的红线绳，也纯属个人习惯，但在正式场合身着正装，这些妆扮都是不伦不类的。有些地区特别是少数民族地区有男人戴首饰的习俗，应予以尊重。

三、教师佩戴饰品应注意的问题

在佩戴饰品方面，我们对教师的要求是“简单”，也许可以用“苛刻”来形容。对于男教师，不提倡带任何首饰，以朴素到底的形象示人，那些大金链只适合世俗的暴发户或者黑帮片里的古惑仔。对于女教师，最好是不佩戴首饰；即使要戴的话，也要低调示人，极力压缩，以画龙点睛的一两件为宜，而不要把自己装扮成闪闪发光的“圣诞树”。之所以这样，因为在人们的观念中，饰品毕竟与财富意识紧紧相关，甚至往往具有炫耀的成分。我们的课堂是朴素而神圣的，孩子们纯净的内心又是那么容易模仿，无论是从审美意识还是从社会心理出发，作为教师都有责任维护这种纯净和神圣，不要让课堂上弥散出铜臭气味。

其实，即使要戴饰品的话，我们可以选择那些材质普通而独具设计感的个性饰品，以此向学生传达出一个信息，饰品只能是情感和个性的见证，而不是财富与权势的俘虏。

总之，教师根据饰品佩戴的基本礼仪去选择适合的佩戴。

思考与练习

练习一：暑假里，小张老师染了一头炫目的黄发，过了把追逐时尚的瘾，快开学了，该怎么办呢？

练习二：李老师骑车不慎摔了一跤，脸上磕青了一块，上课的时候该怎样面对学生呢？

练习三：明天是你去面试试讲的日子，你该为自己设计一个怎样的形象呢？

练习四：平时上课的时候，你总是穿得很端庄，但在办公桌上，你却放了一张在海边拍的泳装照，这样合适吗？

练习五：元旦晚会上，你即将登台表演为同学们高歌一曲，什么样的装扮更能烘托氛围呢？

第三章　立必正方　常视毋诳
——教师体态礼仪

【情景导入】

今天是李林应聘试讲的日子，他为这节课已经做了详尽的准备工作：教案倒背如流，课件操作熟练，连服装发型都是根据教师职业要求精心设计的，没有任何瑕疵。他信心满满地走进教室，却在课后一脸沮丧地走出来。他坚持认为是学生素质太差，一点都不配合，影响了他的发挥。但是听课的学生反映：这个老师太不像“老师”了！走路时慌慌张张，站在讲桌前，又手足无措，先是把手揣在口袋里，然后又抱在胸前，后来就一直撑在讲桌上，眼睛一直看着天花板，面无表情，像机器人一样。后来就是放课件，老师自己也看课件，一直背对着我们，根本就不是讲给我们听的，怎么配合呢？

再举一个例子。

王老师端庄秀雅，看上去总是那么无懈可击。她平时很注意自己的形象，一时一刻、一个细节都不马虎。在课堂上，不管多累她都保持着笔挺的站姿，丁字步散发出优雅；讲课的时候，微扬的下巴、右倾 15°的侧面，好像随时准备接受镁光灯的检验……在周围人的眼里，她简直就是一个优雅的女神。可让王老师有些烦恼的是，学生们似乎总是对她敬而远之，不像别的老师那样拥有亲密无间的师生关系，这导致课堂气氛也不那么活跃。诚然，王老师的举止从基本的体态礼仪角度来讲可谓符规范、完美，但如果用教师的教态礼仪标准去衡量，就有些不合适了。

与通常的体态礼仪相比，什么样的体态礼仪符合教师身份呢？

其实，学生听老师讲课，不仅在“察言”，也是在“观色”，老师的一举一动、一颦一笑，细致入微地影响着信息的传递和知识的传授，影响学生的心灵和情感。教师在课堂教学中，除了以自己的有声语言来完成教育教学的任务外，还必须通过合适得体的体态来配合，以加强有声语言的教育作用，更好地完成教学工作。

第一节　基本体态礼仪

体态就是人的身体姿态，分为体姿、手势和表情。体态是交际过程中伴随语言或非语言交流时，通过身体的动作、姿势以及面部表情变化而完成交际的一种表达方式。

我国传统礼仪文化中非常注重对于体态的规范。《礼记》中有这样的一段话，细致入微地提到了言行举止的各个方面："足容重，手容恭，目容端，口容止，声容静，头容直，气容肃，立容德，色容庄，坐如尸。"这段话如果用现代的语言解释一下，是这样的：

脚步要非常的稳重，体现出沉稳的气度；双手摆放的位置要有讲究，行礼时要高而正，不能随随便便；看人的眼神要端正，不要眼波流转，游移不定；嘴不乱动，即平时要保持自然地闭合，不要乱说话或乱做表情；说话的声音要平和，不能大声嚷嚷，哪怕远远地见到了熟人，也不要大叫着与对方打招呼，"不越路与人言"，作个招手手势就可以了；人像一座山，脖子首先要挺直，这样才能保持目光的正直；喘息应平和宁静，尤其是在重要场合，不宜动静太大影响气氛；站立时不倚不靠、身姿端正挺拔，以此表现出高贵的德行；在正式的礼仪场合神色要尽量庄重严肃，不嬉戏逗闹。坐姿要像"尸"那样的标准。这里的"尸"不是指尸体，古代人只要是成年后死亡的，在祭祀的时候，就要找一个族内童男代表死者坐在受祭的位子上，接受生者的祭礼，这个小孩子就称为"尸"。在这样的祭祀场合，要求"尸"坐的特别端直正，因此"坐如尸"是对坐姿的形象要求。

以上可见，《礼记》对人的言行举止要求非常细致严格，几乎涉及到身体的各个部位，其中大多数都是对体态的要求。把这些描述归结到一点上，就是"正"，即内在的德性与外在的姿态都要端正。现代礼仪文明中，同样非常重视体态的规范性。

一、体姿规范

（一）站姿

1. 基本要求

常言道“站如松”。站姿基本要求是：从正面看，其身形应该正直，挺胸立腰、两肩打开，头颈、身躯和双脚与地面垂直，身体重心线应落在两腿中间向上穿过脊柱之上，眼睛平视，嘴微闭，面带微笑。从侧面看，下颌应微收，双眼平视前方，胸部稍挺，小腹收拢，整个形体显得庄重、平稳。正确健美的站姿会给人以挺拔笔直、舒展俊美、庄重大方、精力充沛、信心十足、积极向上的印象。

女子站立时，双腿并拢，双脚可脚跟靠拢脚掌叉开成“V”字形，膝和脚后跟要靠紧，两脚张开的距离约为两拳。也可以一只脚斜放，另一只脚的脚跟与其足弓靠拢，成“丁字步”，表现出温顺、典雅之姿，给人一种“静”的优美感。（图示 1）

男子站立时，双腿可并拢，也可双腿展开与肩同宽。站累时，一脚可向后/向前跨半步，但上体仍须保持正直。表现出英武、威风之貌，给人一种“劲”的壮美感。（图示 2）

图示 1　女士站姿基本要求

图示 2　男士站姿基本要求

2. 站姿种类

（1）基本站姿：身体立直，两腿并拢，脚跟靠紧，脚掌分开 60～90 度呈“V”字型，女士可呈“丁”字步，男士可两腿略分开，宽度以不超过肩宽为宜；女士可以两手相握或相搭自然贴在腹部（称为前搭手式站姿），

男士可以自然垂于体侧。(图示 3)

图示 3　基本站姿

(2) 双手后背式站姿：身体立直，两腿并拢，脚跟靠紧，女士脚掌分开 60～90 度呈“V”字型，男士双脚分开，宽度不超过肩宽，双手或单背后。(图示 4)

图示 4　双手后背式站

(3) 单手后背式站姿：左脚跟靠在右脚内侧中间位置，成左丁字步；左手背后，右臂伸直自然垂于体侧，身体重心落在两脚上，此为左手后背式站姿。右脚跟靠在左脚内侧中间位置，成右丁字步；右手背后，左臂伸

直自然垂于体侧，身体重心落在两脚上，此为右手后背式站姿。（图示 5）

图示 5　单手后背式站姿

图示 6　前屈式站姿

（4）前屈式站姿：左脚跟靠在右脚内侧中间位置，成左丁字步，右手臂伸直自然垂于体侧，左臂肘关节弯屈、前臂抬至横隔膜处，左手掌心向里，手指自然弯屈，身体重心在两脚上，此为左臂前屈式站姿；右脚跟靠于左脚内侧中间位置，成右丁字步，左臂伸直自然垂于体侧，右臂肘关节弯屈、前臂抬至横隔膜处，右手掌心向里，手指自然弯屈，身体重心在两脚上，此为右臂前屈式站姿。（图示 6）

无论哪种站姿，都要注意表情自然、大方、注意力集中，身子不要左右摇晃，两腿不能打颤，以免给人以轻率、傲慢的感觉；不要东倒西歪，左倚右靠，耸肩勾背，双手乱放比如插在裤袋或交叉在胸前，那样给人散漫无序之感；尤其与人说话时更要自觉保持良好的站姿，假如身体倚靠在墙上或门框上，那样肯定会给对方留下不雅观有失尊重的印象。

3. 站姿训练

（1）两人一组，背靠背站立，要求两人脚跟、小腿、臀部、双肩、后脑勺都贴紧。每次训练坚持 15～20 分钟或更长时间。

（2）靠墙站立，要求后脚跟、小腿、臀、双肩、后脑勺都紧贴墙壁。每次训练坚持 15～20 分钟，或更长时间。

（3）头顶上放一本书，颈部挺直，下巴向内微收，上身挺直，使书不要掉下来，坚持 20 分钟左右，可配上优美的音乐进行训练。

（二）走姿

1. 基本要求（图示 7）

图示 7　走姿基本要求

（1）双目向前平视，微收下颌，面容从容自然，不左顾右盼，不回头张望，不盯住行人乱打量。

（2）双肩平稳、肩峰稍后张，大臂带动小臂自然前后摆动，肩勿摇晃；前摆时，手不要超过衣扣垂直线，肘关节微屈 30 度，掌心向内，勿甩小臂，后摆时勿甩手腕。

（3）上身自然挺拔，头正、挺胸、收腹、立腰，重心稍向前倾。

（4）注意步位。行走时，假设下方有条直线，男士两脚跟交替踩在直线上，脚跟先着地，然后迅速过渡到前脚掌，脚尖略向外，距离直线约 5 厘米。女士则应采取“一字步”走姿，即两腿交替迈步，两脚交替踏在直线上。

（5）步幅适当。男性步幅（前后脚之间的距离）约 40 厘米左右，女性步幅约 30 厘米。步幅与服饰也有关，如女士穿裙装，特别是穿旗袍、西服裙、礼服和高跟鞋时，步幅应小些，穿长裤长裙时步幅可大些。

（6）注意步态。步态，即行走的基本态势。性别不同，行走的态势应有所区别。男性步伐矫健、稳重、刚毅、洒脱、豪迈，好似雄壮的“进行曲”，气势磅礴，具有阳刚之美，步伐频率每分钟约110步左右；女性步伐轻盈、具有阴柔秀雅之美，步伐频率约每分钟120步左右。

（7）注意步韵。跨出的步子应是全部脚掌着地，膝和脚腕不可过于僵直，应该富有弹性，膝盖要尽量绷直，双臂应自然轻松摆动，使步伐因有韵律节奏感而显得优美柔韧。

图示8　走姿注意事项

2. 注意事项（图示8）

男子走路以大步为佳，应昂首、闭口、两眼平视前方，挺胸收腹直腰，上身不动，两肩不摇，身体重心稍向前倾，感觉在前脚的大脚趾和二脚趾上，步态稳健，行走的路线应是两条平行线，显出刚强豪迈的男子风骨美。

女子走路以小步为美，应当是头部端正，目光平和，正视前方，上身自然挺直，收腹，两手前后摆动的幅度要小，行走的路线应走成直线，步态要自如、匀称、轻柔。

在行进中，避免摇摆、奔跑、左顾右盼、双手乱放。并注意尽量靠右行，不走中间，多人结伴行走时注意不要“横行霸道”，以免影响他人。

3. 变向走姿

在行进中，需要转身改变方向时，身体的位置和脚下的步伐要和谐一致，才能显得优美规范。

（1）侧行步

①在前面为领导、长辈、客人引路时，要尽量走在对方的左侧前方，髋部朝着前行的方向，上身稍向右转体，侧身向着对方，保持两三步的距离。可边走边向对方介绍环境，需要做手势时尽量用右手。侧行步不仅是礼貌的，同时还可观察、留心对方的表情，了解其意愿。

②当在较窄小走廊或楼梯等处与领导、长辈、客人相遇时，也要采用侧身步。但必须是面向对方而不是将后背转向对方。

（2）后退步：当与尊者告别时，扭头就走是欠礼貌的，应该是先向后退步，再转身离去。一般情况下退两三步较宜。退步时脚轻擦地面，勿高抬小腿，后退的步幅要小，两腿之间的距离不宜太大。转身时，要先转身子后转头，同时可伴随着告别、祝愿、提醒等礼貌用语。

4. 走姿训练

（1）以标准站姿开始。

（2）两人并排，挺胸立腰；肩膀不要晃动，双臂自然摆动；以腰部带动腿部，膝盖充满弹性。

（3）注意脚步落点，男士步幅略大，双脚走出两条直线；女士步幅略小、双脚走成一条直线。

（4）头上顶一本书，上身、颈部挺直，下巴向内微收，行进中书不要掉下来，坚持20分钟左右。可配上优美的音乐进行训练。

（三）坐姿

1. 基本要求

坐姿的基本要求是：入座时要款款走到座位前，落座时右脚向后撤半步，轻稳地坐下，然后把右脚与左脚并齐。入坐后，身体重心要垂直向下，上身正直稍向前倾，头平正，下巴内收，脖子挺直，两肩放松，腰部挺起。男士双腿自然分开，双手分别放在双腿上或椅子扶手上；女士双腿并拢，两手交叠放在大腿上。(图示9)。

图示9　坐姿基本要求

2. 常用坐姿姿式

（1）正襟危坐式：又称最基本的坐姿，适用于最正规的场合。要求上身与大腿、大腿与小腿、小腿与地面都应当成直角，双膝双脚完全并拢(图示10)。

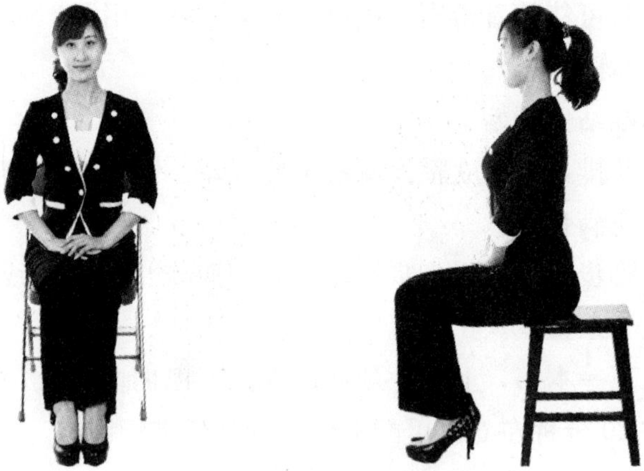

图示 10　正襟危坐式

（2）垂腿开膝式：多为男士所使用，也较为正规。要求上身与大腿，大腿与小腿，皆成直角，小腿垂直地面。双膝分开，但不得超过肩宽。（图示 11）。

图示 11　垂腿开膝式

（3）双腿叠放式：尤其适合穿短裙子的女士采用，造型极为优雅，有一种大方高贵之感。要求将双腿完全地一上一下交叠在一起，交叠后的两腿之间没有任何缝隙，犹如一条直线。双腿可垂直于地面或斜放于左右一侧，斜放后的腿部与地面呈 45 度夹角，叠放在上的脚尖垂向地面。（图示 12）。

图示 12　双腿叠放式

（4）双腿斜放式

适用于穿裙子的女士在较低处就座使用。要求双膝先并拢，然后双脚向左或向右斜放，力求使斜放后的腿部与地面呈 45 度角。

（5）双脚交叉式

适用于各种场合。要求双膝先要并拢，然后双脚在踝部交叉，交叉后的双脚可以内收，也可以斜放，但不宜向前方远远直伸出去。（图示 13）

（6）双腿交叠式

多适用男士在非正式场合采用。要求两条腿在大腿部分叠放在一起。叠放之后位于下方的一条腿垂直于地面，脚掌着地。位于上方的那条腿的小腿稍向内收，同时脚尖放平或向下，不要向上跷起。（图示 14）

图示 13　双腿交叉式

图示 14　双腿交叠式

注意事项：

第一，女士的坐姿，无论是哪一种，大腿都是并拢的，姿态的变化是小腿；小腿变化姿态时，脚的位置只能向左右侧斜放或向后收起，不能伸向前面。第二，无论男士女士，都不能叉开双腿对着别人，尤其是不能对着异性，那是极为失礼的姿态；落座后双腿不要伸出太远，避免妨碍公共空间他人通行；使用搭腿式坐姿时，跷起的腿、脚不能抖动摇晃，没有跷起的腿不能打颤，那样会使整个身子看起来好像是在做电疗。

3. 坐姿训练

（1）标准站姿开始，立于椅子的左后侧，准备入座。

（2）双手沿两腿大腿外后侧下滑，边整理衣服边落座，坐在椅子的 2/3 处，男士两手放于两膝，女士双手交叠放于并拢的大腿中间位置，不要放在膝盖上。

（3）灵活变化各种坐姿，体会要领。

（四）蹲姿

如果手中的物品不小心掉在地上，不要毫无顾忌地弯下腰捡拾，尤其是在公共场所，那样会显得非常不雅并容易走光，正确的做法应该是蹲下来捡拾。

1. 两种基本的蹲姿

（1）高低式蹲姿：下蹲时左脚在前右脚在后（或相反均可），两腿靠紧向下蹲，左脚全脚着地，小腿基本垂直于地面，右脚跟提起，脚掌着地，形成左腿高右腿低的姿态；臀部向下。此姿势男女通用。（图示 15）

（2）交叉式蹲姿：下蹲时右脚在前左脚在后（或相反均可），右小腿垂直于地面，右脚全脚着地。左膝由后面伸向右侧方，左脚跟抬起、脚掌着地，两腿前后靠紧，合力支撑身体。臀部向下，上身稍前倾。此姿势适用于女士。（图示 16）

图示 15　**高低式蹲姿**

图示 16　**交叉式蹲姿**

2. 注意事项

下蹲时应注意保持上身的平正，不要弯腰驼背，可以在上身平直的基础上身体微微前倾。女士在此过程中应注意单手护胸，尤其是在穿着低胸服装时，加上护胸的动作会使人显得优雅而谨慎。

在人员较多的处所做下蹲动作时应注意观察周围人流，不要突然下蹲，不要离人太近，避免他人躲闪不及造成碰撞；在公共场所除非必要情况时不要随意下蹲，更不能蹲着休息。

3. 蹲姿训练

（1）标准站姿开始。

（2）左脚稍向右后方撤一步，双脚一前一后。

（3）高低式蹲姿训练：屈膝下蹲，两腿尽量并拢，右膝在上左膝在下，双手交叠抚于右膝上，上身保持挺直。

（4）交叉式蹲姿训练：屈膝下蹲，下蹲的同时左膝向右前方，由右膝下穿出，两膝交叠，两腿尽量并拢，右膝在上左膝在下，双手交叠抚于右膝上，上身保持挺直。

（5）换为右脚后撤，重复练习。

二、手势规范

规范的手势是最有表现力的一种体态语言，是人际交往不可缺少的体态礼仪，在很大程度上可以体现出一个人的心理特征与气质风度。

（一）常用手势礼仪

基本的手势是五指伸直并拢，掌心的方向根据具体的手势意义或朝前或朝斜上方。

1. 招手手势礼仪

手臂抬起，五指伸直并拢，掌心向前，腕关节轻轻摆动。

与人见面打招呼时，小臂弯屈抬至胸前，手腕左右轻摆，并伴随微笑或问候语“您好”、“您早”等。如果是招呼远处的人过来，则大臂应伸直抬至肩部以上，手腕上下轻摆，可伴有招呼语“请过来”。

2. 挥手手势礼仪

大臂伸直或略微弯屈向上举起，掌心朝前，五指并拢，手臂左右摆动，并伴随“再见”、“保重”、“顺利”等告别或问候语。

3. 拱手手势礼仪

拱手礼为我国古代礼节，现代礼仪中仍然应用于一些场合。其动作是双手抱拳在胸前相握，上下或左右轻轻摆动，表示谦恭有礼。

图示 17　鼓掌手势

4. 鼓掌手势礼仪

鼓掌是表示欢迎、祝贺、赞许、致谢等的礼貌举止。鼓掌的标准动作应该是左手举到左胸前，用右手轻拍左手掌心。在社交场合、观看文艺演出、重要人物出现、开会、听报告、听演讲等都用热烈鼓掌表示钦佩、祝贺。（图示 17）

5．指示手势礼仪

图示 18　基本手势

基本姿势是小臂伸直，五指伸直并拢（注意并严），腕关节伸直，使手掌与小臂成一直线，掌心朝斜上方，使手掌与地面成 45 度夹角，肘关节弯曲成 135 度左右。为他人做介绍时，手势指示被介绍者；做“请”的动作时，应该以肘关节（指示近处）或肩关节（指示远处）为轴。如果是面对众多人作手势，则用双臂动作。动作的规律是欲扬先抑，即欲左先右，欲右先左；欲上先下，欲下先上，并注意眼神、体姿、步伐的礼节配合。（图示 18）。

男士指示手势

女士指示手势

（二）使用手势注意事项

1. 在交往中，手势不宜过多，动作不宜过大，切忌“指手划脚”和“手舞足蹈”。尤其是对初次见面的人，不要拉拉扯扯、拍拍打打，那样会使对方产生强烈的反感，是极为失礼的。

2. 应该注意动作力度的大小、速度的快慢、时间的长短，不可过度。

3. 鼓掌时不戴手套，不要为了使掌声大而使劲鼓掌。鼓掌要热烈，但不要“忘形”，一旦忘形，鼓掌的意义就发生了质的变化而成“喝倒彩”、“鼓倒掌”，有起哄之嫌。

4. 在任何情况下都不要用大拇指指自已的鼻尖，那会有傲慢、挑衅之嫌；不要伸出食指指点他人，那会含有“训斥”的意味，如果再板起面孔，用手指戳戳点点，更是极为的不尊重了。

5. 掌心不要向下、向内。一般认为，掌心向上、向前的手势有诚恳、恭敬、尊重他人的含义；掌心向下、向内的手势意味着缺乏诚意，失礼，例如，掌心向内、并拢四指、向内侧摆动招呼他人，容易令人想起颐指气使惯了人。

三、表情规范

人的面部表情是最能传情达意的，美国传播学家艾伯特·梅拉比安把人的感情表达效果总结了一个公式：

感情的表达＝言语（7%）＋声音（38%）＋表情（55%）

由这个公式中，我们可以看出面部表情在传情达意过程中的份量之重。

人的面部器官有眉、目、鼻、嘴、耳，最能表情的是两个器官——眼睛和嘴，即目光礼仪和微笑礼仪，这是最重要的表情礼仪。

（一）目光礼仪

眼睛是心灵的窗户，众多文学大师描写人物形象最生动处就是对人物眼神的描写，礼仪文化中蕴含最丰富、表现最生动最鲜活的礼仪就是目光礼仪。

使用目光礼仪主要注意以下几个方面：

1. 注视的部位

小三角区域：注视的位置在对方的脸部，以双眼为底线，上到前额所构成的三角区域。这种注视是公务注视，用于洽谈、磋商、谈判等正式场

合，给人一种严肃认真和诚恳的感觉。（图示）

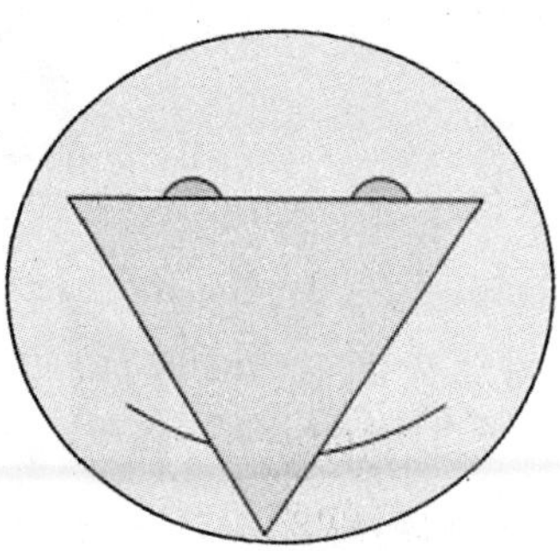

中三角区域：注视的位置在对方双目到唇心之间所构成的三角区域，这种注视是社交注视。当你的目光看着对方脸部这个区域时，会营造出一种轻松自然的气氛，易于传递友好礼貌的信息。主要用于谈话、茶话会、舞会及各种类型的友谊聚会等场合。

大三角区域：注视的位置在对方双眼到胸部之间所构成的三角区。这种注视是亲密注视，用于亲人之间、恋人之间、家庭成员之间。

2. 注视的方式

注视的方式很多，礼仪注视应该是用正视和环视。两人谈话用正视，与多人交谈应采用正视和环视相结合，在注意一个主要谈话对象的同时，还要注意到在场的每一个人，尽可能同更多的人进行目光交流。这样，既突出了主要交谈对象，又照顾了每个角落里的人，有利于和谐、友好氛围的形成。例如讲演、讲课、作报告等就可以这样。切忌用扫视、斜视、凝视、窥视、盯视、轻视、蔑视、左顾右盼、上下打量、挤眉弄眼等注视方式，那样是极其失态失礼失教养的表现。

3. 注视的时间

在整个谈话过程中，目光与对方接触累计应达到全部交谈过程的 50%～70%。低于这一平均值，会被认为是对谈话人和谈话内容不感兴趣，超过这一平均值，会被认为是对谈话对象比对谈话内容更感兴趣，二者都是失礼的。

（二）微笑礼仪

1. 微笑

医学研究表明，笑能使肌体放松，促进内分泌加快，能减少紧张、压抑，使人神采焕发，有效地思维。

笑有很多种，以微笑最美，什么样的笑才是微笑？嘴角微微上翘，点头示意时可以是笑不露齿，也可以是露出上面六颗牙齿。同时，微笑通常是通过嘴部和眼神共同流露的，微笑时，眼睛要有神，眉毛要舒展，表情带着诚意，笑容可掬，发自内心。没有表情配合的微笑是典型的“皮笑肉不笑”。

2. 微笑的意义

微笑可以传达丰富多样的表情含义：脸上充满笑颜，阳光每天都会灿烂，把笑意写在脸上，把真诚笑着传递。有人说，给别人一个笑脸，会换来一天的好心情；有人说，一分钟的笑能产生45分钟的放松作用；也有人说，礼貌不花钱，却比什么都值钱；还有人说，微笑是世界通用语，是人际关系的万能通行证……总之，微笑是永远受欢迎的表情语。

微笑也是一个人内心情感的自然流露，是一种快乐心境的表达，一种美好修养的体现；对别人来说，又是一种尊重和赞美、一份关怀和问候的传递，无论什么时候，微笑都有它独特的魅力。

微笑又可以美化形象，无论男人还是女人，只有展开笑靥才是最美的表情。古诗云“巧笑倩兮，美目盼兮”，“回眸一笑百媚生”，都是形容女性表情美的句子，折射出丰富美好的内心，也反映出一个人的道德情操、审美情趣和精神面貌。

微笑还是一种必备的职业素养，是敬业乐业的表现。每个人都有自己的喜怒哀乐，纵使你心情再不好，但只要一走上岗位，就要调整心态，克制不愉快的情绪，面带笑容，进入工作。因此，微笑常被人们誉为“解语之花，忘忧之草”，它不仅可以驱走心灵的阴霾，还会让人变得友善，要知道，谁也不愿意跟一个“满脸旧社会”的人打交道。医务界有这样一句话：假如你把患者当成上帝，那么你就天天生活在天堂里；假如你把患者当成魔鬼，那么你就天天生活在地狱里。有位成功的职场人士曾半开玩笑地道出他的秘诀：“如果长相不好，就让自己有才气；如果才气也没有，那就学会让自己微笑。”

3. 微笑训练

准备一只筷子，咬在上下牙齿之间，按照微笑动作要求，面对镜子反复练习。

第二节 教师体态礼仪

一、教师体态礼仪的作用

教师的体态可简称为教态，是指教师在课堂上展示出来的身体姿态和表情动作。相对于基本的体态礼仪，教态更有其自身的独特性，更应与教师职业特点相结合，做到得体适度，体现出对知识的尊重，对学生的尊重，也体现出教师的气质与学养，使教态成为教学的有力辅助工具。

首先，教态是教师教学意识的一种自然流露。教学中教师对教学内容的理解把握，教师的情感、意志等个性心理活动，包括教师的生理能量等，都凝成一种意识信号，通过体态表现出来，给教学带来相应的功能。因此，教态是教师知识功底、思想观点、教学艺术和整个身心能量的体现。它是一种“无声的语言”，随机融化在教学中，形成独特的富有个性色彩的教学语言，产生教学魅力，赋予课堂以生命和艺术，使课堂升华到一种理想境界，收到“此时无声胜有声”的教学效果。

其次，教师的表情姿态对学生心理有着重要影响，它直接作用于学生的心灵，影响着教育教学效果。教师职业是以知识与形象来塑造人的职业，教学中，教师不但要通过大量的有声语言传播知识，还要通过各种动作表情传递形象，塑造性格，这种传递出来的信息会参与教师的整个劳动过程，与教师所传播的知识组合成一个有机整体，综合地影响着学生。

再次，教师的表情姿态既传递着教育的内涵，又会成为学生学习的楷模。青少年学生都具有不同程度的审美要求与能力，美好的东西对他们具有强烈的吸引力、感染力。当教师的一举一动、一颦一笑为学生所欣赏时，他们会自觉或不自觉地模仿，并由此产生“爱屋及乌”的移情作用，“亲其师，信其道”。因此，优秀的教师总是以美的体态语和表情语来展现自己的品质、学识与情感。

二、教师体态礼仪的基本原则

（一）目的明确

在教学过程中，教师的教态必须以实现教学目的为出发点，为完成教学任务服务，使教学变得生动活泼，引起学生学习的兴趣，集中学生的注意力，使学生的情绪处于愉快状态，以饱满的精神参与教学活动，从而提高教学效果。离开了教学目的的教态，随便随意，兴之所至，对教学会产生负效应。

（二）尊重学生

教师在课堂内外，言谈举止都展示教师个人的礼仪修养，要想获得学生的接受、尊重与爱戴，首先要尊重学生，因此教师必须了解礼仪规范，在举手投足间传递出对学生的理解、尊重与热爱。如果教师单从教学目的出发，忽略了对学生的尊重，带着居高临下的态度去面对学生，举手投足间表露出对学生的不屑，也就难以得到学生应有的礼貌。

（三）自然得体

这是教态的基本要求。自然得体能使学生在求知中获得美的享受与陶冶，适当放松会使学生更加亲近老师，而恪守标准会让礼仪显得严肃刻板，让学生变得的紧张无措，甚至感觉老师的矫揉造作。

（四）简洁适度

教师的教态要繁简适度，恰如其分，恰到好处，如果过于频繁或喧宾夺主，不仅起不到表情达意的作用，还会给学生牵强附会、装腔作势或滑稽可笑的印象。

（五）协调一致

教师的教态一是要与有声语言巧妙结合，相辅相成，起到各自单独运用时所表达不到的效果；二是各种姿态的综合运用，协调一致，形成最佳的合力，以获得最佳的效果。

三、教师体态礼仪规范

（一）教师的站姿礼仪

站姿是教师在课堂中的常用姿态，站姿在一定程度上反映了一个教师的精神面貌和对课堂的投入程度。

首先，教师在站立之时，应当保持端庄稳健、舒展大方、精力充沛、积极向上的状态。

其次，教师职业的特殊性又需要老师在课堂上的站姿有其自身特点，例如在讲台上站立时，上身略向前倾，保持振作、亲切、进取的形象，尤其是在提问或师生对话时，这种姿势表明对学生说的话感兴趣，教师的注意力都集中在学生身上，没有走神。这时应避免的站姿有两种：第一种是自己板书，背对学生，给学生一种不礼貌的感觉，学生也不能从教师的表情中判断自己的回答是否正确或老师是否对自己的话感兴趣。第二种是双手放在裤袋里或两手反搭在背后，一副师道尊严、居高临下的姿态，缺少亲切感。

再次，可随时根据授课内容和课堂情景的变化调整站姿，适当走动，恰到好处地配合课堂教学。

有的教师对站姿礼仪有所忽略，认为这并不影响知识传授，于是在课堂站立时，有的身体歪斜倚门而立，有的趴伏座椅半躬半立，有的双手抱胸而立，有的双手插袋而立，有的站立时身子抖动，等等，这些姿态对于教师的形象表达都是无益的。除此，教师还要在以下几个方面引起特别注意。

1. 不要长时间手撑桌面。比如学生自习时，老师可以用手撑住桌沿，把重心移到某只脚上，但不能长时间手撑桌面，免得学生认为您疲惫不堪，影响课堂情绪。

2. 不要左右摇晃、抖动，要保持身体平直沉稳。比如提问或讲话时，老师应当平稳自然站立，给学生以稳重感。

3. 站立位置不要固定不变。教师讲课的站位不能呆板地固定在一点上，应适当地移动位置，或到学生座位行间进行巡视。

4. 站立时身体重心不要移动太快。重心忽左忽右，显示信心不足、情绪紧张或者心事重重。面对学生站稳，表明教师准备充足，有能力控制整个教学局面。

5. 不要恪守站姿礼仪规范而显得过于拘谨和呆板。教师的站姿并非对所有学生都是一样的，比如对于低年级的学生，教师可以时常俯下身子，拉近与孩子们之间的距离，显得更加和蔼可亲。

（二）教师的坐姿礼仪

与站姿礼仪一样，教师的坐姿也应该遵守基本的礼仪规范，比如要符合动作的轻与稳、坐位的深与浅、身体的自然端正等要求；同样因为职业特点，教师的坐姿有着相应的礼仪要求，更应体现出自然得体、亲切和蔼的风格，以便于拉近与家长、与学生的感情距离，更好地做好教育教学工作。

1. 课堂授课时，教师应保持站立姿态，除非德高望重的老专家、或因身体原因才可以坐下授课。

2. 办公室与学生交谈，老师应尽量让学生坐在自己的侧位，显示老师平易亲切。

3. 与学校领导交谈，老师要保持端正自然的坐姿，表示对领导尊重，而不必拘束紧张，手足无措。

4. 与学生家长交谈，老师规范的坐姿中又略带轻松平常，营造宽松融洽氛围，便于沟通孩子的教育情况。教师那种高高在上盛气凌人刻板严肃的坐姿可谓与家长沟通的天敌。

（三）教师的行姿礼仪

行走姿态的端正与否可以反映出教师的内心境界和精神面貌，以及他的风度、风采和韵味。

教师课堂行姿要求是：

1. 课堂上教师要有适当走动，如果教师讲课不走动，光一个姿势，则课堂就会显得单调而沉闷。

2. 教师讲课时走动、停留的位置、走动的次数和速度要方便教学，一般以讲台周围走动为好，以小幅度缓慢为宜，避免“打游击”式频繁移动，一会在讲台后，一会在讲台左或右，一会又巡行于学生座位间。

3. 一般在学生做练习、讨论、实验、考试时，教师可在学生中间走动，以便师生感情交流，并且指导和检查学生的学习。走动时要注意脚步轻柔，避免过重的脚步打破安静的气氛，妨碍学生的思路。这也提醒教师要注意选择合适的鞋子，鞋底太硬、钉铁掌、细高跟鞋不穿上课堂。

4. 教师在室外走动时，一般应保持正常速度，不宜狂奔而去。

除以上要求外，教师在向校领导汇报工作完毕离开其办公室时，注意运用后退步，以表示对领导的尊重。

（四）教师的蹲姿礼仪

教师手持教案、粉笔、教具等教学用品行走在教室内外，应该是一种“腹有诗书气自华”的学者形象，但是如果不小心手中的教具掉落地上，正确的做法应该是按照基本的蹲姿礼仪规范去捡拾起来，但如果采用弯腰动作，势必会是一种头朝下臀朝天的失雅姿态，整个的破坏了刚才的气质风采翩翩风度。所以，教师应特别注意练习规范得体的蹲姿，养成良好的礼仪习惯。

（五）教师的手势礼仪

手势的作用有三点：一是澄清和描述事实，二是强调事实，三是吸引注意。手势类型，可分成四种：一是象形手势，用来模拟事物；二是象征手势，用来表示抽象意念；三是情意手势，用来传递情感；四是指示手势，指示具体对象。

教师在授课中，通常会配以适当得体、恰如其分的手势，传递思想感情，辅助讲解、提高课堂效果，也展示教师良好的精神风貌与职业修养。

教师手势的礼仪要求：

1. 含义正确：教师要了解不同区域、不同指向、不同类型手势的含义，要根据教学内容选用适当的手势。

2. 尊重学生：教师在课堂上，尽量使用掌心向上向前的手势，以表示对学生的尊重，任何时候不用食指指点自己和学生。

3. 鼓励为主：多用拇指来夸奖或表扬学生；对学生进行鼓励、祝贺、赞扬或支持时，使用真诚的鼓掌手势。

在教学中，教师必须避免各种不雅手势，如抓耳挠腮、抠鼻子、摸胡子、捋辫子、手沾唾液翻书稿和讲义、用手指敲击讲台、用手指指点学生等。

（六）教师的表情礼仪

教师讲课时的表情，对激发学生的情感有着特殊的重要作用，是创造和谐课堂气氛和良好智力环境的重要因素。

1. 目光礼仪

作为一名教师，每节课都是在学生的注视中度过的。一位优秀的老师，当他走进一个乱哄哄的教室时，只要静静地站在讲台上，用眼睛环视一遍，教室里立刻鸦雀无声。亲切、柔和、鼓励的目光能营造一种和谐温馨的学习氛围，建立起良好的师生关系，增强学生学习的信心；倦怠、呆板、挑剔的目光会使学生情绪低落，意志消沉；高傲、冷漠的目光会挫伤学生学习的积极性，使学生在课堂上有锋芒在背之感；凶狠、愤怒的目光会使学生望而生畏，不寒而栗，从而产生逆反心理。因此，无论什么样的学生，都希望看到老师理解、信任、宽容、肯定及赞许的目光；老师无论对待什么样的学生，眼神的运用都要做到勿倦、勿呆、勿傲、勿冷、勿凶。

（1）注视学生：教师在课堂上与学生目光相接累计应达到50%至70%的时间。这样会增加学生对你讲课的兴趣，保持师生间良好的默契，有助于取得较好的教学效果。

(2) 环视学生：教师在课堂上要尽量扩大目光区域，可以采用“扇形环视法”扫视整个教室，注意对前排两边角落和后排学生予以关照。

(3) 目光交流：课堂教学中，师生之间运用不同的目光交流，教师可以从学生目光中了解他们对知识的认知程度，也可发现存在的问题与疑虑。

(4) 控制课堂：“一流的教师总是用目光控制课堂”，教师丰富的眼神变化，会使学生受到启发和熏陶，比如和蔼可亲的目光会给学生一种亲切感和信任感，信任的目光可以鼓励认真听讲的学生，嗔怪或严厉的目光可以提示或制止开小差的学生。

2. 微笑礼仪

一些教育家提出“用爱的微笑去征服学生的心灵”。美国1988年总统教育奖获得者埃斯卡兰就把自己的教育哲学归结为“爱的微笑”，他认为这是自己多年来征服学生的诀窍。

一般说，教师在课堂内外的面部表情应该是自然、恬静、谦和、端正的，而微笑的老师最受欢迎。微笑是一个人乐观自信、积极向上的心理状态的反应，如果经常用在学生身上，也会使学生产生相应的态度。在课堂上，教师的微笑往往是不出声的笑，是爱心的表达，学生回答对了问题，背诵了课文，做成功了实验，踊跃发言，擦好了黑板，做好了卫生，等等，老师的微笑会给他极大的鼓励；即使没有答对题，课文只背过一半，老师对他的微笑则更是一种激励与鞭策；在课下，教师的微笑能够春风化雨滋润学生心田，得到了学生帮助，楼道里与学生相遇，校园里学生向自己打招呼，老师都应以微笑还礼，即使对犯了错误的学生，也时以微笑的表情看着他，更能起到教育帮助的作用。总之，教师的微笑是可以大大提高教育教学效果的无声礼仪。

思考与练习

练习一：利用“五点贴墙站位法”进行站姿训练。

练习二：对着镜子朗诵朱自清先生的散文《春》，体会文章意境，保持目光柔和、面带微笑。

练习三：模拟一场会议，从入场、引导、落座等各方面，将本节所学体态礼仪加以综合运用。

练习四：观察资深教师的课堂教学，体会其在教态上有哪些值得借鉴的地方。

练习五：体会教态的要求与基本的体态礼仪之间的异同。

练习六：选择一两所中小学进行一次调研，从学生的角度考查教师课堂上有哪些不受欢迎的教态。

练习七：教师资格证考试面试现场，请你前去应考，注意敲门、推门、行走、站定、入座、问候评委、答题、讲述、起立、致谢、转身、离场、关门等每个动作姿态的礼仪规范。

练习八：登台试讲，请你讲述故事、讲解原理或朗诵诗文，注意站姿、手势、面部表情及与听众的目光交流。

练习九：模拟主持家长会，面对全班学生家长，介绍学生学习情况。重点注意站姿、手势和面部表情，注意与众人交流时的手势语。

第四章　春风化雨　润物无声

——教师语言礼仪

【情景导入】

曾经有这样一则新闻。何老师的英语课上，女生秀秀脸部暗疮破裂流血，于是向旁边的男同学借纸巾，何老师看到学生在低声交谈，于是厉声斥责。下课后，秀秀向何老师解释原因，并希望老师向那名好心的男同学道歉。而何老师坚持："管你什么原因，反正上课说话就是不对，我为什么要道歉，为什么他不向我道歉?"秀秀非常生气，表示要向学校投诉她。何老师气愤地对全班同学说："我教了十几年的书还从来没有碰到过这样的学生，简直太过分了！像这样的学生简直是人渣，这样无理取闹就是人渣!"在场的全班同学听到这句话都愣了，秀秀情绪异常激动，身体震颤，泣不成声，当场气晕在地，班上的同学将她送往医院抢救。医生的诊断为：癔症，是重大生活事件或情感刺激、情感冲突作用于易感个体而引起的精神障碍。秀秀家人认为何老师侵犯学生的名誉权，对其造成了很大的伤害，于是把老师和学校告上了法庭。法院认为被告作为一名教师，理应为人师表，而对学生作出这种毫无根据、侮辱人格的评价，其行为侵犯了原告的名誉权，并应该为此承担相关的民事责任。

从以上新闻可以看到，教师的语言有时是春风化雨沁人心田的养料，有时却像一把无形的刀，带来难以预料的伤害。那么，教师该怎样注意自己的语言呢?

第一节　基本语言礼仪

跟人讲话时让对方能够感觉到你内心的美，这不单单的是一种语言技巧问题，或是工作手段、职业的操守，而是一个人的主要状态：心理状态、品质状态、修养状态、行为习惯状态等，所以，我们首先要让自己的内心澄明清澈一些，以此保持与礼仪根本精神的一致性，作为教师，更是如此。

一、规范地说

首先要讲普通话，做到发音准确，吐字清晰，用语得当，音量大小适度，语调平和沉稳，语速快慢适中，表达简练明确，自然亲切。

二、礼貌地说

常言道，嘴边三句话，人间大道理："请"、"谢谢"、"对不起"。

每个人也都熟悉十字礼貌用语："您好、请、谢谢、对不起、再见"。

正是翻来覆去这几个简单的字体现了最基本的语言礼仪。

礼貌表达的礼仪：

1."请"字当先，"谢"字收尾。

2. 多用褒义词，慎用贬义词，活用中性词；多用激励语、劝慰语等软性语，禁用有胁迫、侮辱倾向的硬性语；多用征询语气，少用命令语气；多用正面语式，不用反面语式。

3. 使用敬语、谦语、雅语

敬语：又称"敬辞"，它与"谦语"相对，"内敬外谦"都是用以表示尊敬礼貌的做法。常用的敬语有"请"字，第二人称中的"您"字、代词"阁下"、"尊"、"贵"、"令"、"闲"等。另外还有一些常用的礼仪词汇，比如：

初次见面称"久仰"，多日不见称"久违"，请人批评称"请教"，请人原谅称"包涵"，麻烦别人称"打扰"，托人办事称"拜托"等等。

谦语：又称"谦辞"，与"敬语"相对，是向人表示恭敬和自谦的一种礼仪词语。最常用的谦语是在别人面前谦称自己和自己的亲属。例如，称自己为“愚”、“学生”、“晚辈”，称自己的家人“家严”、“家慈”、“家兄”、“家嫂”等。

雅语：指相对于俗语而言的文雅语，常常被用来替代那些比较随便、甚至粗俗的话语。比如“上厕所”、“死了”是俗语，“洗手间”、“去世”则为雅语。

三、该说的说

谈话内容应该是大家都感兴趣的事情，如工作、学习、孩子的教育、国家大事等。千万不要谈论对方不愉快的事情，不要议论对方的长辈和身份高的人，不要对对方的家务、宗教枉加评论，不要谈论对方的隐私，如年龄、婚姻、住址、收入、经历、信仰等，或者谁谁怎样发的财、怎样升的官等，遇到对方不愿意谈的话题，不要刨根问底，应表示歉意立即转移话题。反过来，自己不愿回答的，也不要与对方争论，更不要与对方红脸，甚至去挖苦对方。

对方不打听的消息，别随口乱提，对方不提的问题，别信口分析。

交谈时，一般不要涉及疾病、死亡灾祸等不愉快的事情，如果对方主动谈起，应诚意地表示关心、同情，说些有节制的劝慰语。

不谈那些荒诞离奇、黄色淫秽的传闻。

注意亲疏有度，“交浅”不“言深”是一种交际艺术，也是一种礼仪修养。

四、仪态得体地说

要与谈话者保持一定的空间距离，不要太远、太近。过远，会使说话人误认为你不愿向他表示友好和亲近，这显然是失礼的；过近，稍有不慎就会把口沫溅在对方脸上，这是最令人难堪的。有些人，因为有凑近和别人交谈的习惯，又明知别人顾忌被自己的口沫溅到，于是先知趣地用手掩住自己的口，样子难看也不够大方。因此谈话时一般保持一两个人的距离最为适合，这既让对方感到亲切的气氛，同时又保持一定的社交距离，在常人的主观感受上，这也是最舒服的。关于这方面的具体要求，本书第七章有详细解说。

使用目光语，注意与对方眼神的交流；可以加手势，但动作不要太大，不要手舞足蹈，不要有搔首弄姿、拍拍打打、拉拉扯扯等动作，尤其是初次见面，这样会给人一种不稳重的印象；

仪态要端庄大方：不做一些不文雅的小动作，如不能有挖鼻孔、剪指甲、掏耳朵、搔头皮、剔牙、冲人张嘴打呵欠等；不要当着他人的面和对方神神秘秘的嘀嘀咕咕，这样会让人感到不舒服，也有影射他人之嫌，“当众窃窃私语是没有教养的表现”。

五、倾听礼仪

沟通和交流首先由倾听开始。常言说，锣鼓听声，说话听音。如果说诉说是人的一种天性，那么倾听则是一种修养，是一种美德。古希腊一年轻人曾向苏格拉底请教演讲术，他滔滔不绝的说了半天，终于停了下来。于是，苏格拉底对他说：小伙子，你要交两门学费，第一，我教你怎样演讲，第二教你怎样闭嘴。看来，从某种意义上说，善听往往比善言更重要。

在倾听时，不仅要用耳朵，更要用脑、用整个心去听，去感受，比如，当别人说话时，作为听者，不要心不在焉，老去看手表或伸懒腰、摆弄东西。如果有急事需要走开，应打个招呼，不要突然扭头就走。

要注意谈话者的神态、表情等非语言传播，这些往往会透露出谈话者的言外之意。

如果自己不是谈话圈子的人，不要窃听，私下打听。

注意自己的身体语言：要以鼓励的目光让对方讲完，自己点头回应或伴随“嗯”、“啊”、“是吗”的语言陪衬，不能轻易打断对方，不能表现出不耐烦而冒然插话。如果有话没听明白必须插话，可以这样：“请等一等，让我插一句”，或“请再说一遍，我没听清楚”。

如果你同时与几个人谈话，要当好主角，不要把注意力只放在你所感兴趣的一两个人身上，而冷落其他人。

第二节　教师语言礼仪

教师的工作场合基本是在学校，所接触的人际关系较为单纯，主要是学校领导、同事、学生和家长，除了要保持态度真诚、文明优雅、得体适度、科学规范等基本的语言礼仪之外，还要遵守相应的职业语言规范。

一、使用标准规范的普通话

讲普通话，写规范字，是教师必备的职业素养与技能。

1. 语音规范

教师必须用大家都能听懂、接受的普通话语音，做到发音准确，在轻声儿化、语流音变、合辙押韵、顿连等方面做到标准规范，尽量不用生涩的方言土语。

2. 吐字清晰

老师讲话的速度宁可放慢，也要把话说清楚，避免含糊其词、咬字不清和咬舌的习惯。

3. 语调柔和

在教育教学中，一般以柔言为宜，柔和、明朗、愉快的语调最吸引人，避免粗厉尖硬的讲话，以理服人，而不是以声、以势压人，理直气和更能诚服于人。

4. 语速适中

教师讲话时，要依据实际情况的需要调整快慢，讲话速度最好不要过快（特别是有分量的谈话内容），应尽可能娓娓道来，给他人留下稳健的印象，也给自己留下思考的余地。

5. 音量适中

讲话时音量大到让人听清即可，声音不宜过高，放低声音比提高嗓门声嘶力竭地喊听起来让人感到舒适。

6. 抑扬顿挫

教师讲话时应注意音调的高低起伏、抑扬顿挫就像一首交响乐，搭配得当和谐动人，增强讲课效果。应避免平铺直叙过于呆板的音调，这种音调让人听着乏味达不到预期的效果。

二、教师与学生相处的语言礼仪

1. 尊重学生，平等待人：这是最基本的师生语言礼仪

从法律上讲，对学生的尊重已写进《未成年人保护法》，例如学校教职工不得对未成年人实施体罚，变相体罚，不能使用像“蠢死了”、“笨死了”等侮辱性语言，违者将受到法律追究。

从语言礼仪角度讲，老师与学生对话，其谦逊和蔼的态度、文明礼貌

的用语更体现了一位教师的修养与学识。我们在学校里大都有这样的体会：越是内涵丰富学识渊博的老师待人接物就越平易可亲，而越是孤陋寡闻浅薄无知的人则越表现为态度蛮横盛气凌人。无知则无畏，无知则无礼，如此而已。

比如从称呼上，许多学生对老师那种不叫名字而是用手指一点喊声“喂，你来说”、或“哎，你出来”的做法相当不满；即使老师点名道姓，但是对学生的名字不恰当地使用儿化音如“李鸣儿”、“刘岩儿”等，学生会觉得老师对他充满了厌烦之情。

又如，学生还对一些老师蔑视性的问话方式非常反感，认为那是老师拿学生当“犯人”或“白痴”。例如，“你听得懂吗?”“你明白了吗?”“连这都不会，真笨!”“今天是怎么回事？说!”这样的口气在教师不经意间顺口说出来，势必影响师生关系的融洽。

所以，平等对待学生，尊重学生，才会赢得学生的尊重。

2. 言辞礼貌，为人师表

在学校，一贯要求学生对老师讲话时要使用文明敬语，其实教师对学生也要相应地使用礼貌语言。学生向老师问好，老师要回应“你好“；学生帮老师做事，老师也要说声“谢谢”，教师不能满足学生的要求，也应向学生致歉说声“对不起”。如“谢谢你把黑板擦干净了!”“请到我办公室来一趟”，老师有事来晚了，对学生说句“对不起同学们，我今天有事迟到了”，会更多地赢得学生的理解。

有些教师会认为这样与学生讲话太麻烦了，而且老师让学生做事那是理所应当的，没有必要言谢。其实，在普通的语言中简单地加上“请”和“谢”，学生感觉受到尊重，会格外愿意配合老师的工作。

3. 改换句式，平易近人

教师与学生讲话时大多采用命令语句，学生都是被动执行，如果改用商量语句，效果可能大为不同。其实商量语言只需变换一下句式就可以。例如把“你来回答这个问题”换成“请你来回答这个问题好吗?”；把“给我出来一下”换成“某某同学出来一下好吗?”；把“运动会上每个同学都必须报项目”换成“我们每个同学都参加一项好吧?”把“明天再告诉你答案”改成“我明天再把答案告诉你好吗?”这样发出“命令”学生会更愿意执行。越是商量口气，学生越愿意合作，教育教学工作越容易开展。

一些学生反映，学生一旦犯了错误，老师叫他们出来或到办公室谈话时，总是非常严厉地命令学生“站直了!”“别打晃!”光听老师威严的语气就足以让学生心惊胆战，对于老师所讲的道理反而没有多深的印象了。

4. 鼓励为主，慎用批评

现在，社会各窗口服务行业都在提倡文明用语，杜绝抱怨语、烦躁语和否定语，而在我们的校园，却经常听到一些老师随口说出一连串对学生有消极影响的否定性的话，例如：

“你不行!“

“你们干不了!“

“你说的不对。“

“你不懂别乱说。“

“这事与咱们班无关。“

“你甭管那么多闲事，管好你自己就行。“

“我管不了你了，叫你家长来。“

“我是没办法了。”

“别问我，自己查书去。”

类似的句子还有很多，学生在成长过程中，特别需要教师的肯定与鼓励，所以，老师不要吝惜那些赞美性的、欣赏性的话用来送给孩子。

5.“无声”的语言

“此处无声胜有声”，特殊的情况下教师的“无言”和恰到好处的“不语”也是对学生的一种教育方式。如学生不该知道的不该直接说出来的，应适当回避或用其他更含蓄的方式来表示态度。

三、同事之间的语言礼仪

作为同事，往往朝夕相处，但即使很熟也不能忽视礼仪规范。比如普通的见面问候互相致意是必须的，“请”、“您好”等敬语雅语也是不可缺少的，下班时互道“再见”“走好”等道别语也不是多余的，除此，还应在以下方面引起格外重视：

教师之间在语言交流上应当健康、文明、生动、幽默，不可语言粗俗、插科打诨、趣味低级等；

互相交谈、商讨或请教问题时应当态度真诚，真实无虚；若双方有争议，有不同见解，应当诚恳陈述，认真探讨，求同存异，不可生硬粗暴，恶语相向，或拂袖而去；

用词得体、准确，言之有物，谈之有益，避免夸夸其谈，或海阔天空，漫无边际，耗费大好时光；

在办公室交谈应注意低声，以免打扰别人办公或休息。但要注意不要总是交头接耳，窃窃私语，也不能在别人背后说三道四，飞短流长，以免给别人留下拉帮结派、挑拨离间的误会，应努力营造一种团结向上、严肃活泼的气氛。

还应当注意的是在双方称谓上应以互相称老师为最得体，尤其是在有学生的场合。年长的老师在办公室等非教学的场所也可亲切地称年轻老师的姓名。而有些年轻老师常常互相以“×哥”、“×姐”相称，更有甚者称呼对方的外号，这是十分不得体的。

四、老师与领导相处的语言礼仪

领导不是一个个体，而是一个集体，代表着学校组织。教师与学校领导相处，首先应当尊重领导，即使领导的年龄比自己小，资历比自己浅，学历比自己低，也应该给予必须的尊重，表现在语言上，应该遵守如下礼仪规范：

1. 维护领导威严

教师对待本单位领导，要予以充分的尊重与支持，处处维护领导的尊严和威信。遇到问题及时向领导请示，说明问题客观全面，对于领导的指示认真记录，有异议的地方要用和缓的方式委婉的提出，请领导斟酌，比如说“假如这样可能时间来不及”，或“这样做也许会影响学生的积极性”，还可以诚恳地提出建设性意见，如“有这样一个方案，您看是否可行?”最好不当众批评领导的意见，也不要直接反驳，从而使领导感觉到自己的被尊重并乐于接受意见和建议。

2. 态度有礼有节

在与上级领导或本单位领导交流时，一定要谦虚礼貌，有礼有节。不能点头哈腰、唯唯诺诺，也不能目中无人、态度傲慢。应该以不卑不亢、谦逊诚恳的仪态来与领导进行交流。向领导请示或汇报工作时，要注意选择适当时机。上级领导工作繁忙且有不同的生活习惯，请示工作时，要根据问题的轻重缓急选择合适的时间、场所来向上级领导陈明。重要问题应在上级领导精力最充沛时提出，切忌在其疲乏劳累或精神不愉快时提出。总之要以不影响领导、不妨碍领导、不能让领导感到不快或不便为原则。

那些已经集体讨论否决了的问题，不要再单独找领导请示批准。

3. 汇报工作不要越级越位

学校也有相应的行政级别和运行机制，教师汇报情况、请示工作、反映问题、提出意见和建议等，都要按照相应的职级顺序去做，做到不越级不越位，在说明情况、解释问题、交换意见时做到清晰明白，表达流畅，有理有据，尽量不要因过度热情、急于求成而越职越位，最后导致好心办坏事。

4. 讲究表达的艺术性

与上级领导交谈时，要注意运用语言策略。对于那些主观意志较强、办事果断利落的上级领导，教师可开门见山地提出问题，简明扼要地介绍情况，然后认真听取指示意见即可；对于那些做事谨慎，考虑问题周全的领导，教师应尽可能详尽地向其介绍事情的全貌，并给他留出足够的时间来考虑对策，在听取指示时，让其为一些易于误解的细节问题拟订出具体处理意见，下级再执行时便不会出现大的偏差；对于那些性情直爽，办事干练的上级领导，可向其多提供自己对问题的见解，并与之探讨最佳解决方案，最后由领导“拍板”决定。

5. 不涉及领导的私人生活

教师与领导谈话内容应该是很丰富的，涉及到教育方法、教学内容、教材选定、学生培养、问题反映等等，大多是以工作为主，也有思想交流，日常生活聊天等。但无论如何，有一点尤其需要注意，这就是尽量不涉及领导的个人私生活，比如夫妻感情、个人的经历、家庭出身等，如果是领导主动谈起，也以听取为主，不过多地去追究，去怀疑，去打探。

五、接待家长的语言礼仪

家长来访时，教师一定要尊重家长，不论其身份地位高低，都要热情有礼，态度谦和诚恳。在交流中，教师一般为主动方，家长往往是配合方，教师不自觉地就会以一个教育者的身份与口气与家长对话，所以，教师要注意从心理、态度、以至于姿态上与家长保持平等交流，与家长共同完成教育的使命。但是“平等”并不意味着没有“距离”，这“距离”就是冷静、客观的分析评价，耐心细致的点拨指引，时刻记得教师的责任和义务，而不能一味地迁就家长，最后被家长牵引而去。

教师与家长交流的话题基本是围绕孩子的思想感情、学习成绩、行为表现、教育方法等内容进行，教师要多讲学生的闪光点，讲学生缺点要客观公正，以利于和家长共同寻求好的教育方法，帮助学生进步。切忌一味表扬别的孩子，更不能训斥家长教子无方，同时提醒家长避免粗暴式教育或溺爱式教育的极端。

思考与练习

练习一：一位成绩优秀的女生，在中考前突然早恋，成绩下滑严重，你模拟初三年级的班主任，约家长来学校谈话。

练习二：学校准备组织一场“教师基本功”大赛，想请书记、校长同时出席并讲话，你分别说服他们参加。

练习三：你刚到学校报到，办公室同事为你举行了一个小型欢迎会，面对这些陌生的同事，你如何讲话？

练习四：教师节这天，你上课时发现讲台上有一束鲜花，而这束花是学生在校园的花圃中采摘来的，你如何评价？

练习五：你上课提问时，有个学生连续几次答非所问，你如何应对？

练习六：正上着课，你发现一个学生悄悄从后门溜出去，你如何将他叫回来？

第五章　规圆矩折　有序如仪

——校园礼仪

【情景导入】

2007年，一段关于某大学教授在选修课上因不满学生逃课与学生发生冲突的视频在网络上广泛流传。某大学商学院教授在教室给学生上最后一节选修课，不少学生在上课之时把论文上交后就离开了，没有留下来听课。事后，有选修课程的学生表示，有很大一部分学生离开，是因为另一位老师正在上另一门必修课。还有学生因为去教室之后，看到教授本人迟到二十余分钟都还没有来，只有其研究生在场而以为无须上课，然后离开教室。

教授来到教室讲了一段课后，发现人数大大不够，便开始锁门点名。因担心不及格，二三十名离开的学生闻讯后便聚集在教室门口，期望有机会获得准许进入教室。一名男同学忽然跑到门口，抬起脚狠狠地踹了一下门，门外同学见状散开。教授走到门口，开始骂道“是谁踢的门给我站出来，送到保卫处去，什么学生啊，扰乱课堂，混蛋，畜生！给我站出来，属老鼠的啊！”约十分钟后，见没有学生站出来，教授便回到教室，继续锁门开始批评逃课的学生不尊重老师。不久，一名女生悄悄进入教室取书，在教室坐了约5分钟后准备离开。教授见状表示质疑，认为该女生扰乱课堂秩序，不尊重老师，要带其去保卫处，双方发生肢体冲突。

其实在这次冲突事件中，教师与学生双方都有责任。学生应该尊重教师的劳动，按时上课、认真听讲；教师也应该尊重学生，准时到场。在发生误会时要仔细调查，耐心解释。学生踢门的粗鲁举动与教师谩骂学生的失礼言行都不符合课堂礼仪规范，尤其是师生双方竟然发生肢体冲突，就不仅仅是道德与礼仪范围的问题了。因此，无论是大中小学生，都要严格遵守课堂礼仪规则，培养良好的礼仪风范。

那么，在校园中，教师应注意哪些礼仪呢？

第一节　教师之间的礼仪

教师承担着“传道、授业、解惑”的重任，同时更应当是礼仪的率先垂范者，因为教师首先要为人师表。教师的一言一行、一举一动都无不展示着教师的内在修养与外在形象，无时无刻不给学生以感染，以影响，以示范，因而，教师的礼仪具有率先性、示范性、整体性的鲜明特征，而教师除了自身的礼仪修养外，教师之间的礼仪也是不可忽视的一个重要的礼仪范畴。

教师之间的礼仪是良好工作关系的外在体现，也是教师间相互尊重的直接体现。教师之间讲求礼仪，可以创造出良好的教学、办公氛围，令人心情舒畅愉悦，更可以展示出教师良好的道德修养，体现出为人师表的教师风范，因此，讲求教师间的礼仪是十分必要的。

教师之间讲求礼仪，首先要求教师之间，要互相尊重对方，古人说：“礼仪之妙，存乎一心”，首先要从心里把对方置于尊敬的地位，才会从内心流露出真诚的情感、态度，才会有得体的礼仪表现。如果是“文人相轻”，蔑视对方，或以对方是竞争对手，故意处处作对，是不可能有得体、真诚的礼仪表现的。因此，教师之间要首先树立起互相尊重、互相学习、互相协作的观念，否则教师之间的礼仪便成了一句空话。

教师之间在行为举止上，应当文明、大方、自然。教师间在学校的校园、办公室、教室、楼道等处见面时除互致问候外，还可点头、举手、微笑致意。教师间互相交谈时应当彬彬有礼，热情适度，既不可过分亲昵，也不可过分冷淡，应认真倾听对方的话语，目光自然与对方交流，年轻老师在一起不要喧哗、吵闹，更不要勾肩搭背，东倒西歪。

教师之间还应当注意在学生及同事面前维护相互之间的形象，不要有意、无意间流露出对他人的反感，或从各方面抬高自己，贬低他人，要知道，尊重他人就是尊重自己。

教师之间可以有正常的往来。除了在学校的交往外，可以到关系较密切的老师家中去拜访，当老师生病、住院时可以前往探望问候，礼品不宜过多、过重，这样会给对方以压力，以心理负担，会把双方关系庸俗化，实际上携带一束鲜花既温馨、浪漫，又充满柔情，应当是最佳的选择。教师之间在业余时间也可小聚畅谈，或互相祝贺生日、节日快乐，但应注意最好是清茶一杯，或便宴小酌，席间侃侃而谈，有所收益。不可三五成群，大呼小叫，觥筹交错，大醉酩酊，那样是对教师形象的亵渎。

教师之间还应当注意办公室的礼仪，教师办公室是教师备课办公场所，因此教师一是要注意在办公室的行为规范，进入办公室应当动作轻，音量低，尽量不打扰他人。不在办公室招待个人朋友，更不要不顾他人地交谈、说笑，毫无顾忌地打手机。在办公室着装应当庄重大方、简洁，不要着便装如穿拖鞋、穿背心进入办公室，也不要奇服异装，花枝招展进入办公室。办公室是公共场所，应十分注意卫生环境，教师应主动搞好办公室的卫生清洁工作，不要相互推诿、攀比。

最后应特别强调的是男女教师之间的交往。男女教师的往来应当得体，尤其是中青年男女教师的交往，应既热情、主动，又落落大方，把握适当分寸，男老师应主动帮助女老师去解决她们遇到的困难，表现出男士的胸怀、气度。在女教师面前男教师应力避轻浮，不说不文明的语言，尤其是脏话、“黄段子”，女教师在男教师面前应当庄重、自然，力戒轻佻。总之男女教师得体的交往可以创造和谐、愉悦的工作氛围，这是男女教师都应当努力做到的。

第二节　师生之间的礼仪

一、教师上课的礼仪

作为教师，肩负着培育人、教育人的重任，肩负着党和人民的重托。在学生眼里，老师是完美的典范，是心中的楷模。教师的行为举止、文化修养、音容笑貌、衣着发式直接影响着学生。学生如果遇到一位思想健康、政治观点正确、品行端正、举止文明端庄、知识渊博、气质风度富有魅力的教师，会在各方面受益，会促进身心的健康成长。因此，教师应该高标准要求自己，不断提高自身素质；关心学生、爱护学生、理解学生，真正做到以身作则，为人师表，“学高为师，身正为范”，无愧于人类灵魂工程师的光荣称号。

课堂是教师的舞台。在课堂上，教师淋漓尽致地展示自己的才能，施展自己的抱负，在课堂上，教师最直接地面对学生，个人的魅力，个人的形象得到最充分的展现，除了知识的传授，教师的一言一行，一举一动都对学生产生着直接或间接的重要影响。因此，教师的课堂礼仪极为重要，教师礼仪的率先性、示范性、整体性特征在课堂上又一次充分地展现出来。

在上课前做好充分准备，带好教案、教具和其他教学物品，仔细检查个人服饰与妆容，不留漏洞与瑕疵。

教师来到课堂，首先要从思想上高度重视，时刻想到自己要为人师表，肩负着培育德智体全面发展人才的重任，要上好每一节课，教好每一个学生，并尊重每一个学生，只有充分意识到自己在课堂上的主导作用，才可能有恰当得体的课堂礼仪。

在课堂上教师的举止行为要端庄、大方，教师走入课堂应当稳重、轻盈、目光亲切、和蔼，自然环视课堂上的同学，上课伊始教师应站在讲台中央向学生说“上课”，声音适中、亲切，同学们起立问候“老师好”，教师应当回问“同学们好”，同时，目光环视在座同学，点头致意，请同学坐下。

讲课过程中教师应时刻与同学目光交流，掌握同学的动向，在讲台上适当走动，以姿势助说话。要注意在讲台上的走动不可过于频繁，手势不要过频过琐，不要东张西望，神情不定，更不要斜倚、歪拄在讲台上，在辅导自习或课下与同学交流时教师往往来到学生中间，如果学生坐在课桌前，教师可站在他的身边，身体微倾，与学生交流，教师也可以坐在学生旁边交谈，要注意此时应与学生有适当的距离，不要过于随便，下课时教师要向学生说：“下课”。同学们起立说“老师再见”，教师回答：“同学们再见”，然后点头致意离开课堂。

在课堂上进行一些班会、晚会或娱乐活动时，教师以组织者或参与者的身份参加，应与学生打成一片，消除学生的畏惧、紧张感，同时也不可过于忘情，忽略了教师的身份。

教师在课堂上的语言总的要求应当文明、得体。教师的教学语言应当简洁、生动、形象、幽默，使学生易于接受，印象深刻。在课堂提问中教师应平等对待每一个学生，力争因材施教，给每个学生以平等竞争的机会，不要因家庭、学习成绩等原因而歧视某些学生，更不应恶语相向，讽刺挖苦，在提问学生或与学生交流时，老师应当和蔼、亲切，循循善诱，并给予鼓励、褒扬性的评价，并请学生坐下，使学生感到受到了尊重。要知道，老师一个亲切的眼神，一个关怀的举止，一句温暖的话语，可能会给一个学生终身的影响，难忘的记忆。

在教学之外，教师在课堂休息时也可以和学生轻松交谈，关怀一下学生的生活、学习状况，或轻松幽默地说笑，以调节课堂气氛，增加教学效果。

要特别强调的是，老师要遵守时间，按时或提前到达教室，不迟到，不拖堂，不旷课，不提前下课。老师在课堂上一定要关闭手机等通讯工具，尽量避免外来因素的干扰，不要随便中断课堂的教学，这既是教学纪律，更是课堂礼仪所必须遵循的。老师不能在课堂上抽烟、吃东西，更不能酒后上课。不能用言辞辱骂学生，也不能体罚学生，更不能与学生发生肢体冲突。

二、学生上课的礼仪

尊敬教师，首先应该尊重老师的劳动。教师的劳动主要体现在课堂上。为了讲好每节课，教师都要花费很大的心血。因此，学生以最饱满的情绪，集中精力听好每节课，积极思索，积极配合老师上好每节课，这是对老师辛勤劳动的最大尊重。

要听好一节课，学生首先应该做好课前准备工作，提前复习、预习教学内容，准备好上课用的工具资料，按时进教室，端坐恭候老师到来。上下课起立向老师行注目礼。听课姿势端正，精神饱满集中，积极礼貌地配合老师的教学工作。

教师在课上提问，是教师检验自己教学效果的最迅速和最直接的方法。通过提问，可以了解学生对自己教学的内容是否理解和接受，还可以启发学生积极思维，使学生注意力更集中。学生的回答反过来又能启发教师的思维活动，达到教学相长的目的。教师提问题是一种必要的有益的教学手段。因此学生应该对教师提的问题作出积极的反应，认真回答教师的提问。回答教师提出的问题，或有问题向教师请教都要举手，待教师允许后方可站起来讲话。回答或提出问题时，站姿表情要大方，声音清晰明朗，让同学和老师听得清楚，不可故意作出滑稽的动作引人发笑。

老师教学中出现口误或差错是难免之事，作为学生，应当以适当的方式，选择适当的时间场合，以谦和礼貌的态度提出，切不可不礼貌地当场大喊大叫，给老师难堪，这涉及到一个学生的修养问题。

特别强调的是，学生听课的表现即通常讲的课堂气氛，会直接影响教师的讲课情绪，影响讲课效果。课堂气氛过于沉闷，任凭教师如何引导，学生就是启而不发，面部表情没有反应，无精打采，甚至睡觉；或是气氛过于活跃，学生随便发言，怪声怪调，搞小动作，注意力不集中，坐姿歪歪扭扭等，都是对教师的不尊重，都会影响教师教学水平的正常发挥。而教师教学水平能否正常发挥或超常发挥，最直接受益或受害的是学生本身。

学生对老师的尊重，除表现在课堂听课以外，还表现在其他方面。如：认真完成作业，与老师见面主动向老师打招呼问候，早上见面问“老师早”，平时见面说“老师好”，分别时说“再见”，得到老师帮助说“谢谢”，有事麻烦教师时用请教的口气说话。用双手向教师递交作业物品或接受老师交递的物品。与老师说话学生应主动请老师落座，若老师不坐，学生也应该和老师一起站着交谈，并且态度应谦虚、坦诚、注意力集中。在门口、楼梯与老师相遇，主动为老师开门让路，请老师先行。进老师办公室应先敲门喊报告，老师允许后方可进入。进入老师办公室不可随便翻动老师的东西，也不宜长时间久留，以免影响老师备课或休息。

诚恳地接受老师的批评，即使与老师发生矛盾、观点不一致或教师批评得不符合实际，也不可与老师直接顶撞，而应当在适当的时间和场合当面善意地进行解释。师生情是纯洁而美好的，师生都应很好地珍惜。

在一个人走向成功的征途中，学习是很重要的一环。而学习也是讲人情的。如果你能处理好自己与老师、同学的关系，你就能得到更多的帮助和指点，掌握更多的知识，取得更大的长进，会有更多的获得成功的机会。对于善解人意、通情达礼而又勤奋好学的学生，老师都愿意倾心扶植培育。“程门立雪”的故事对同学们应该有很好的启发。

第三节　教师办公室礼仪

除了课堂之外，办公室是教师在工作中待得最多的地方，办公室也成为老师工作、休息、与人交往的重要阵地。一个人在办公室中的表现是工作中非常重要的组成部分，他的性格、工作能力、社交能力、办事作风等等在此都一览无余，因此在办公室中一定要讲究一定的礼仪规范。

一、维护环境，不做邋遢大王

办公室是一个公共场所，身为办公室中的一分子，最底线的要求就是要做到维护整洁有序的办公环境，而不要成为破坏环境、让人侧目的邋遢大王。

办公室的卫生环境由两部分组成，一是办公室整体环境，一是个人办公空间，这两部分一定要同时兼顾，才能使整个办公室呈现出整洁有序。就整体环境而言，一般包括地面清洁、垃圾倾倒、物品摆放几大部分。若无专业保洁人员，办公室人员应自觉轮流打扫卫生，及时清扫地面、处理垃圾，自觉协调大件办公物品的摆放，才能使整个办公空间显得井井有条。办公室环境的死角容易出现在垃圾桶周围，因为人们有时嫌麻烦，往往不愿意把垃圾递到垃圾桶里而是远远地一投了之，但“神射手”毕竟不多，很容易落在垃圾桶外面。身为办公室成员，最忌讳的就是置身事外，任由别人做清扫工作而自己从不插手，久而久之会让别人感觉过于自私冷漠，影响人际关系的发展。刚刚入职的新人或年轻人，更应该主动多干，才能给别人留下良好的第一印象。尤其是学生也常常会来到教师办公室，如果让学生看到一个乱糟糟的办公室，恐怕会让学生留下自己的老师表里不一的印象。相反，整洁有序的办公室会成为一种无声的教育，让学生看到自己的老师课堂下面仍然严谨的一面。

相对于整体环境，个人办公空间主要指的是以办公桌为中心的个人活动空间。现代办公多采用格子间式，一个大的办公室被隔板和办公桌划分成几个小空间，办公室成员各据一角，这时每个人必须管理好自己的办公空间。假如办公室里其他地方都是干净整洁的，而只有自己的小空间杂乱不堪，那未免太过于令人侧目，而且也妨碍了整体环境。就个人空间而言，重点是调整好物品的摆放，使之各安其位，不要在整个办公桌上挤作一团；废纸等垃圾要及时收到垃圾桶里，不要以为在自己的格子间里就可以随手乱丢。值得注意的是，不是所有的东西都可以放到办公桌上。办公桌上的东西应该是与自己的工作密切相关的，过于个人、私密性的东西不宜摆放，否则会与办公环境不协调。例如有的人很喜欢摆放照片，其实适当地摆放一两张个人的生活照或与家人的合影，会增加办公空间的温馨感，也会给人更好相处的感觉。但是，如果把办公桌变成自己的秀场，见缝插针地摆满自己造型夸张、过度修饰的艺术照，则会让人感觉过度自我、肤浅，影响别人对你的正常评价。又如我们的办公桌上除了专业书籍之外，总会还有一些自己喜欢的其他书籍，这些书籍的选择一定要突出品味，诸如八卦追星、通俗言情乃至厚黑算命等书籍万不可登大雅之堂。我们要力求做到，让学生即使通过一个简单的办公空间，也能体会到为人师者的渊博学识与高雅趣味。

二、遵守规范，不可随心所欲

一般办公场所都会有一套固定的程式化的规范，具体而言，教师办公室行为规范包括以下几点：

1. 按照礼仪规范的要求讲究个人仪表，不上课的时候也要注意个人形象。例如有的人有一个习惯，认为上完课回办公室是放松的时候了，就完全松懈下来，甚至带来拖鞋自己换上，这样未免显得太不严谨。

2. 注意举止端庄、礼貌周全，有领导、来客到访应主动起身招呼，去别人的办公室也要先敲门，获得允许再入内。办公室应是宁静的，个人一举一动应做到轻稳，不要制造太大噪音。

3. 在办公室内不要大声喧哗说笑聊天或播放音乐。办公室是工作的地方，需要安静的氛围。尤其是别人正在进行备课、批改作业等工作时，更不应该大声谈笑以免影响别人。即使偶尔的放松交流，也应轻声细语，并且注意话题的选择，避免低俗趣味，总是津津乐道地谈论非工作话题未免让人觉得不务正业。

4. 不要在办公室大声训斥学生，即使有问题需要解决也应以平和的态度为指导，否则既伤害学生的自尊，又影响到其他老师的工作。同样，当其他老师同学生交谈训导时，自己应保持缄默，不要指手划脚过多参与。

5. 不随意翻动他人的东西，需要借用他人的资料或其他物品时，一定要经过他人同意，决不能在主人不在时擅自取用。实在有急用时可以电话询问，而决不能先斩后奏。也不要占用他人过多时间，诸如拉着别人闲聊、频繁让别人帮忙等，这也许都会耽误别人的正常工作，引人反感。

6. 不在办公室处理个人私事，比如长时间接打私人电话、在网络上聊天甚至购物游戏、长时间接待与工作无关的访客等等。非用餐时间不要在办公室吃东西，即使临时在办公室用餐也应注意卫生，尤其不要食用具有强烈刺激气味的食物，以免弥漫不散引起他人不适。

7. 爱护公物，避免损坏和浪费。教师应该爱校如家，小心使用办公用品以延长其使用寿命便是具体体现之一。同时还要杜绝浪费，比如打印纸尽量双面使用、非必要时不使用电器、最后一个离开的人自觉关闭所有电器、自带饮水杯以减少纸杯使用等，这既节约了公物又体现环保的理念。另外，一定不要有“占便宜”的思想，例如把办公用品带回自己家里使用、占用办公电话打长途、大量打印私人资料等，在占小便宜的同时却贬低了自己的人格高度。

三、融入氛围，不当向隅之人

大家都希望办公室有一个良好的氛围，这需要全体成员的共同努力。有句话说：“一人向隅，举座不欢”，这句话是说，好的气氛需要大家的合力打造，而要破坏这种气氛只需一人就可以了。因此，我们在办公室中，一定要和大家打成一片，维护整个办公环境轻松和谐的氛围，而不要做格格不入的旁观者甚至令人厌恶的破坏者。要做到这一点，我们需要注意以下几点：

1. 和气待人，不斤斤计较

人是世界上最复杂的动物，俗语说千人千面，即使是办公室这个小小的空间，也是由性格迥异的人组成的。这时一定要注意不要太过于个性张扬，而以同理之心、换位思考的方式处理问题。人与人之间难免磕磕碰碰，要以宽容之心化解，而不要斤斤计较。乐于助人的心态也很重要，谁都难免有需要帮助的时候，作为集体中的一分子，一定要有一副热心肠，帮助自己的同事解决偶尔出现的小麻烦。比如同事忘记带资料时可以慷慨借用、同事不在时有来客到访可以热情接待、有同事的邮件或电话可以代为签收转达等等，就是在这些细节之处会让别人对你留下真诚热情的评价。

2. 乐于参与，不冷漠旁观

在办公室中，我们要积极参与办公室的一些集体行为。比如工作之余放松休息的时候，可以和大家谈笑一番，而不要只是躲在自己的小天地里；比如搬动大件物品时大家齐动手，即使力气不够的女老师也可以加油助阵；比如亲自动手或采买小物品为办公室的美化布置添砖加瓦等等，这样才能营造出亲如一家的氛围。

3. 一视同仁，不拉帮结派

每个人的社交圈子都可以视为一个圆，以自己为中心，按远近亲疏的关系逐渐向外扩散，因此我们的朋友中有莫逆之交也有泛泛之交，这本来无可厚非，但是在办公室中，我们与同事的关系并不适用这条原则，一定要一视同仁，不能明显地厚此薄彼。即使你和某个同事私下关系非常要好、或者和某个同事私下绝无来往，在办公室中也不能表现得“冰火两重天”，这样会有拉帮结派之嫌。尤其是不能因对方的职务高低而态度有所变化，对领导要尊重，对同事更应亲切坦诚。特别是避免在学生面前对其他老师有所褒贬，否则会让学生觉得老师们彼此之间不团结，像是市井长舌妇。

第四节　校园公共礼仪

校园中，除了课堂、办公室之外，还会有各种公共场所，例如餐厅、图书馆、体育场馆、会堂乃至于楼梯间、校园甬路等。在这些地方，教师仍然要注意遵循一定的礼仪规范，凭借良好的风范以身作则。就其核心原则来讲，就是教师要带头遵守秩序、营造礼仪氛围，以增强学生的礼仪意识，培养其文雅的气质、规范的言行。

中国人往往因为在公共场合缺乏规则秩序意识而被人诟病。要根本扭转这一局面，我们就要从学生开始，狠抓规则意识的教育，而老师的以身作则是比口头说教更有说服力的，如果老师能够守规矩，学生自然会在老师的感召之下跟着做到。

一、餐厅

餐厅应该是让人倍感亲切的地方，而用餐时的种种表现也最能反映出一个人的生活修养。教师在食堂用餐时，虽然没必要像参加宴会一样正式，但也必须要做到遵守秩序、吃相文雅。

1. 有序用餐

到了用餐时间，饥肠辘辘的学生往往秉承“狭路相逢勇者胜”精神，争先恐后。因此在餐厅中，不按秩序排队恐怕是最大的问题。这时如果老师自觉地按先后顺序排队，不加塞不搞特权，学生自然也会懂得收敛自己。

2. 文雅用餐

我们常说“吃相”要文雅，这里指的是就餐动作要轻，细嚼慢咽，不出声响，勿显贪吃相，当然也包括不浪费食物。从某种意义上说，“吃相”更能反映出一个人的素养。一个吃起饭来过于狼吞虎咽或过于挑剔磨蹭的老师，恐怕会被孩子们偷偷地笑话。

3. 用餐过程中尽量保持环境的整洁，不随地丢弃食物残渣，按规定放好用过的餐具，桌椅用后主动复位等，举手之劳却可以使餐厅工作人员得到很大帮助，体现出一份人文关怀。

二、图书馆

与教室相比，图书馆是公共学习场所，尤其要讲究礼仪规范。进馆、存包、取书、就坐、阅读、借还等，每一个步骤、每一个细节都能体现出一个人的文化知识素养。作为教师，应从以下两个方面做好学生的表率。

（一）维护图书馆安静整洁的环境

1. 保持图书馆内的安静

图书馆这个词，让人联想到柔和的灯光、丰富的藏书、安静的氛围，以及伏案静静阅读的学子。在图书馆中，平常我们可能不以为然的声音，如高跟鞋的“嗒嗒”声、手机铃声、与朋友的谈话声、拖动座椅时发出的声音、吞咽咀嚼的声音等，都会被放大，破坏图书馆的宁静与和谐。因此，进入图书馆后应做到：及时将手机调到静音或震动，需要接打手机时尽量走到阅读区之外并压低声音；走路轻柔，如穿着硬底皮鞋或高跟鞋时，应尽量踮起脚尖走路，避免脚步声过大；拖动桌椅轻手轻脚，避免发出刺耳的磨擦声。总之，做事要轻手轻脚，说话要轻声细语，共同维护美好的阅读环境。。

2. 注重个人仪表的整洁和保持馆内环境的整洁

图书馆是一个高雅的公共场所，入馆阅读时应注重自身仪表，和环境融为一体。特别应该注意的是，看书前最好能洗一洗手，避免因为手上的污垢而在书页上留下“斑斑指纹”。在图书馆阅读时，不携带食品饮料入馆，不乱扔纸屑，不随地吐痰，不大声咳嗽，不吃零食或嚼口香糖。离馆时，把书刊放回原处，不能随便摊在桌子上；自己的纸笔要记着带走，废弃的纸张应扔到馆内的垃圾篓或带到馆外处理；用过的桌椅自觉复归到原位。

（二）注重细节，保持文明的借阅习惯

1. 讲究谦让

图书馆资源有限，需大家共同合作遵守规则，才能使图书馆资源得到更高效地利用。进入图书阅览室，不应为别人占座位，但欲坐在别人旁边的空位时，应有礼貌地请问旁边是否有人。借书时如果与别人同时看中同一本图书，不要争夺，急需者先借，另一人可向工作人员询问有无其他库存，或做好预借登记。借出阅读的图书，读完后要及时归还，不应逾期，“热门书”更应速看速还，以满足其他人的阅读需求。

2. 爱护图书和图书馆公共设备

馆内阅读时，不摇动桌椅，不在桌、台上乱刻乱画。翻阅图书时，时刻记住这是公共财物，不能像对待私人图书一样在书本上划线、批注、乱涂乱描，不能折角做记号，更不能因自己需要某种资料而损坏图书，擅自撕取书页。遇到有价值的资料，可摘抄下来，或与管理人员联系后进行复印或拍照。

总之，图书馆是师生接触的重要场所，也是教师施行无声教育的舞台。莎士比亚说过，书籍是全世界的营养品。那么，图书馆，这个储存着人类营养品的地方更是神圣的知识殿堂。图书馆礼仪的规范化，有助于帮助学生培养起良好的阅读习惯，让学生亲近图书、敬畏图书，在学生心中播撒下一股浓浓的书卷之气、翰墨之香。

三、体育场馆

体育场馆是学生们宣泄激情的地方。不夸张地说，这里是学生们最喜欢的地方。不管是趣味的游戏锻炼、激烈的对抗竞争还是投入地观看赛事，往往能激发学生们强烈的参与感和荣誉感，令学生们激动不已。而在这时，最需要老师的示范、引导与约束，因为激情之下难免行为过当，假如甚而造成不必要的伤害，那么对学校和学生来讲都是很大的损失。因此，教师在体育场馆中应言传身教、有序引领，教导孩子们规范锻炼、公平对抗、理性观赛。

第一，遵守体育场馆的使用规定

一般来讲，学校里的体育场馆都会有自己的功能分区和使用上的时间调配，师生对体育场馆的使用要严格遵守规定，除了正常上体育课之外，其他时间，不管是锻炼还是举办赛事，都应提前预约，在规定时间规定地点活动，以免打乱学校的安排。尤其是一些具有危险性的项目，如投掷项目，一定要注意观察周边状况，以免对他人造成伤害。

第二，注重形象举止文明得体

运动的时候往往是人们最放松自己的时候，教师也可以趁此良机深入学生，拉近和学生之间的距离。在运动时，教师最应注意穿着要适宜。在运动场上教师应展现生龙活虎神采奕奕的一面，因此以运动装为宜，穿着不要过于正规，显得呆板。我们建议教师在办公室准备一套运动装，以备与学生开展活动之用。而运动过后，运动装难免汗污，教师应及时换下，改为正常上课的装束，这样才显得得体。

第三，平和礼让的态度

运动难免会带有竞争，而这种竞争也正是运动的魅力所在，教师应引导学生正确看待竞争，以此培养公正、公平的良好的竞争意识。实际上，我国传统的儒家文化中也很看重运动的这种熏陶作用。《论语》中有这样的记载："子曰：君子无所争。必也射乎！揖让而升，下而饮。其争也君子。"这是谈到了射箭比赛中的礼仪。因此教师应教导学生以积极平和的态度参与进来，以身作则，在比赛中不作弊、不使诈、不耍赖，在观赛时不起哄、不捣乱、不喝倒彩，既为自己的班级加油，也为对手的出色表现而喝彩，以此培养出宽广的胸怀。

以上我们谈到了常见的几种校园公共场所以及教师应有的表现。除此之外，诸如爱护公共设施，不随处涂鸦，不乱丢垃圾；在甬路、楼梯、楼道等处靠右行，不占道、不冲撞、迎面来人主动问候等，处处都需要教师以自己的切身行动践行礼仪规范，将整个学校变成教师展示的舞台，使学生得到润物无声的教育。

思考与练习

练习一：办公室来了新老师，大家忙着帮他安排办公桌椅，这时你该怎样做呢？

练习二：两个男生发生了冲突，你把他俩带到办公室了解情况，学生们情绪很激动，争执不下。这时办公室里还有其他老师在工作，你该怎样做？

练习三：大学同窗来看望你，大家相谈甚欢。正好晚上是你值班，朋友建议在办公室搞个小聚会。你该怎样安排呢？

练习四：王老师的办公桌上养了一盆小文竹，你很喜欢，时不时地主动帮他浇浇水、修修叶子。可是小文竹不长时间就枯萎了，王老师虽然没说什么，可你觉得有点尴尬，以后遇此情况你怎么办呢？

练习五：春季运动会上，学生们都很兴奋，为自己的同学加油鼓劲。男子100米决赛时，班里的运动健将小明本来有希望拿第一，可被判为抢跑，大家有些不服气，要去找裁判，这时作为带队老师你该怎么处理呢？

练习六：食堂里你正排队打饭，快要轮到了，班里的小梁同学跑到你面前求你帮忙给打一份，因为他急着回宿舍来不及等了，这个忙帮还是不帮？

练习七：在图书馆里，你正带着一批同学帮忙整理图书资料，小丽不小心把一摞书碰到地上，其中一本书的封面被划破了，这种情况怎么处理？

练习八：操场周围散落了很多垃圾，你决定带着班里的同学去清扫一下。到了那里，同学们纷纷当做一次课外活动嬉笑打闹着，作为老师你该如何结合实际对学生进行一次礼仪教育呢？

第六章　如烛如炬　亦师亦友

——班主任工作礼仪

【情景导入】

被称为“中国小学语文界的泰斗”的霍懋征从教60年，国务院总理温家宝，亲临其家，亲笔为之手书“把爱献给教育的人”。从教60年，她做到“四个从没有”：从没有和学生发过一次火；从没有请过一个学生家长；从没有惩罚过或变相惩罚过一个学生；从没有让一个学生掉过队。

班级像一个大家庭，同学们如兄弟姐妹般互相关心着，帮助着；互相鼓舞着，照顾着；一起长大了，成熟了，便离开了这个家庭，走向社会。同学们学于斯，长于斯，变化于斯。身在其中，关心她，爱护她，为她吃苦，为她的荣誉奋斗。离开后，留恋她，想念她，回忆她，魂牵梦绕见到她。班级和人生维系得这么紧密，而班主任无疑是这个集体中的核心。班级也许很小很小，一间屋子、数张桌椅，而这里蕴含的却是孩子们无穷的梦想与希望，承载着孩子们最为纯真的心灵世界。班主任就是在这广阔的心灵世界中播种耕耘的人，班主任对学生的影响往往是其他任课老师不能比拟的，班主任的工作不可不慎。

第一节　班主任的礼仪修养

一、班主任的特殊性

中小学班主任在教师中是个特殊的群体。相对于单科教师而言，他们更多受到社会、学校、学生和家长的特别关注，尤其是家长，对班主任往往赋予更多的尊敬与希望，把孩子成长、成才的梦想似乎都寄托在他们身上。学生们也愿意称呼自己的班主任为“老班”，与“老爸”、“老妈”并列相称，可见学生们将自己的班主任当成了“家里人”、“自己人”，言谈举止中流露着对他们的亲近与信赖。作为这样一个被格外看重的角色，班主任的确有其自身的特殊性，这种特殊性主要表现在：

首先，班主任并不是单纯的文化知识传授者，更重要的是青少年学生的人生导师。青少年学生无论是在中小学时期还是大学阶段，都处在身、心变化成长的最活跃阶段，他们的世界观、人生观、价值观在与社会、与自身、与师长的不断交锋中渐渐形成，这是人生最重要的几个阶段。作为班主任，其思想情感、言谈行为和方式方法对他们的影响至关要紧，可能是终生的，他们应该是传递给孩子们正能量的人，而不能是传递给孩子们负能量的人，应该是让孩子们形成积极向上的人生态度和健康明朗的阳光性格的人，而不能是让孩子们形成消极颓废、病态灰暗性格的人。

其次，班主任是最与孩子们朝夕相处的人。现代学校，尤其是中学和大学，基本是寄宿式，即使那些走读的，也是大部分时间学习生活在校园，班主任是除了家长之外最与他们朝夕相处的人。一个称职的班主任，对自己班里学生的家庭状况、生活习惯、身体素质、性格特征、思想感情、兴趣爱好、学习成绩、优点缺点等应该是了如指掌的，“老班”也是某种意义上的“老爸”“老妈”，这样的一个身份也就意味着班主任工作的特殊性。

再次，班主任是孩子们的知心人。孩子们的天空是深邃的，孩子们的世界是多彩的，孩子们的眼前是缭乱的。有人说，15 岁以下的孩子是散文，15～25 岁的孩子是诗歌。在这样充满浪漫想像的年龄，心灵最需要被呵护，行为最需要被理解，在他们单纯有限的人际关系中，家长往往并不是他们最佳的倾听者，除了几个顶要好的同学，班主任才应该是他们最合适、最渴望的知心人了。

最后要提到的一点是，班主任是家长们最指望相托的人。孩子是每个家庭中的宝贝，甚至是家的全部。我们从家长们充满期待的眼神中，从对班主任的频频致意微笑中，从几近啰嗦的“拜托、关照”的嘱托中，从被班主任叫到学校“谈话”的迅速行动中，甚至在恨不能班主任对自己有事相求和自己有求必应的讨好中，我们读到的正是家长对班主任的高度重视、殷切期待以至略带敬畏的心理。也正是因为班主任身份的特殊性，班主任工作的责任重大、意义重大，才对班主任素养有着特殊的要求。

二、班主作的素养

作为班主任，除了要求具备一般教师所具有的素质修养外，尤其要突显以下几点：

一是良好的政治素养。在复杂的社会发展中，要始终坚持正向思维；在多元的社会观念中，要始终保持向真向善向美的追求；在学生模糊的、多变的社会认识中，始终引领他们端正方向，健康成长；在繁琐的班级工作中，始终保持清醒的头脑和政治上的敏感性，这是每个教师都应该具有的政治素质，作为班主任更要求他们的坚定坚守和义不容辞。

二是爱生如子的素养。对学生，要真心的爱，用心的爱。真心意味着负责，用心意味着敬业，这是班主任的必备素质。“爱自己的孩子是人，爱别人的孩子是神”，班主任虽不是神，但只要真心实意、用心良苦的去投入工作，就会从孩子立场出发，就会赢得孩子们的信赖。有人总结了班主任的“四心”、“四勤”：即爱心、细心、耐心、责任心；嘴勤、眼勤、腿勤、脑勤，这就是班主任精神境界的具体表现。

三是甘于奉献的素养。班主任的工作性质决定了他们的工作量和负出程度大大超出单科教师，尤其是花费的心血和精力不是能用数字可以计算的，而所获得的报酬又不一定与工作量对等。为此，吃苦耐劳、无私奉献的精神就成为班主任必备的职业财富了。

四是娴熟的方式方法素养。百姓百态，千生千面，这就要求班主任有娴熟的工作方法和教育艺术，因材施教。比如分类培养、分层培养，比如“让成功引入成功法”、“让成功激励成功法”，让学生在润物无声的春雨沐浴中，思想、性格、学习等都受到潜移默化的熏陶，健康茁壮成长，从而实现培育英才的教育目标。

班主任除了需要具备以上这些素养外，还应该具备开拓创新的精神，有较强的人际沟通能力与关系协调能力，有较强的社会活动能力等。可以说，班主任岗位要求他们成为一名优秀的“多面手”，既是知识的传播者，又是集体的管理者；既是贴心的咨询师，又是严格的执行官；既要抓好孩子们的学业，更要关注孩子们的心灵。

第二节 班主任与学生之间的礼仪

一、尊重学生，将心比心

教育家陶行知先生说过："真的教育是心心相映的活动，唯独从心里发出来的，才能打到心的深处。"班主任要打开学生心灵的门窗，最重要的是尊重学生。

第一，尊重学生的个性

青少年学生个性千差万别，有的内向，有的外向，有的执拗，有的机敏，有的爱热闹，有的好独处，有的开朗，有的内敛，有的爱说爱笑，有的沉默寡言，有的表现欲强，有的腼腆矜持，有的冷静理性，有的情绪化好冲动，有的性格坚强，有的性格软弱，有的偏重传统，有的标新立异，有的心思缜密，有的粗犷豪放，有的自尊自信，有的自卑自怜，等等。班主任应该充分尊重学生个性，肯定长处，包容缺点，以宽广的胸怀、开放的眼光面对个性迥异的学生，用"包容——承认——引导——发展"四步法助力学生健康成长。

第二，尊重学生隐私

"任何组织和个人不得披露未成年人的个人隐私"已写进《中华人民共和国未成年人保护法》，粗暴的家长制作风已经不适用于现代教育，作为国家公民，学生享有私人生活安宁与私人信息不被他人非法侵扰、知悉、搜集、利用和公开的隐私权，因此，班主任尊重学生隐私首先是符合法律要求的。从礼仪角度来说，也是符合"尊重为本"的礼仪内涵要求的。具体工作中要注意：不得随意拆看学生信件日记，不得违背学生个人意愿而打听学生家庭状况，批评学生要注意场合、方式，如尽量避免点名批评、当众批评等做法，不能拿学生生理残疾、性格弱点说事，妥善处理学生纠纷，切忌以成绩高低排名前后进行分组或者排座位，与家长沟通时适当保留对学生的看法等等。

第三，尊重学生选择

选择是每个存在个体的主动行为，是完善自我的必要途径。传统教育多为灌输式，极易抹煞学生的自主性与创造性。在各类教育教学活动中，班主任都要尊重学生的选择，尊重学生选择人生道路的权利、选择朋友的权利。班主任要创设宽松的教育环境，传授一定的选择技巧，盘活已有教育资源，创新组织活动形式，从而达到良好的教育效果：即让学生愿意参与，有兴趣参与；逐渐培养学生的责任感，变“要我如何”为“我要如何”；在选择中提高综合能力、磨砺意志品质；领悟人生真义，初步具备自由、民主、平等的思想。

第四，尊重学生的差异性

清代思想家魏源曾经说：“不知人之短，不知人之长，不知人长中之短，不知人短中之长，则不可以用人，不可以教人。”每个学生都有自己的特点，无论认知上还是性格情绪上，班主任要承认学生的差异，因人施教，分类施教。班级管理整体目标要分步实施，学生个人目标要因人而宜，循序渐进，切忌盲目攀高。总之要充分考虑学生的个性特点和内在差异，使每个人的才能品行都得到发展。

二、理解学生，亦师亦友

理解学生，教在心灵，班主任首先要了解学生，只有了解学生心，才能解读学生意。

其次要转变观念。很多时候我们都不难发现，有一些老师，总试图在学生面前保持一份神秘，总是板着严肃的面孔，以为这样会让学生对自己产生敬畏之感，才有利于工作的开展，其实班主任更需要放下架子，放下所谓的尊严，与学生交朋友，以换位法设身处地为学生着想，体味学生的感受，以“孩子心”理解孩子，引导孩子。

同时，要富有同情心，有同情心的老师会时时记得自己的青少年时代，不会把学生虽单纯幼稚但十分正常的行为当作错误行为对待，他们与学生之间的关系是朋友和伙伴的关系，而不是管教者和被管教者的关系。

班主任还要学会自我反思，与学生相互启发，这是教师理解学生从而使学生理解教师的有效方法。

总之，班主任与学生应以平等的身份共同参与教育活动，结成朋友式的、团结协作的关系，既成为学生学习成长的良师，也是他们生活思考的益友，亦师亦友，知心为贵。

三、欣赏学生，正向引导

每个孩子身上都有闪光点，孩子身上的“问题”也是成长中的必然，班主任要以宽容的心胸、前瞻的眼光去欣赏孩子、去调理引导孩子健康成长，多表扬多鼓励，使其更积极更向上，慎批评慎处罚，使其更自尊更自强，奋起直追，让成功引入成功，让成功激励成功。

四、恩威并施，师睿徒贤

“恩”即爱，即情，即疼，即亲。班主任对学生应有“恩”，但不能一味地“恩”，也要有“威”，威而有度，威而有法，对孩子有恩有威才是真爱，恩威并施，才能师睿徒贤。这不单是管理艺术，也是礼仪规范。苏霍姆林斯基曾说，教育者对孩子应是“兼有父母的亲昵、温存和睿智的严厉与严格要求相结合的那种爱。”

五、一视同仁，集体进步

班主任应该有“海纳百川”的胸怀，有“登泰山而小天下”的见识，要完整接纳班里的每一个学生，对学生应一视同仁，共同进步，要公平地对待每一个学生，不放弃任何一个学生，无论是爱听话的学生，还爱顽皮的学生，无论是成绩优秀的学生，还是后进的学生，都要让他们享受到平等的权利，让全班同学在集体的进步中健康快乐地成长，那种有亲有疏，有厚有薄，有远有近的做法只能给学生、给教育带去损失。

六、眼中有学生，脸上展笑颜

前面讲过，一个优秀的班主任，当他走进一个乱哄哄的教室时，只要静静地站在讲台上，用眼睛扫描一遍，教室里立刻鸦雀无声，为什么？目光的力量。班主任的目光要注意什么呢？就是要注意四个字：“目中有人”。班主任要养成与学生进行目光交流的习惯，以此传递理解、支持、赞同、重视、或反对，以此表示对学生的尊重。假如边批改作业边和学生谈话，根本不看着孩子，或者瞪着眼追问孩子“为什么”，或者背对着学生写板书、嘴里却叫着某某学生的名字让他回答问题，或者课堂上发现某学生在做小动作，用眼角斜视着该学生等等，所有这些都是与应有的礼貌相违的。

要与学生建立平等和谐的关系，让学生爱自己亲近自己，而不是害怕自己远离自己，那就对孩子保持微笑吧！班主任的微笑具有强大的教育魅力，是架构师生心灵沟通的桥梁。假如学生犯了错，与学生微笑着谈思想，谈学习，谈生活，对学生的过错也以平和的表情促膝谈心、交流，就可以消除学生的戒备心理，越过学生的心理防线，学生也会因自尊心受到尊重而感恩于老师的善意和真诚，也让他们在过错的反思中升起歉疚之心，并会以“立刻改进”的态度对班主任的爱护做出回报。

微笑是一盏灯，照亮了别人，也温暖了自己。一个爱微笑的老师才能教出千千万万个爱微笑的学生。当学生学会微笑时，教育者就已迈上了成功施教的第一步，也是最紧要的一步。

七、善于倾听

现在大多学生缺少磨难的经历，意志比较脆弱，心理承受能力偏低，当他们有心里话需要倾诉时，作为班主任，最好的姿态就是倾听。而要做一个善于倾听者，下面三点很关键：

一是倾听时最好与学生平起平坐，那是传递正能量的最好方式；

二是倾听时要专注、要耐心，并且适时引导他把心底最真实的想法说出来；

三是不急于否定、批评、指责，中途不打断学生的倾诉，更不要急切地想花一小时就能改变学生。

善于倾听，才会获得学生的信赖，让学生情感得到释放，心理问题也就迎刃而解。

八、学会向学生道歉

这一点对班主任非常重要。这里，班主任需要淡化自己的尊者身份，放下老师的架子，在说错了话、处理错了问题、对学生有了误会等情况下，要坦然地向学生承认错误，平等地向学生说声“对不起”，请学生予以谅解，只有如此，才能赢得学生的尊重和爱戴。

第三节 班主任与家长之间的礼仪

教师不但要做好教育、管理学生的工作，还要加强和家长的交往与沟通，努力营造家校结合的良好教育氛围。不同于师生之间的交往，教师与家长的交往具有更多的社会性，家访和开家长会是比较常见的形式。

一、开家长会的礼仪

大多作教师的，往往有好为人师的习惯；大多作家长的，无论本人身份地位文化高低，对老师都会恭敬三分，这使得部分老师有时就失了自知之明，在家长会上常以一种居高临下的态度对家长讲话甚至训话。其结果呢，想想有哪位家长会因此而检讨自己、认为自己真的不行？他们有的就迁怒于孩子，认为是孩子让自己丢了脸，开完会回家把孩子怒斥一顿甚至给两个耳刮子；有的认为自己孩子无过错就迁怒于学校和老师：我的孩子交给你了，是你们不会教。很多孩子最怕开家长会，很多家长也怕开家长会，这就是需要班主任认真思考如何开一个文明礼貌、受家长与学生欢迎的家长会。

1. 会议准备要充分

家长会有哪几项议程？按照什么样的程序进行？请哪些家长代表发言？会议要达到什么目的？有可能出现什么问题？学生们的情况是否有疏漏的？家长疑难问题的预设？如此种种这些都需要班主任事先与科任老师商量明白，做到心中有数。

2. 准备讲话稿

班主任的讲话稿可以说是家长会的主题报告，应该打腹稿列提纲，最好是准备好完整充分的文字稿，以不变应万变，千万不可在家长面前信马由缰海阔天空地东扯西说，也不能任由家长问到哪你说到哪。家长会上班主任一定是主角和主持人，要控制整个局面，达到预期的目的。个别家长的麻烦问题可以留待会后，整个家长会时间不能拖得太长。

3. 校园环境和班级环境也要布置好，卫生要干净整齐，欢迎家长的标语、供家长翻阅的资料、班级指示牌、饮水机等要安排好，要让家长感觉到你是精心在准备迎接他。

4. 通知家长参会

要提前通知家长开会，方法很简单：打印一个正式邀请通知让学生捎回家。对时间、地点、主要内容与目的要写清楚明白，时间要选择在多数家长有空的时候，安排有发言的家长要提前告知作好准备，一些有特殊情况的家长还要电话确认是否参会。

5. 与家长平等交流

首先，班主任要明确家长会的目的。“为了孩子好”是召开家长会的出发点，这与家长的出发点完全一致；其次，要明确班主任与家长的关系是一种平等的教育伙伴之间的关系，在家长面前要亲切自然，温文尔雅，一切都是协商和讨论；再次，班主任作为主动者，先要对家长待以礼，讲以理，相信任何一位家长都是愿意和班主任配合的。

最后，家长会上，班主任应服饰庄重大方，举止文雅，言谈文明，给家长以亲切和信任感。

二、家访的礼仪

家访第一步要与家长预约，不可勉强家长，不搞突然袭击。那种“告诉你爸，今晚我要上你家”，甚至“叫你妈明天来学校”等师霸作风是教师礼仪中的大忌。再有，家访还涉及到做客的礼仪问题，作为教师，更要注重。

衣帽整齐。夏天再热不能在别人家脱衣服；冬天进屋要脱帽和大衣，不要在别人家里说冷，好象批评主人环境不好似的。尽可能不在别人家使用卫生间。

除非家长主动请你参观，否则不要在学生家里东转西瞧，但可以要求看看孩子的房间以示关心并对学生作些了解。

进门可简要说些寒暄性的话语，夸夸主人的房间布置、养的花草等等。无论学生家境贫富，教师要表现得不卑不亢，平和自然。不要说“唉呀，你们家真豪华”或“真想不到你们这么困难”。教师要让学生及家长知道的是，孩子无论聪明还是笨拙，在教师眼中都是可爱的孩子；父母无论显赫还是贫庸，在教师面前都是普通的家长。

对孩子多表扬少批评，哪怕此行确因孩子犯了大错要与父母协商，也要先找一些优点作辅垫。交谈时孩子最好在场，如果需要单独与父母交流，可以预先告诉父母，预约孩子不在的环境，不能硬行让孩子回到自己房中去回避，那是对孩子的不尊重。

家访时间不宜过长，达到预期目的即告辞；如果与家长意见不一致，甚至家长态度不好，不宜在学生家中僵持，要另寻交流机会，如“今天我们就谈到这里，大家都再想一想，下次再交流好吗?”“这个问题我们有不同见解，我们可以放一段时间再解决”，“无论怎样，我会对孩子负责，请你们再冷静思考一段时间”。教师如果与家长有了分歧，最是考验教师气度和修养的时候，千万不可与家长斗气，不可对学生耍脾气，不可在心里存小气（日后对学生报复），不可借家访解决私事。常理上来说，家长帮忙老师解决私人问题好像出于情谊，实际是教师带有以权谋私意味，因为教师与家长之间本质上是一种业务关系。除非该生已经毕业，家长此时还愿意与教师交往则已经变化为朋友之情。

思考与练习

练习一：刘老师最近很“头疼”，因为班上的同学张某经常不遵守课堂纪律，不听老师的要求，很少完成作业，经常抄袭。和同学相处不和谐，有时还会大打出手，有抽烟行为。请你从礼仪角度给张老师支支招，怎么帮助张某同学融入正常的学习氛围中。

练习二：班上风传他和她“早恋”了，作为班主任的你，如何处理这件事呢?

练习三：前苏联著名教育家霍姆林斯基有句名言：“要让每一个学生都抬起头来走路。”作为一名班主任，如何对待班集体中成绩不好的学生呢?

练习四：谈谈你对汶川地震中出现的“范跑跑事件”的认识，结合具体情况，说说如何加强班主任自身修养。

练习五：班上一位男同学违反校纪，私自带手机上学，被训导处抓到，要求通知家长，作为班主任，应该如何和家长沟通?

练习六：小东的家长屡次提出调换座位，并且给班主任送来礼品，你怎样妥当处理此类事情呢?

第七章　谦雅和顺　温润如玉

——教师常用社交礼仪

【情景导入】

学校要召开期末总结表彰大会，由小刘布置会场。在安排主席台时，小刘想当然地按照从左到右的顺序安排了与会领导的座位，幸亏办公室王主任提前检查会场发现了，否则真要闹个大笑话。教育局长为了表示对学校工作的重视，特意来参加会议。在接待中，小刘为了做好服务，时时处处走在局长前面，力求做好引导工作。小刘自以为做得很到位，可是会议结束后王主任还是指出了他很多不足。

再来看这样一个例子。

小李刚刚走上社会参加工作，总是觉得自己还很青涩：同事面前不知怎样称呼才得体，有一次甚至对教研主任脱口而出“刘阿姨”；出门办事不知如何跟人打交道，老是感觉自己还是个学生，举手投足间摆脱不了蹦蹦跳跳的影子……有一次去出版社联系教材，张编辑送给小李一张名片，小李随手就放到了裤兜里。那一刻，小李明显看到张编辑的脸色变了变，后来主任就没再派小李去出版社。小李很着急，如何让自己尽快成熟起来呢？

确实如此，社会是一个有机运转的整体，作为现代教师，也不可能只是“躲进小楼成一统”，总要有正常的社会生活、人际交往。从事着教书育人这样一个令人尊敬的职业，教师在社会交往中也应具有高度的表率意识，通过每一个个体的努力，为教师的群体形象加分，也为提升国民素养、醇厚社会风气做出贡献。本章我们将从几个比较常用的礼节入手，探讨一下教师在社交中需要注意的礼仪修养问题。

第一节 见面礼仪

一、称谓礼仪

见面总要打招呼的，打招呼就必然有称谓。换句话说，称谓就是人们在交往过程中彼此的称呼。

在很多情况下，称谓构成了人与人之间交往的第一步，称谓也体现了交往双方的角色定位、关系亲疏乃至于社会风尚等等背景要素，因此在人际交往中，对于称谓的选择一定要慎而重之，努力做到称谓得体、有礼有序、符合身份。

较为常见的称谓方式有以下几种：

（一）通用称谓

按国际惯例，对人的尊称一般约定俗成地按性别的不同分别称呼为“小姐”、“女士”、“先生”，其前也可加上姓氏、姓名。其中，“小姐”、“女士”二者的区别在于：未婚者称“小姐”，不明确婚否者则可称“小姐”或“女士”，但千万不能在未知婚否的情况下称“太太”、“夫人”。

在我国，“同志”是一种极普遍的称谓，意为“志同道合”，体现人与人之间的平等关系，无论何种职业、年龄、地位的人，除亲戚关系之外，均可以“同志”相称。随着我国改革开放，称呼也开始与国际接轨，“小姐”、“先生”、“女士”等国际通用称呼多起来，特别是在商界、企业界、社交场合这种称呼使用更多些。但在政界，使用的仍然是“同志”这一称呼。

（二）姓名称谓

在日常交往中，平辈的、同龄的朋友之间、熟人之间、同事之间，同学之间、老乡之间、战友之间，彼此均可以姓名相称；长辈对晚辈也可以这么称呼，显得随便亲切。关系越密切，称呼越简单、越随便。主要方法有三种：

一是直呼其名。

二是只呼其姓，不称其名，但要在姓前面加上“老”、“大”、“小”，例如“老张”、“大李”、“小孙”等等。

三是只呼其名，不称其姓。通常是上级称呼下级，长辈称呼晚辈，老师称呼学生。在同学、亲友、邻里之间也可以使用这种称呼。

还有一种比较特殊的姓名称谓，就是“姓＋老”、“名＋老”，只能用于称呼年长且德高望众的尊者，比如尊称季羡林先生为“季老”，尊称赵朴初先生为“朴初老”等等，一般的社交场合应慎用。

（三）职业称谓

对一些职业特征比较明确的人群通常称其职业，如在医院称“李大夫”、“王医生”，从事法律工作的称“张法官”、“陈警官”“王律师”，新闻单位工作人员通常称“李记者”、“王编辑”，学校工作人员称“张老师”、“王教授”等等。

（四）职称称谓

在专业技术岗位工作的人有业务职称的，在工作和交往中可直接称呼对方的职称，例如“刘教授”、“张工程师”等。

（五）职务称呼

对国家干部和有明确职衔的人通常称其职务，如“陈书记”、“刘校长”、“王主任”、“梁总”、“赵部长”等等。

（六）亲属称谓

中国是一个重视宗族血缘关系的国度，在生活中或非正式场合与某些非亲属但又比较熟悉的人士交往，若以亲属称谓称呼对方能给人亲近敬重之感，缩短交往之间的心理距离。如王姨、李姐、王兄（哥）、老弟、张伯伯、赵叔叔等等。

总之我们可以看到，称谓的使用除了遵循礼貌原则之外，更要依场合、身份、关系的不同而灵活把握。就普遍性来讲，需要注意的有以下几个问题：

第一，就高不就低。例如对于职称和职务称呼来讲，副经理、副校长、副教授中的“副”在称呼时不要时时体现出来。

二，不要变专称为泛称。教师、律师、记者、会计、医生、法官等职业有其职业称呼，如果猛不丁有人称呼他（她）“大爷”、“大妈”、“师傅”等，会令他（她）很不习惯。

第三，不要变褒称为贬称。如将“老同志”改为“老头子”，将“老人家”、“老师傅”改为“老东西”、“老家伙”，那是极其失礼的。

第四，不用“的”字结构，应更加明确称呼主体。例如，“穿红上衣的，起立。”“穿红上衣的那位同学，请起立。”这两种称呼方式，哪一种更为尊重，哪一种有失礼貌，是一目了然的。

第五，注意场合、对象。在正式场合中或对不熟悉的人不要随意称呼其绰号，不要随便称兄道弟，任何时候都不要以别人的生理缺陷进行谩骂性的称呼。

第六，不要随意简化，注意约定俗成。如“张局长”可以简化为“张局”、“刘工程师”可以简化为“刘工”，而“李书记”就不能简化为“李书”、“赵教授”就不能简化为“赵教”。

二、握手礼仪

在社交场合中，无论是初次见面还是旧友重逢，总要使用一定的见面礼以表寒暄之意，握手礼就是一种世界通行的见面礼节。

握手礼主要注意四个要素：次序、姿态、力度、时间。

握手礼遵循的次序原则为“尊者享有主动权”。

一般情况下，有男士有女士，女士先伸手；

有上级有下级，上级先伸手；

有长者有年轻人，长者先伸手；

有主人有宾客，主人先伸手。

社交场合中，如果不明确对方的身份地位，切不可为了显示自己的“热情”而贸然伸手，否则难免会带来尴尬。

握手的姿势要求是：

行握手礼时，距离受礼者约一步距离，身体直立，上身前倾，目光平视对方，面带微笑，伸出右手，四指并拢，拇指与四指分开，与受礼者相握，并轻轻上下微摆二三下，同时伴以适当的寒暄语，礼毕即分开。在具体握法上，男士与男士则虎口相对握手掌，男士与女士则男士握女士的手指，女士与女士则手指相握。

握手力度应适中：

不要过轻过重，尤其需要注意的是男士与女士握手时，不可握得太实太满，手掌轻握对方手指即可，否则显得鲁莽失态。

在时间上一般 3～5 秒钟比较合适（即上下轻摆二至三下所需时间），过短显得冷淡骄傲，过长则显得无分寸。

常见问题：

握手礼虽然简单，但想把它做得完美也不是一件易事。常见的错误可归纳为以下三方面，须注意避免：

1. 手位问题

手掌朝上、使用左手、交叉握手等。

2. 反应问题

坐着握手、强行握手、拒绝握手、戴手套握、手部不洁或潮湿、过度热情等。

3. 身体配合问题

另一只手插进口袋或把玩东西、不摘墨镜、目光游移、面无表情、握过之后擦手等。

三、鞠躬礼仪

即弯身行礼，适用于较隆重的、正式的场合，用于晚辈对长辈、学生对老师、主持人对观众、演讲者对听众等。

行鞠躬礼时，身体应呈标准站姿，女士双手可放腹前，男士双手紧贴裤线，身体上部向前弯曲成一定角度（15～90 度，鞠躬越深则表示敬意越浓），然后恢复直立原状。表情自然，视线随头部移动，落在对方脚尖部位，然后恢复平视，动作速度应适中或稍慢。（图示）

需要注意的是，不要一面鞠躬，一面试图翻起眼睛看对方，也不要看其他人或地方。如果戴着帽子或墨镜时，都应该将之摘下，以显示诚意。

表示致意，用于一般的服务性问候

表示向对方敬礼，常用于重要活动、重要场合的问候

表示向对方深度敬礼或道歉，常用于中国传统的婚礼、追悼会等正式礼仪

四、致意礼

致意礼是朋友、熟人之间在相距较远或不宜多谈的场合用动作相互问候的礼节。

致意的基本规则是：

晚辈先向长辈致意，学生先向老师致意，职位低者先向职位高者致意，男士先向女士致意，未婚者先向已婚者致意。

遇到别人向自己首先致意，都必须马上回敬对方，绝不可置之不理。

当然，在实际交往中绝不应拘泥于以上的顺序原则。长者、上司为了倡导礼仪规范，为了展示自己平易、随和，主动向晚辈、下级致意会更显其人格魅力。女士在遇到长辈、老师、上司和特别敬佩的人以及见到一群朋友时，也要先向对方致意。

致意的方式多种多样，在我国较常用的有三种：

一是举手致意：在公共场合远距离遇到相识的人，或者不便打招呼的场合，一般是抬起右臂，向前方伸直，以腕关节为轴，轻轻摆摆手或挥挥帽即可。

二是点头致意，大多适用于不宜交谈的场合，见到朋友时，可以在目光相遇的时刻互相会意地点一下头。

三是欠身致意，致意者可以站着也可以坐着，在目视被致意者的同时，微微起身或身体前倾，以表示对对方的尊敬之意。

相互致意时要注意仪态文雅，不要一面致意一面高声叫喊，也不要一手致意一手插在衣裤兜里，嘴里叼着香烟致意更是不礼貌的。

五、介绍与名片礼仪

人际交往开始于介绍，准确的介绍是说明自己、了解别人、推介朋友的社交手段，而适当地使用名片，则可以起到事半功倍的效果。

（一）自我介绍礼仪

介绍分自我介绍和第三方介绍。

自我介绍应简明扼要地报出个人信息，总体上包括姓名、籍贯、职业、职务、工作单位或住址、毕业学校、经历、特长或兴趣等。

当然，在具体的自我介绍时应根据实际需要来决定介绍的繁简，不一定把上述内容逐一说出。

报出的信息一定是真实可信的，模糊不清，含糊其词是不礼貌的。

在长者和尊者面前，语气要谦恭，在平辈面前，语气要明快直接。

同时，要注意体姿和表情的配合，以友好、真诚的目光，自信和蔼的笑容，文明大方的体态来表达自己的诚意、友善和希望与大家相识的意愿。

对于对方的自我介绍，一定要牢记相关信息，这一点至关重要，这不仅是一种礼仪，也是为了开启下面的顺利交谈。如果没有记住对方的名姓，与人家交谈时再次向人家询问，是很不好开口的，也是很不符合礼节的。

（二）第三方介绍礼仪

社交场合互不相识的人，常常是通过第三方的介绍使之相互认识并交谈。每个人都有可能充当介绍人，我们称之为第三方介绍。

第三方介绍应遵循以下基本礼仪原则：

第一，在向他人介绍时，首先了解对方是否有结识的愿望，最好不要向一位有身份的人介绍他不愿认识的人。

第二，注意介绍次序。按国际惯例，应该先把年轻者介绍给年长者；先把身份、地位低者介绍给身份、地位高者；先把年龄、职务相当的男士介绍给女士；先把未婚者介绍给已婚者；先把客人介绍给主人；先把晚到者介绍给早到者；先把与自己关系亲近者介绍给与自己关系疏远者；先把儿童介绍给成人，把个人介绍给集体。

出于礼貌，自己的家人身份再高，年龄再长，也应该先把他们介绍给客人，例如，“小周，这是我的父亲。”

总之，为他人介绍时，应遵守“先向尊者介绍”的原则。

先把男士介绍给女士

先把客人介绍给主人

第三，介绍用语：介绍人作介绍时，应多使用敬辞。在较正式场合，介绍词也较郑重，一般以“×××，请允许我向您介绍……”的方式。如“王老师，请允许我为您介绍李刚同学……”“张校长，请让我为您介绍一下，这是××学校的王老师”。在不十分正式的场合可随便些，可用“让我介绍一下”或“我来介绍一下”、“这位是……”的句式。介绍时，应清晰地说出得体的称谓，有时还可用些简短的形容词来介绍对方。

第四，介绍时注意运用手势和表情，除年长者或位尊者外，被介绍双方最好站起来点头致意或握手致意，同时说“您好，认识您很高兴”，或“真荣幸能认识您”等得体的礼貌语言。

第五，介绍的信息量要适中，把被介绍双方的姓名、单位、身份等基本信息介绍出来，能让双方攀谈即可，切忌信息量过大或过小。比如，“老王，这位是一中的刘校长，一把手，以后有事尽管找他”，这样的介绍属于信息量过大。

（三）名片礼仪

介绍中除了语言表述以外，也常借助于名片作为辅助手段，以留下深刻印象便于联系。名片是一个人身份、地位的代表，早在我国西汉时期，人们将姓名刻于竹简木片上，用以通报姓名，称作谒，东汉时期称作名刺，这实际上是早期的名片。后来有了白纸，使用纸片，称作名帖或帖

子。现代人际交往中，名片因其简便、灵活、文明，已成为最为普及的自我介绍媒介。

1. 递送名片的礼仪

递送名片时，一般应是站立姿态，面带微笑，正视对方，将名片正面朝向对方，如果是单方递送，则要用双手的拇指和食指分别捏住名片上端的两角恭敬地送到对方手中；如果是双方互相递送，则用右手递，左手接。如果是坐着，应起身或欠身递送，递送时可以说一些“我叫××，这是我的名片”，或“请多关照”之类的客气话，名片一定要递交到对方手中，不要将之顺手放在桌上或他处。

2. 接受名片的礼仪

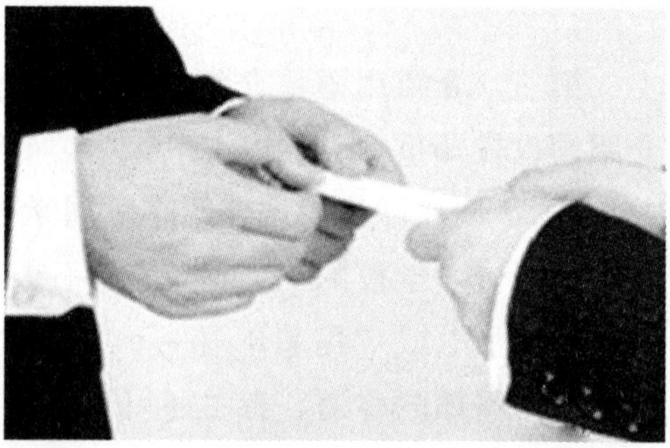

接受名片时也应该是站立姿态，如果是坐着，也要起身或欠身，面带微笑双手恭敬地接过名片并说声“谢谢”，“能得到您的名片十分荣幸”，“久仰大名”等等礼节性的话。

接过名片后，要认真地确认对方的姓名和职务。一定要养成这种习惯，否则在谈话中说错了对方的姓名或职务便会失礼。如果名片上有较生僻的字，要非常正式、客气地请教对方，随后当面郑重其事地将他（她）的名片放入自已的名片盒（夹）中，千万不要随意乱放，比如不要随手放在桌子或装在裤子口袋里，不要在手中把玩，不要在上面乱写乱画，不要当着名片主人的面将名片转送他人。

有时，您想得到对方名片而对方并无意给您，也不要直截了当的以命令口气索要，而应该以征询的口吻说：“如果没有什么不方便的话，请给我一张名片好吗?”

通常，他人向您索要名片不应该拒绝。假如真无意送给对方，应婉言相拒，比如，“对不起，我忘记带了”，“对不起，我的名片用完了”等，千万不能以生冷的态度说“我没有”。

名片除了用于自我介绍和相互介绍之外，还有许多用途，如当您进入办公室发现办公桌上有一张左角内摺的名片，它表示名片主人曾亲自来访但您不在（亲访不遇），便留下一张名片以表示正式拜访之意；赠送礼品时，附上一张名片，名片又起着礼单的作用，等等。

第二节　宾主礼仪

一、礼宾礼仪

礼宾时主要有三点需要格外注意：一是以右为尊的礼宾原则，二是妥当的礼宾次序，三是对等接待。

（一）礼宾原则：以右为尊

在各种类型的国际交往中，大到国家领导人会谈、政治磋商、公关谈判、商务往来、文化交流、体育比赛，小到私人接触、社交应酬等，但凡有必要确定并排列位次（尊卑主次）时，尊右原则是普遍适用的。例如：二人并坐，右者为尊；三人并坐，中者为尊，其右者为次，左者为再次；

照合影时，主人居中，其右为第一主宾，左为第二主宾；再一右一左，穿插而排；排在最两边者为主方。

国旗悬挂时，以国旗的面向为准，客方国旗悬挂于右，东道国国旗悬挂于左，以示对来访国的尊重。

总之，以右为尊、为上、为大，是国际礼仪中的重要原则，也是人际交往中的常用礼仪。但是，我国的政务会议是一个特殊，它是遵循以“左”为尊的原则安排座次，本章开头案例情景中的小刘就忽略了这一常识。对礼宾原则的实际运用，在本章第五节“空间礼仪”有具体举例，此处不详述。

（二）礼宾次序

所谓礼宾次序，是指国际国内交往活动对出席活动的国家、团体、或个人的位次按照某些规则和惯例进行排列的先后次序。通常来说，礼宾次序体现着东道主对所有宾客所给予的礼遇，而在某些国际性的集会上，则表示着各国主权平等的地位。礼宾次序如果安排不妥，则会引起不必要的争执，甚至会影响国家之间的关系。

礼宾次序的排列方法通常有如下三种：

1. 按来宾的身份和职务高低顺序排列。

2. 按参加国国名的英文字母先后顺序排列。

3. 按代表团抵达的时间先后排列。

需要说明的是，在实际工作中，情况往往是复杂的，不能只按一种方法进行排列，而应几种方法综合考虑，尽量做到万无一失。

（三）对等接待原则

对等接待是指作为主方，在接待宾客时，应视主宾的身份、地位并兼顾活动的性质、目的和宾主关系而安排相对应的接待规格。也就是说，要在食宿安排、车辆安排、陪同人员的性别、身份、职位、人数安排等等的规格和规模上，符合客人的身份、地位等，使其受到应有的礼遇。

二、拜访与接待礼仪

拜访与待客是人们在社会交往中常用以扩大联系、调节生活、开阔视野、互通信息的交际方式。结识新朋友，拜望老朋友，闲暇时呼朋唤友来聚会，品茗聊天，情趣盎然，相知更深，友情益浓。

有这样一件事情：小张刚刚参加工作，得到了教研组长李老师的许多帮助，他心里非常感谢李老师。小张和李老师约好了周日下午三点钟去李老师家拜访，谈谈工作顺便也表示感谢。到了周日，小张抑制不住激动，一点多钟就来到了李老师家。敲了半天门李老师才睡眼惺忪地来开门，小张这才觉出来自己来得太早，打扰李老师午休了。进了门，小张大咧咧地把自己带的礼物——一袋葡萄扔在了茶几上，有几颗葡萄滚了出来在地上乱转。李老师准备茶水的时候，小张在房间随处转了转，好奇地“参观”了一番。喝着茶水，吃着水果，和李老师聊着工作，这一下午小张觉得很愉快，快六点了还恋恋不舍。李老师提议留下来吃饭，小张这才急急忙忙告辞回家。送走小张，李老师心想：看来以后要教他的事还有很多啊！

（一）拜访的基本礼仪：客随主便

做客有不同情况：初次登门拜访、老朋友串串门、应邀聚会、有事求助于人等等，因而礼节也稍有不同。不过无论何种情况，作为客人的身份都一样，都要为主人着想，客随主便，少给主人带来不便，久而久之也形成了一些大致相同的礼节。

1. 有约在先，不做不速之客

一般来说，访问某人，应事先预约，选择好时间，这样最合礼貌。不速之客有无端打扰之嫌，常常影响主人休息或办其他事情，彼此都不方便，除非是盼望已久的亲友突然出现会给主人带来意外惊喜。如果确有急事来不及预约，那么应先道歉说明原委，征得对方同意再交谈。时间宜快，不可随意拖延。

时间选择上需注意的是，不宜在对方较忙或三餐时间，晚上不宜太迟。节假日和周末本是访问的好时机，但如果没有预约，也不要贸然前往，这些时间主人往往另有安排。公务拜访最好选择工作时间。

2. 如期而至，不做爽约之客

预约好的拜访，宾主都要守时、守约、守信。客人应准时或稍提前一会儿到达，因特殊情况不能赴约，应想办法通知对方，如果时间紧不能亲自通知对方，则先请人代劳，以后主动向对方说明情况并致歉意。无声无息地取消预约是极不礼貌的。

3. 彬彬有礼，不做冒失之客

进门时先敲门或按门铃，敲门要有节奏感，不轻不重，不急不慢，敲两三下为宜。即使门是虚掩着或开着的也不可擅自闯入，应敲一两声门并问："我可以进来吗?"经主人允许后再进入。如果开门的不是被访者，可通报自己姓名，说明预约情况。

进门后最好等要拜访的人来后再落座。如果需要较长时间等候，可先落座与接待者交谈或看些报纸书刊杂志之类的读物，要拜访的人来后应起身寒暄。

对于约好的正式拜访，无论事情多急，拜访的时间多紧，在门口也只能寒暄问候，不要谈正题，入室落座后再谈，否则会给对方留下不成熟的印象。

如果是到家中拜访，要在门口换好拖鞋，见到其家人应问好致意，不打招呼是失礼的。拜访时，尽量不带小孩，带小孩拜访会给对方带来许多麻烦，如果必须要带，则事先要教育好小孩懂礼貌，懂规矩。

4. 举止稳重、谈吐文雅，不做粗俗之客

如果带有礼品或因下雨带有雨具，应按照主人指定的位置放好，如果主人没有指定位置，也要征询主人意见放置，千万不能乱扔乱放。自己随身携带的手包、大衣等也应征求主人的意见妥善放置，不应破坏主人精心准备的整洁的环境。

常言道“无事不登三宝殿”，拜访都是有目的性的，所以要谨思巧言：与主人说什么，说到什么程度，怎样说，一定要做到心中有数，避免“信天游”，啰嗦了半天，目的也没有达到，倒让主人产生反感。同时，谈话要简明扼要，少说消极、沉闷的话。交谈中对主人的家庭情况作一些一般性了解以示关心即可，如果反复盘问，变成打探对方，就显粗鲁无礼了。

要本分做客。进入主人居所，不宜四处参观，不宜东张西望，可对主人家的装修摆设适当赞美，但不要妄加点评。尤其不要随便走进主人的卧室，除非主人主动邀请。

5. 真诚道谢，不做无礼之客

主人敬茶或糖果等小食品时，应起身或欠身双手接过，并说声“谢谢”。若敬烟，应有礼貌的婉言谢绝。各样食品应尽量品尝一番，不要视若无物，那样显得很拘束，也显得彼此关系生疏。

6. 适时告辞，不做难辞之客

把握谈话时间，有话则长，无话则短，把事情说明白了，找个词如“不打搅了”等就可以结束谈话。或者是在又有新客人到来时，与新客人寒暄之后也可提出告辞。或者见到对方有结束谈话的暗示，比如沉默不语或伸懒腰，或打哈欠，或频频改变坐姿，或东张西望，或因有别的事情又不好直说而不时的看表，就赶快结束谈话，否则，只会增加对方反感，影响谈话效果。

如果是某种原因需要留宿，以下几点应该特别注意：

首先明确告诉主人需要留住的时间，居住期间可能安排的活动计划、要主人提供哪些帮助等；

其次，如果是住在主人家里，要注意个人卫生习惯，衣着、仪容、仪表要整洁端庄，主动向主人提出洗漱，搞好个人卫生，最好带齐自己的毛巾、牙刷等日用品，让主人安排这些不合适；适当带些礼品，如果居住时间较长，居住期间应适当采买一些蔬菜食品之类的物品；尽量帮助主人干些力所能及的家务，饮食起居应该尊重主人的习惯，遵循客随主便的原则。

俗话说：“客不走，主不安”，不是特殊情况，留宿日期不应延长，即使主人热情挽留也要及时离去。

（二）接待的基本礼节：主随客便

“有朋自远方来，不亦乐乎”。作为接待方，对来客，不管是预约好的，还是不速之客，都要热情接待，文明礼貌。

1. 细心安排，提早预备

对于预约的来客，应在预约的时间之前做好准备，会客厅收拾干净，乱七八糟显然是失礼于客。客厅最好放些报刊杂志之类的书籍，供客人等候时翻阅，并适当备些茶点、水果以表达热情好客之意。如果自己临时遇急，可吩咐同事/家人代为接待。

不速之客大都有不得已的理由，亦应得到体谅。不速之客来访时，如果自己衣冠不整，那么先为客人让座，致歉后回房间整衣，然后再出来接待，穿睡衣接待客人是不礼貌的。如果客厅比较散乱，客人到后表示歉意并稍整理一下客人的座位即可，不要忙乱地收拾房间，那会让客人感到尴尬，亦有逐客之嫌。

确认来访者的名姓、身份、目的和要找的人等基本信息后，进行得体的交谈。比如是来借用物品或查阅资料，则要审慎处理，不是什么重要的又能自己做主的当场答应也行，自己做不了主的可委婉地说明理由并致歉意，等主管的人回来后再作决定。

2. 热情接待，礼节周到

迎客：客人来访时，不论职位高低，什么目的，是否熟悉，都应热情相迎，以礼相待。主动为客人放好他们脱下的衣帽，必要时向同事/家人介绍。同事/家人应该向客人致意，热情问候，不必打招呼的就应回避。

让座：为客人让座，搬动椅子时应双手扶好椅背，把椅子提起放在适合的位置，轻轻放下，并说声“您请坐”，不要一只手拉动椅背在地上滑动。主人须待所有客人都坐下后，自己方才落座。

敬茶：中国人以茶待客也是颇有讲究的。给客人沏茶，首先把杯子洗净，杯盖、暖壶盖应反放，不要用手取茶。要注意“浅茶满酒”的礼节，即一般斟茶时不要满杯，以七、八成满即可，而斟酒时则应斟满酒杯。有把手的茶具，敬茶时应轻轻将杯把儿转向客人右手（或左手）的一侧，以便客人饮用。若客人是长辈或领导、师长，敬茶时应一手扶杯，一手托杯底双手敬上，平辈或晚辈可随意些。

交谈：与客人交谈，要注意倾听客人的讲述，不随便打断对方的讲话，对重要的地方可以附和或询问。运用得体的体态语言来加强交谈的效果。交谈过程中，应不时邀请客人吃水果、喝茶，但要注意邀请语气和分寸，不得体地频繁地邀请喝茶会让客人感到是催他离去。与客人交谈当中，如果又有其他客人来访，主人应主动替双方作介绍，介绍顺序遵从介绍礼仪。主人对到来的所有客人应一视同仁，对其中某一位过分亲密，会引起其他客人的不快或误会。

留客：客人提出告辞时，主人先说些挽留的话，如果恰好是吃饭时间，则留客人用餐；如果是远道而来，还要提前安排回程事宜，需要留宿者，安排好住宿。待确认对方的确无意逗留时再送客。

3. 礼貌送客，善始善终

懂礼节的客人都明白，不能无时间限制地逗留，“泡”着不走的客人是不受欢迎的。

送客人时，一定要等客人先起身以后主人再起身，同时，在场者也应礼貌地起身或欠身道别。

迎客主人在前，送客主人在后。

开门时，如果是在办公室或家里，可让客人自己开门，主人开门似乎在下逐客令；但在宾馆饭店等有服务人员的场所，是不会让客人自己开门的，而由专人负责开门。

送一般客人，比如同辈、晚辈或常客，送到门外、或电梯口、或楼道口即可。若是老年人、上级领导、重要客人、远道而来的客人、女士或初次拜访者，则应送至楼下或庭院外，即使是高层楼房也应送至楼下。如果有需要，还应把客人送至机场、火车站、汽车站、码头等地点，去乘坐飞机、火车、汽车，或轮船。

目送客人走出视线以外，客人回头相看时，可挥手或点头微笑致意。需要注意的是，当客人还在门口尚未离开时不能急于开始与家人聊天，也不要刚送至门口就转身关门，设若客人刚一出门，就听到背后“砰”地一声关上门，会让客人心里很不舒服，误以为自己并不受欢迎，主人以此来下逐客令，而主人自己所有的热情接待都会因此泡汤了。

第三节　馈赠礼仪

中国人讲究礼尚往来，在这个过程中，施礼和受礼双方增进了解，加深感情，保持不间断的联系，其中，礼品馈赠就是一个常用的形式。

馈赠看似简单，实则颇有学问；看似复杂，实则又有窍门。那么，遵照以下做法，既能显示赠礼者的真情实意，又能显示其聪明智慧和办事得体；既能使受赠者坦然愉快地接受，避免其尴尬无措，又能化繁为简，化难为易，收到事半功倍、双方皆大欢喜的效果。

一、馈赠原则

（一）以赠传情，以赠富情

“千里送鹅毛”的故事妇孺皆知，其中寄寓着“礼轻情谊重”的深刻内蕴，这一千古美谈充分体现了馈赠的本质，成为馈赠礼仪的首要原则。同时，作为赠礼一方，应以“施恩不望报”为出发点，受赠一方则以“受人财不以为富”为准则，使馈赠行为真正成为传情、富情、格调高雅的礼仪行为。

（二）礼尚往来，施受相与

“往来互动”是礼仪的基本原则之一，也应当成为馈赠礼仪的基本原则。《礼记》讲：“礼尚往来，往而不来非礼也，来而不往亦非礼也。”有来有往，施受相与，投之以桃，报之以礼，才能使双方有情有礼，交往长久。

（三）遵纪守法，文明馈赠

在馈赠礼仪中，应体现出高度的社会主义核心价值观，保持健康积极、文明向上的心态，轻物质重精神，轻礼品重情义。切忌不顾国家法律法规，以功利为目的，以行贿为手段，将本来美好的馈赠行为变成违法乱纪、害人害己的贿赂行为。要坚守礼仪“敬人尊己”的本质内涵，使礼仪之花盛开得更加美丽灿烂。

二、馈赠礼仪的六要素

一般来说，得体的馈赠要考虑六个方面的要素，可用“6 个 W”表示，即：

Who（送给谁）——馈赠对象

Why（为什么送）——馈赠目的

What（送什么）——馈赠内容

When（何时送）——馈赠时机

Where（哪里送）——馈赠场合

How（如何送）——馈赠方式

这六个要素要综合考虑，统筹设计，方能使馈赠活动相辅相成，相得益彰。

三、赠送礼仪

根据馈赠礼仪六要素，可以遵照以下礼仪进行馈赠活动。

（一）给谁赠礼：根据受赠者选择适合的礼品

受赠者的性别、年龄、性格、兴趣、爱好、文化程度、身份、地位、国别、民族、个人禁忌等不同，决定对礼品的需要与选择也各异。

比如，对年长者，可多考虑礼品的实用性及其关照意义，对青少年儿童，则多考虑礼品的时尚性及其激励意义；对文化层次较高的人，多考虑礼品的高雅性及其象征意义，而对文化层次较浅的人，则多考虑礼品的日常所需性及其应用意义；对外国人，要照顾其所在国家的风俗习惯，对少数民族，要多考虑其民族礼仪要素；同性朋友选择礼品的范围较大，异性朋友一般不送贴身用品。

受赠者的个人禁忌也是不可小觑的，赠送礼品时一定要充分考虑，这里举出三种：

一是个人隐私禁忌：比如受赠者有生理缺陷，在为他选择礼品时注意避开与之生理缺陷有关的物品；

二是宗教禁忌，比如穆斯林对酒和大肉的禁忌；

三是风俗禁忌，如菊花在西方一些国家被认为与死亡相联，只能在墓地或灵前使用，而在日本却是皇室的专用花；大象是泰国、缅甸等地的吉祥物，而在英法等国却视其为蠢笨动物；西方人视数字“13”为不祥之兆，日本人将“9”与强盗联系在一起，等等。

总之，禁忌是礼品选择时非常重要的考虑因素。

同时，赠送者与受赠者之间的关系也有远近亲疏之别，礼品选择时也应充分照顾这方面的差异。关系亲近者、熟悉者，可以是简单实用为原则，重礼品的质，不必太在乎其包装与形式；关系较疏者、初相识者，则以纪念性、礼节性为原则，礼品重质，还要讲究其包装形式的精致美观。

总之，“投其所好”是最好的礼品选择标准。

（二）送什么礼品：根据馈赠目的选择适合的礼品

馈赠可分为公务馈赠和私人馈赠。无论公务性质还是私人之间，馈赠都有其相应的目的性，在礼品选择时，这是必须考虑的内容。其共同性在于：二者都是以沟通感情、巩固友谊为目的，或者以建立联系、借以交往为目的，或者以酬谢、回赠为目的，或者以表示慰问、关怀为目的等。但二者又有所区别：公务馈赠更多带有公关性质，为本组织利益的最大化、事业的顺利开展服务；而私人馈赠则更多体现"礼尚往来"的互动原则。目的不同，礼品则异，综上，在礼品选择时，一定要充分考虑馈赠目的，才能真正收到"礼到心意到"的效果。反之，费了力，花了钱，却遭对方误会，或者拒绝，这样的馈赠必是失败的馈赠。

可作馈赠礼品的物品林林总总，举不胜举：比如有生活类的，有工艺类的，有文化类的，有电子类的，等等，在具体选择时，可根据馈赠对象、馈赠目的，参照以下所列礼品类别进行选择：

一是纪念性，二是独特性，三是针对性，四是时尚性，五是民族性，六是地方性，七是便携性，八是公关性，九是商务性，十是急需性。

需要指出的是，涉外馈赠中有一些特殊规定，比如，不送一定数额的现金、有价证券；不送天然珠宝、贵重金属饰物及其他制成品；不送药品、补品、保健品；不送广告性宣传性的礼品；不送冒犯受赠者的礼品；不送易于引起异性误会的物品；不涉及国家机密、行业秘密的物品等，在对外交往时一定要严格遵守这些规定。

（三）怎样送礼：根据时机、场合选择赠礼方式

馈赠时应谨记：时间贵在及时，机会贵在适宜，场合贵在合适，方式贵在得体。

从时机上讲，中国人历来讲究"雨中送伞"、"雪中送炭"，只有在最需要的时候得到的赠礼才是最珍贵的，最难忘记的，这就要求充分把握赠礼的时机，做到时间上要及时，机会上要适宜。超前或滞后、机会把握不当都达不到赠礼目的。大到国际间的救助、政府对灾民的抚恤、社会组织之间的往来，小到个人之间的馈赠，都应恰当选择合适的、有意义的机会。比如地震、冰雹、雪崩、海啸、台风等自然灾害对某国某地带来灾难，节日假日、开业庆典、纪念周年、婚丧嫁娶、病人住院等需要馈赠，这些都是合适的馈赠时机。对师生来说，在学生比赛获奖、考试成功，老师适时奖励学生书籍纸笔或奖金；或者学生家中遇急，向学校求助，学校给予人道主义的帮助，这些特殊的时机特殊的赠品都会让受赠者终身难忘。

从场合上讲，也是十分讲究的。馈赠场合指馈赠的具体地点和环境。场合可分为公务场合和私人场合，赠送时，要根据礼品的轻重、赠送目的选择合适的场所。一般而言，公务赠送应选择在办公地点或会客地点，私人赠送选择在受赠者家中更为适宜。

同时，有些细节需要提起注意，比如：

那些出于酬谢或有特殊目的赠送，一般不宜在公共场所当众赠送；

当众只给一群人中的某一个人赠礼是不合适的；

给关系密切的人赠礼也不宜在公开场合进行，只有那些表示特殊感情、又不被众人误解的特殊礼品，方可当众赠送，比如一本励志书，一份有意义的纪念品，等等。

从赠礼方式上讲，大体有三种：

一是亲自赠送，二是托人转送，三是邮寄托运。

赠送方式取决于受赠对象、赠送目的和赠送时机等因素。一般来说，亲自赠送是最能表情达意的，若有不便可选择托人转送，若是路途远隔，可选择邮寄或托运。现代社会还可以选择便捷新颖的网上赠送。

（四）几点注意事项

1. 仪态大方，从容自然

当面赠送礼品时，应起身站立，面带笑意，目视对方，双手递送，不慌不忙，自然从容，表达出应有的尊敬之意。那种悄悄地将礼品置于桌子底下，或房间某个角落的做法，不仅达不到赠送效果，相反倒显得有些见不得人，宾主都不满意。

2. 语言得体，简短明了

赠送时，以自谦口吻请对方收下，如可以使用“略表心意，请笑纳”，“不成敬意”，“一点心意，希望您喜欢”等礼貌语言。在介绍礼品时，应以简短为宜，向对方说明赠送意图，及相应的礼品解释即可，不必过分渲染礼品的实际价格、自己如何费心费力挑选等，那样只会让对方有一种愧疚感甚至厌烦感。

3. 礼品包装精致美观

精美的包装本身就意味着对受赠者的尊重。正式的礼品都应精心选择包装，让对方有一种“一见钟情”的愉悦感，尤其是赠送给尊者、初相识者、外国朋友的礼品，在包装上更应讲究。

礼品包装主要考虑其材料、颜色、大小、图案造型、文字符号等，首先要符合相关法规；其次要符合受赠者的习俗、喜好、各种禁忌；此外，若是以邮寄、托运方式赠送，应随礼品附上赠送者的名片，或手写短札，或电话告知对方，以使受赠者心中有数，愉快接受。

四、受赠礼仪

作为受赠者，在接受赠送时，做到心态坦然，欣然接受，受礼有方，真诚致谢。一般而言，只要不是贿赂性的礼品、有违党纪国法的礼品，接受时不必过分推让，忸怩作态，要恰当理解赠礼的重情重义方面的蕴涵及赠送者的美意，以落落大方的姿态和愉快的心情，笑容满面地起身相接，并当面表示赞赏、喜欢，这是对赠送者最好的安慰和奖励。按照国际惯例，受礼后一般是当面打开包装，细细欣赏，并予以赞美和感谢，我们国内较为含蓄，常常不当面打开，等赠送者离开后才拆开观看。但随着改革开放，现代礼仪与国际礼仪的越来越接轨，国人也习惯并接受了这一礼仪形式。在接受赠礼后，要在恰当时机予以礼品回赠，表达应有的礼貌，体现“礼尚往来”的互动性。

五、教师馈赠礼仪

作为教师，在赠送和接受礼品时，应遵守相应的馈赠礼仪规范，同时又表现出教师职业与身份的特点。

按照规定，老师是绝对不可以收受学生及家长赠送的贵重礼物的，然而具体情况还要随机应变。比如教师节、母亲节、父亲节、妇女节、圣诞节、元旦等节日里，学生送老师一束花、一张贺卡、一个苹果、一个相框、一个钥匙链等物美价廉的小礼品，表达学生知书达礼和对老师的敬意，面对这样充满感情而又不会花费太多金钱的礼物，教师可以坦然收下，并对学生表示感谢。而面对学生家长赠送的贵重礼品甚至金钱，教师则应断然拒绝。俗话说，“人情都是债”，受人重礼何以报？有的老师就以对该学生的偏爱来表示回报，如按家长要求给孩子安排好的座位、“开小灶”、当班干部、当三好学生、加分等等，对家长一点点地让步迁就，不久引来其他学生的极大意见，甚至被投诉而受到批评甚至处分，从而降低自己在学生中的尊严和威信。

老师与领导与同事之间，遇重大节日、逢年过节、婚丧嫁娶、升职获奖、乔迁新居等事情，相互之间必要的祝贺、酬谢、回赠等人情往来是必不可少的。但学校是知识分子相对集中的地方，尤其是大学校园可谓小社会，人际关系看似简单，实则复杂微妙。同事就是同事，不要建立太多的私人小圈子，频繁地送来送去，日久必会生隙。同事之间、与领导之间多以交流思想、切磋学问、教育学生为主，即使彼此互有礼品馈赠，也以文具、茶叶水具、书籍画册、书法墨宝等文化类用品为宜，“君子之交淡如水”就带此意。

六、花卉礼仪

在馈赠礼仪中，花卉礼仪是很重要的一项内容。

目前，花卉以其丰富的审美内蕴和象征意义已成为现代人际交往中高雅、时尚的礼品。探亲访友、朋友祝福、节日庆祝、庆典仪式、日常生活、公关往来，无论是国内的还是国外的，人们常常以花为媒，传情达意，体现出现代人的文明、时尚的追求，这就是花卉礼仪。

（一）花卉的象征意义

花卉品种难计其数，姹紫嫣红，争奇斗艳，或清香，或馥郁。由于民族、地区、文化背景和习俗的不同，人们对同一种花卉的理解也存在着差异，这样一来，花卉就被赋予了特定象征意义，只适合于特定的日子、特定的场合和特定的人。因此，了解花卉的象征意义是花卉礼仪的第一要件。

礼仪花卉品种繁多，举不胜举，这里只简要介绍几种国际通用花和我国的十大名花。

1. 玫瑰与月季

二者同属蔷薇科，为落叶灌木，其花形花色极其相近，好像一对双胞胎，被称为姊妹花。二者的主要区别是：玫瑰叶皱而有刺，故曰刺玫，花形较小；月季叶平无刺，花形较大。据资料记载，玫瑰花是欧美人从我国引进月季后，经过与蔷薇杂交而培育出的新品种，我国把玫瑰花称作现代月季。

玫瑰被世人公认为“爱情之花”。传说古波斯有一位青年，为了表达对情人的一往情深，用自己的鲜血将白玫瑰染红，送给了心爱的姑娘，终于打动了姑娘的芳心。在古希腊神话中，玫瑰是美神的化身，又溶进了爱神的血液，成为爱与美的集合。从此以后，有情男女就互送红玫瑰以表达爱恋之情。

在用玫瑰表达爱情的习俗中，渐渐地，情人们把爱意的浓浅与玫瑰的颜色、花枝的多少进行浪漫的寓意组合，赋予玫瑰更加完美的爱情絮语。粉红色玫瑰宜送给初恋情人，含苞欲放的粉色花束传递的是初恋的羞涩；娇红盛开的玫瑰宜送给热恋中的情人；白色玫瑰象征纯洁与高雅，送给恋人别有一番韵致与情调，送给友人也更能准确的表达友谊。

在日本，“父亲节”必须送白玫瑰。在我国送一束黄玫瑰代表喜庆吉祥，而在西方则是失恋、嫉妒与伤心。所以，在国际交往中，如果要使用黄玫瑰，一定要慎重。黑玫瑰透着庄严、神秘与稳重，有人称黑玫瑰为颜色最深的红玫瑰，代表着宽广的气度和高深的气质，送一束黑玫瑰给恋人或友人，不失为一种聪明的选择。

2. 康乃馨

又名香石竹，在天主教中，被尊为“神花”。其茎叶清秀，花朵丰满，色彩艳丽，花瓣层层叠叠，象征真诚、纯洁和热烈，更是仁慈、温馨、真挚母爱的象征，是馈赠母亲、恋人、师长、亲友的礼仪用花。

康乃馨的颜色主要有粉、红、白、黄等，不同色彩具有不同的寓意。红色康乃馨再配以满天星、南天竹、花叶常春藤组成的花束，送给热恋中的情侣或新婚的夫妻，寓意热情奔放，恩恩爱爱；送给母亲，表达儿女对母爱的敬仰之情。白色康乃馨是纯洁高雅的象征，一束洁白的康乃馨代表着纯洁无悔的母爱、崇高的师德和真诚的友情。总之，康乃馨是中外各种节日如春节、三八妇女节、圣诞节、情人节、复活节、母亲节的首选礼仪花卉。特别值得一提的是康乃馨是送给母亲的最合适的花。这里也要注意，如同黄色玫瑰不受欢迎一样，黄色康乃馨也不要轻易送人，因为它带有轻蔑之意。

3. 郁金香

原产自地中海、土尔其、小亚西亚、伊朗及我国新疆，后经荷兰人民的精心培育，品种繁多，成为世界著名花卉，荷兰也因此被称为“郁金香之国”，并定为国花。郁金香在日照较强的白天绽放，在夜晚或阴天闭合，花色缤纷，鲜艳夺目，主要有粉、红、紫、白、黄、黑、双色等，庄严、华贵、美丽、纯洁、珍重是其共有的象征意义。作为礼仪用花，它适用于情侣、亲友，也适用于国际国内的公关往来。比如，用红（橙、粉）色郁金香数支、勿忘我若干、衬上绿叶扎成一个花束，在新年、春节、圣诞节这样的节日里表达对恋人的思念、问候和祝福之情；白色郁金香、天冬草组成花束，送给知心朋友，表达自己真情真爱的一生追求。

同样，黄色郁金香如同黄玫瑰、黄香石竹一样容易产生歧义，赠送时要了解对方的文化习俗，予以慎用。

4. 梅、兰、竹、菊

梅标高骨，兰挺幽芳，竹显气节，菊傲严霜。梅兰竹菊以其高洁的品格、坚贞的气节、坦荡的胸襟、清雅的幽香被誉为“花中四君子”。

梅花：距今已有三千多年的栽培史，“正月腊梅破雪出”，“一树独先天下春”。梅花在农历正月开花，每朵花大多是五个花瓣，花形较小，花团锦簇，花色为红色，花香清雅，不畏严冬，与苍松、翠柏并称为“岁寒三友”。它独步早春，预示新春吉祥。她冰肌玉骨，凌寒留香的品质是我们民族的象征，因此曾成为我国国花——牡丹的强有力的竞争对手。冬春时节，剪一支傲雪红梅送给尊敬的师长、情趣高雅的友人以表达自己的崇敬之意，友爱之情，端庄大方而富有诗意。

兰花：也称春兰、山兰、草兰等，属多年生常绿草本，花淡黄绿色，香味清淡，野生于我国南部、东部山坡林荫下。兰花有上千年栽培史，品种千余，四季兰、雪兰、墨兰、蕙兰、建兰、春兰、寒兰、报岁兰等都是兰中名品。兰花四季常青，幽香不绝，花容端庄秀美，虽生于幽谷丛林，却不与百花争妍，“山深韵自清，容得许多香”。兰花以其卓尔不群的姿色香韵和孤高芳洁的品格呈现出特有的东方情致，自古被誉为“空谷佳人”、“王者之香”、“花中君子”。文人墨客常以兰喻志，借兰抒怀，华章妙语不胜枚举。尤以屈原的“气如兰兮长不改，心若兰兮终不移”，成为诸多智者的座佑铭。

兰花是非常高雅的礼仪用花，主要适用于节庆、友情、生日、商务等场合。比如，选一盆蕙兰拜望德高望重的人；选一盆报岁兰祝贺朋友新春快乐；选一盆君子兰送给师长表达君子风度；新生入学、毕业典礼、庆典仪式、会场布置，兰花则寄意素雅清新，显示文化底韵的丰富。

竹：主要分布于长江流域、华南西南等地。竹子种类约有1200余种，我国占250余种，常见的有毛竹、紫竹、芳竹、慈竹、箬竹、淡竹、凤凰竹、茶杆竹等。竹子无香味，也不开花，开花则意味着死亡。

人们喜爱竹子，是因为竹子有君子之风，“依依似君子，无地不相宜”（刘禹锡）。郑板桥的题画诗将竹子与兰、石并称“有节有香有骨，满堂皆君子之风”。竹子虽然无花无香，但它有顽强执着的品质，历经磨炼欲加坚韧，骨气神韵令人敬佩，“咬定青山不放松，立根原在破岩中，千磨万击还坚韧，任尔东西南北风”成为郑板桥爱竹名作。

作为礼仪花木，适用于书房、会议室、宾馆、办公室等办公场合。

菊花：又名贡菊、九华、秋菊、黄花等。原产自我国，引种于全世界，距今有三千年历史，品种繁多，仅我国就有三千余种，花色有黄、白、紫、绿、双色花等，色彩纷呈，花香扑鼻。

作为“四君子”之一，菊花同样是文人墨客争诵的对象。陶渊明的“采菊东篱下，悠然见南山”赋予了它的隐者之风；毛泽东一句“战地黄花分外香”使它从容不迫；李清照“暗香盈袖”、“人比黄花瘦”，让它感染了女性的伤感之情；秋日百卉凋零，唯有菊花艳丽绽放，迎风斗霜，“宁可抱香枝头老，不随黄叶舞秋风”，这种气韵令人肃然起敬。

“不是花中偏爱菊，此花开尽更无花”，所以，菊花成为了我国一种高品味的礼仪用花。

5. 牡丹

牡丹是我国的国花。又名木芍药，原产自我国西北部，魏晋时期就有栽种记载，我国的牡丹品种有180多个，花期为每年的4—5月间，花朵较大，花色艳丽，香气袭人，姿态雍容华贵，丰满壮观。上至皇亲国戚下至黎民百姓都喜欢栽种，“唯有牡丹真国色，花开时节动京城”（刘禹锡）。牡丹被誉为“花中之王”、“国色天香”，慈禧曾在颐和园为牡丹修建了国花台。在我国，“洛阳牡丹”最为盛名，从1982年开始举办的“洛阳牡丹节”使牡丹花更成为举世闻名的花卉。

作为礼仪用花，无论是逢年过节，还是庆祝开业等庆典活动，它都是吉祥欢乐的象征。

6. 荷花、桂花、山茶花、杜鹃花、水仙花

这几种花与菊、兰、梅、牡丹、月季并列为我国十大名花。

荷花：又名莲花、芙蓉花、水华等，叶大花丽，清香飘逸，“出污泥而不染，濯清涟而不妖”，是美丽、高洁人品的象征。在我国，荷花有200余种。1993年3月31日，在第八届全国人大一次会议审议通过的《中华人民共和国澳门特别行政区基本法》中，确定澳门的区旗和区徽也用莲花为图案，表达当地人民特别崇尚莲花，以象征纯洁和高贵。

桂花：又名木樨、丹桂、岩桂等。桂花树高达十余米，枝繁叶茂，秋

季开花，花色有乳白、黄、橙、红等，芳香四溢，湖北、成都、杭州、桂林等地桂树成林。“问讯吴刚何所有，吴刚捧出桂花酒”，桂花是光荣、友好、善良的象征。

山茶花：又名茶花、曼陀罗、耐冬、山椿等。灌木或小乔木，四季常绿，冬春开花，花姿丰盈，花色绚丽，有红、白、黄、绿、紫等颜色，品种繁多，如“玉美人”、“醉杨妃”、“紫袍玉带”、“牡丹点雪”、“大红宝珠”等。山茶花有胜利、美好、永世不变的寓意。

水仙：又名雅蒜、天蒜、金盏银台、玉玲珑。养植在浅水盆中，不需要土壤，只需几粒石子、一勺清水就能生长，被称为“凌波仙子”。早春开花，花冠清白，花萼为黄，花期一般20天左右，芳香沁人。水仙花是优雅、坚强、纯洁的象征。

杜鹃花：又名映山红、满山红、山石榴。分为常绿杜鹃和落叶杜鹃两大类，800多个品种，著名的有云锦杜鹃、石岩杜鹃、锦绣杜鹃等。其花色有粉、水红、大红、白、紫、红底白边、白底蓝边，艳美无比，叠锦堆绣，香味淡雅，楚楚动人。由于多生长在高原、阴坡上，与报春花、龙胆花并称为“高原三大花卉”。杜鹃花是美好、勇敢、圣洁的象征。

（二）花卉礼仪举隅

根据花卉品种、色彩、使用场合、摆放位置等的不同，礼仪花卉的应用形式主要有：花束、花篮、插花、礼品盆花、礼品盒花、花艺装饰、迎宾花环以及丧礼上的小花、花圈等。

节庆用花：新春佳节：可选送大丽花、牡丹花、水仙花、桃花、吉庆果、金桔、状元红、吉祥果等表示吉祥。中秋佳节送上一枝桂花会更有一番情致；儿童节给小朋友送上一束多头的浅粉或淡黄色小石竹花，体现儿童的天真烂漫。

爱情用花：宜选取能带有“真挚感情”寓意的花卉，如玫瑰、郁金香、康乃馨、紫罗兰、丁香花、山茶花、蔷薇花、柠檬花、蝴蝶兰、并蒂莲、秋海棠、鸡冠花、胭脂花等。用一束秋海棠表达对所钟情的人的苦苦相思和执着的追求；而一束并蒂莲配以长春藤则祝福新婚的夫妻恩恩爱爱，白头偕老。

探视病人：多用香味清新、颜色淡雅的花，如红罂粟、野百合、兰花、玫瑰、马蹄莲、康乃馨、唐菖莆等，有利病人怡情养性，并祝他早日康复。忌送香味很浓郁、颜色过艳的花，那样容易引起病人咳嗽、刺激病人的神经，尤其对手术病人更不利；此外，还特别要注意不要送白色、蓝色、黄色的花，因为那是丧礼上常用的花色。

送别朋友：一束“勿忘我”或芍药花表达朋友间的难舍难分、依依惜别之情；也可用鸟不宿、红丁香、菟丝组成花束，鼓励对方刻苦努力，事业成功。或以杉枝（分别）、香罗勒（祝愿）和胭脂组成的花束相赠，意为“分别之际，祝愿朋友一切顺利，友情长存”；或送上一束火红的月季，或是一束石榴花，祝福朋友前程似锦。

迎接亲友：可选紫藤、月季、马蹄莲组成花束表示热情好客。

夫妻之间：可互赠合欢花，合欢花的叶子两两相对合抱，是夫妻好合的象征。

送给母亲：多选康乃馨，尤其粉颜色的；薰衣草、香水百合、玫瑰等也是送给母亲的首选礼花。母亲送给子女，可以用冬草、樱草、金钱花、凌霄花等组成花束，以表达对子女的关爱。

看望父母：可选剑兰花、康乃馨、百合花、菊花满天星等，可插成花蓝或花束，祝父母百年好和，幸福美满。

祝贺新婚：可送花色艳丽、花香浓郁的鲜花，如百合、玫瑰、牡丹、月季等表示富贵吉祥，幸福美满。

生日用花：老人祝寿，可选梅花桩景、松柏桩景、古榕桩景、银杏、大丽花、报岁兰、紫菀花、长寿花，寓意“福如东海，寿比南山”。中年人过生日选择花卉的范围较大，可选用兰花、石榴花、菊花、大丽花、水仙、牡丹、百合等；祝同辈生日，可选石榴花、象牙花、红月季等，含有青春永驻前程似锦的祝愿；青年人过生日，可选用诞生花，也可用一品红、红月季、石榴花等，它们象征着热情奔放、青春绽放。

送工商界朋友：可送杜鹃花、大丽花、常春藤等祝福其前程似锦，事业成功。

送离退休同志：可选兰花、梅花、红枫、君子兰，敬祝正气长存，保持君子的风度与胸怀。

庆贺开学、毕业，可选兰花、菊花、牡丹、君子兰、大丽花、唐菖蒲、四季桔、月季、风尾竹、巴西木等，这些花色彩不是特别鲜艳、花期较长或常青不衰，寓意吉祥如意，快乐顺利，事业长久。

丧礼上，多用白、蓝、黄颜色或素色的花，以表达惋惜和祭奠之情。切忌过分鲜艳夺目、热烈奔放。

（三）赠花、受花方式

一般来说，应该是在双方见面之时赠送，由赠花人双手将花束或花篮或花枝捧送到受花人面前，受花人也要双手相接，低头闻一闻花香，极力表示喜欢和感谢。如果是在房间，则应当场将花插在花瓶里，并摆到赠花人能够看到的位置，如果原花瓶里已有花，即使是刚刚插上的，也应该将它取出换上赠花人新送的花束。如果是在机场或是火车站、汽车站，也应尽可能的自己捧抱，或者交由身边的人代为照管。千万不能将之弃之不理，这是对赠花人的一种极端失礼的举止。

第四节　朋友之间的交往礼仪

朋友，是指彼此有交情的人，是一个人除家人之外求得生存发展和精神寄托的重要力量，也是一种十分必要的社会关系。

现在，老乡会、同学会、战友会等各种年龄段、各种目的、各种形式的聚会很多，相处得当可以增加感情，延续友谊，相处不当则会造成不快，甚至朋友翻脸。所以，朋友交往中，应该遵守相应的礼貌礼节。

一、做好人，交益友

什么样的人就会选择什么样的朋友，什么样的人就会有什么样的朋友。要想交到真正的朋友，自己首先要做一个好的人，比如，正直坦荡、忠诚可靠、信守诺言、宽宏大量、表里如一等等。

每个人都认识许多人，但能有多少人可以做成朋友呢？什么样的人又可以做成真正的朋友呢？古人云“益者三友，损者三友。友直、友谅、友多闻，益矣。友便辟，友善柔，友便佞，损矣。”我们生活在现实中，大量的生活经验和他人的例证足以让我们清楚地信服这些至理名言。

朋友是你的影子，要想交益友，自己首先做好人。

二、平等互敬，不卑不亢

真正的朋友之间应该是一种平等互敬的关系，这种平等主要是人格、尊严的平等。不同的朋友之间虽然有着民族、地区的差异，有着年龄、阅历、能力、身份、地位的不同，但若要和谐相处，友好往来，保持友谊，共同发展，必须要平等互敬，彼此关爱，相互合作，既不盛气凌人，也不卑躬屈膝。

比如，年长者、身份、地位高的朋友应该谦虚随和，在言谈话语、行为举止上保持低调和内敛，切莫摆架子摆阔气，自视清高孤傲、过分张扬，瞧不起朋友，以势压朋友。修养好的人，不会因为位尊势显而盛气凌人，不会因为有点学问而自视清高，也不会因为钱财富足而蛮横失礼，相反，会越加的彬彬有礼，谦逊和气。

比如年轻者、身份、地位低的朋友，应该既要保持对前者的敬重，又要保持内在的自信与自尊，切莫自怨自艾，愧不如人。

总之，面对强于自己的朋友不必自卑，面对不如自己的朋友不必自负，自卑或者自负都与“朋友”二字无缘，是交不到真正的朋友的。

三、有福同享，患难与共

真正的朋友应该是同甘苦共患难的：共同分享幸福与欢乐，共同分担困难与忧愁，特别是当朋友遇到困难时，应尽心尽力的给以帮助，如果自己没有能力去帮助，应对朋友作出真诚的解释，并尽力想办法找一个有能力的人或组织来帮助他。患难见真情，雪中送炭才是真朋友。

四、适当保持距离

无论是哪种关系的朋友，不论密切程度如何，最重要的是在思想、感情、道义上相互理解，相互默契，相互包容，在学习、事业上相互切磋和提高，都尽量不要介入、有意打听或过分宣扬朋友的私事，如家庭财产、夫妻感情、个人秘密等等，不要总在一起吃吃喝喝，三天一小聚，七天一大聚，不必常常粘在一起，形影不离，那样，看似亲密无间，也许感情隔膜，矛盾与磨擦也容易产生，从而伤害友情。所以，朋友之间应该注意保持一定的距离，距离是一种礼貌，距离产生魅力。

五、相互欣赏，不吝批评

有一首诗是这样写的：“朋友是琴，演奏一生的美妙；朋友是茶，品味一生的清香；朋友是笔，写出一生的幸福和快乐；朋友是歌，唱出一辈子的温馨与祝福。”每个人，无论年龄大小，职位高低，都愿意听到别人的赞美与鼓励，朋友相处也是如此，相互多看对方的长处，既是对对朋友的尊重与欣赏，又显示了自己的谦恭与豁达。

同时，真正的朋友之间也不是一味唱赞歌的，对于朋友的思想行为、言谈举止、待人处事等方面的错误要及时严肃地提醒、规劝、制止，不要因为怕得罪了朋友、会失去朋友而听之任之，装聋作哑，甚至火上浇油，那样反而是害了朋友。

六、君子之交淡如水

庄子说："君子之交淡若水，小人之交甘若醴，君子淡以亲，小人甘以绝。"这句千古名言是中国人长期以来推崇的理想的交友境界，奉为交友的准则。光明磊落的朋友自然、流畅、透明、平和，白如水，明如镜，不为权，不为钱，只为思想的沟通，感情的融汇，使朋友之间的友谊保持纯洁、久远；而建立在功利思想、权钱交易基础上的朋友终究不会长久的。所以，朋友之间，不能锱铢必较，重利轻义，不能总认为自己吃亏从而千方百计的猜疑、嫉妒、背叛；朋友是真情一体而不是钱财一体，因而朋友之间不要有过多的财物方面的往来，如果一时有难向朋友借用钱物，要尽快归还而不要长期拖欠，记住"人亲财不亲"的古训，亲兄弟还要明算帐，朋友之间更是如此，如果花钱不分你我，用物不分彼此，日久必生间隙，导致友情淡漠甚至交恶；朋友之间可以互相赠送礼物，但注重表意而不是注重价格昂贵；不要勉强朋友做力所不能及的事情，也不要碍于面子勉强自己做自己能力以外的事情。情深似海，无边无际，涓涓细流，波澜不惊，君子之交淡如水，人生得一知己死而无憾。

七、分类施礼

朋友有多种，有老朋友新朋友，有同性朋友也有异性朋友，有同龄朋友也有忘年之交，有莫逆之交也有泛泛之交，有密友也有诤友，有事业上的朋友也有生活中的朋友，有患难之交也有贫贱之交，有文字之交，有金兰之契，有八拜之交，有布衣之交，有同学战友，有国内朋友也有国外朋友，等等。

朋友交往中，一方面要遵守共同的礼仪原则，如以诚相待、平等相处、相互尊重、礼尚往来、不探听和散播朋友的个人隐私等等；另一方面，根据彼此关系的亲疏、远近、性别等而分别施以不同的礼节，做到分类施礼。

（一）老朋友之间的礼仪

老朋友彼此了解，关系密切，常有“熟不讲礼”一说，也就是说不必拘泥于严格的礼仪规范，但也不能过于随便，不讲礼仪，否则默契和平衡将被打破，从而影响老朋友之间的友好和信任，比如在仪表仪容、言谈举止方面也应有一定的约束。

老朋友之间相处需要营造一种轻松和谐的氛围，不要有过多的矜持和严肃；

要经常保持联系，特别是在逢年过节、假日期间应适时问候，可以是书信、Email 的形式，也可以是电话、短信的形式，遇有方便的时机，可亲自前去拜望；

如果老朋友遇有特殊困难，应专程慰问并给予一些力所能及的实际帮助。

若老朋友家中有儿女婚嫁或老人过世等重大事情，则应尽可能的到达现场予以帮忙。

（二）新朋友之间的交往

新朋友因为是初相识，那么要比老朋友之间要更加多的遵守相应的礼仪。首先是注意仪表仪态美，做到仪容整洁，服饰大方，举止得体，保持良好的精神状态，给新朋友留下美好的第一印象。其次是态度诚恳亲切，注意谈吐礼仪，在语气、语调、语速、表情等方面更加的客气与友好，尤其不能打听新朋友的个人隐私，也不要与新朋友过多袒露个人隐私，以免过于直率、亲昵而使对方产生疑虑从而造成失礼。再次，要注意遵时守约，这一点很关键。另外，可以适当赠送礼品作为见面礼，但要注重表意而不是过于昂贵。

（三）异性朋友之间交往

首先要遵守“女士优先”的社交原则。

其次要保持一定的感情距离。在说话、举止等方面不要太亲密，以免引起不必要的误会；异性朋友要相互尊重，在生活、学习、事业上相互帮助、鼓励和支持，感情上保持友情，发展友情，尤其是同龄的异性朋友之间，更应注意使感情保持在友情层面上，避免过于亲近而造成误会。

再次，保持一定的空间距离。异性朋友在社交场合聚会较为适宜的距离应该是 1.5 米左右。

最后，语言文明礼貌，举止行为有度。异性朋友交谈内容要高雅文明，可以适当的幽默、风趣的话语营造轻松和谐的朋友氛围，不要说低俗的话，不用脏字脏语；注意举止有度，不过分的嬉戏打闹，甚至动手动脚，拉拉扯扯。尤其是女士，更要注意自己的仪表仪态落落大方，神情坦率自然。

（四）与诤友的交往

与诤友交往重要的是要有诚恳和感激的态度，虚怀若谷的胸襟，允许朋友之间有个性差异，对事物有个人看法，求同存异、取长补短。对待诤友的逆耳忠言，认真反思，闻过即改。

（五）与忘年朋友的交往

与忘年朋友交往时，年轻者对年长者应该多有恭敬之态，虚心求教之心，用青春的活力影响年长者，使他们产生愉快、轻松、乐观的情绪，言谈话语要有一定的分寸、耐心与尊重；而年长者对年轻者多给予一些生活的关怀与人生的指导，彼此保持不断的往来，跨越年龄、生理和心理的界线，真正成为无话不谈、推心置腹的忘年挚友。

另外，与国外朋友交往时，要遵守国际惯例；与少数民族朋友相处要尊重其民族习俗、信仰、禁忌和节日。

第五节　空间礼仪

所谓“空间”，也称界域、个人空间、人际距离、势力圈范围等，指的是人际交往中，个人与个人、个人与群体、群体与群体之间因关系的亲疏、周围环境、文化背景的不同以及年龄、性格、性别、身份、地位、情绪等的差异，而使彼此之间保持一定的距离，这种距离就是人际空间范围。人们的活动通常限制在一定的空间范围之内的，不欢迎或不允许他人随意突破或侵犯这个范围，否则，一定会造成失礼。比如，一个人在银行大厅窗口办理存取业务，那么一米线以内则属于他的私人空间范围，第二个人应该在一米线以外等候。假如第二个人进入一米线，甚至也趴在窗口上，那么，这个人则会下意识的紧张、反感或产生一种不安全感。人们在餐厅吃饭会尽可能地错开就座，在公交车、火车站、地铁、图书馆等公共场所会尽可能的寻找人少安静的地方坐下。这些现象都表明，人体周围有一个只属于自己的空间范围，人际交往只有在这个被允许的空间范围内才会达到交往的目的。

空间礼仪主要体现在以下两个方面，一是空间位置的礼仪，二是空间距离的礼仪。

一、空间位置的礼仪

空间位置指的是交往双方所处位置的角度和方向。

（一）座位的空间礼仪：（如右图示）

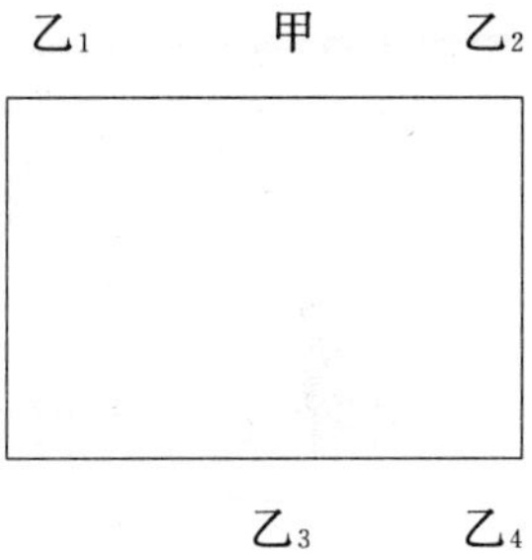

甲乙交谈时，乙有四种不同的位置，每种位置传递出不同的礼仪内涵。乙 2 乙 1 是社交位置，也是一种安全巧妙的选择，乙 1 一般与客户谈生意、老师与学生谈心、下属向领导汇报思想，可选取这个位置，它便于传递“诚挚”、“友善”的信息。它既不亲近，也不远离，当需要与对方保持一定乙 3 乙 4 距离时，所切三角可以起阻挡作用，当需要拉近与对方距离时，它还可以从容自然的靠近。

乙 2 是友好位置，体现平起平坐、亲密信赖的礼仪内涵，它适宜于关系较为密切的人之间，比如朋友之间、家人之间。

乙 3 是竞争位置，面对面隔桌而坐，传递出严肃、防范的信息，一般用于正式汇报工作、谈判、会谈等。

乙 4 是公共位置，一般双方之间无沟通的需要，可以说彼此不相干，一般用于公园、饭店、商场、车站等公共场所。

人际交往、公关活动中，要根据空间位置礼仪去选取相应的座位，这也是对“礼宾原则“的具体运用，下列诸多场合都需要遵循相应的位置礼仪。

（二）行进中的位置礼仪

并排行进时：二人并行，右侧为上，左侧为下。如果是逆行，则左侧为上，右侧为下。三人以上并行，中间为上，两侧为下。单排行进时：前者为上，后者为下。

（三）乘车位置礼仪

以双排轿车为例，一般说来，轿车内的五个座位除了驾驶员的座位外，其余四个座位的礼仪顺序依次是：①后排右座，②后排左座，③后排中座，④副驾驶座。但也有一些特殊情况，比如公务活动或社交活动中，如果是主人亲自驾车而不是专职司机驾车，那么，上座应该是副驾驶的座位，主宾应坐在这个位置上，以示对主人的尊重。如果是接待重要客人，如高级领导、要员、贵宾、德高望重的人，那么，上座应该是驾驶员后面的座位，因为那个座位是车内安全系数最高、也是最隐密的座位。（图示）

（四）上下楼梯位置礼仪

上下楼梯时，一般首先应该是单排靠右行进，而不应该并行。以前方为上，前方高于后方，即应该让客人走在前面。不过，如果是在一个陌生的环境中，应该主人走在前面；如果客人是一位身着短裙的女士，则也应请她走在后面。

（五）出入房门位置礼仪

一般是身份高、年龄长、地位尊者先出、先入，但如果是陌生环境、或晚上房间尚未开灯或有其他不安全因素，则应是陪同人员先进先出。

（六）会议位置礼仪

强调的是面门为上，居中为上，以右为上。

这里需要指出的是，大型会议主席台的位置是很重要的，按照国际惯例，是前排高于后排，中央高于两侧；右侧高于左侧。而大会发言者使用的讲台必须位于主席台的右前方，以示对发言者的礼遇。

但是，本书前面说过，我们国内政务会议的座位安排是遵照以左为尊原则（如图示）。

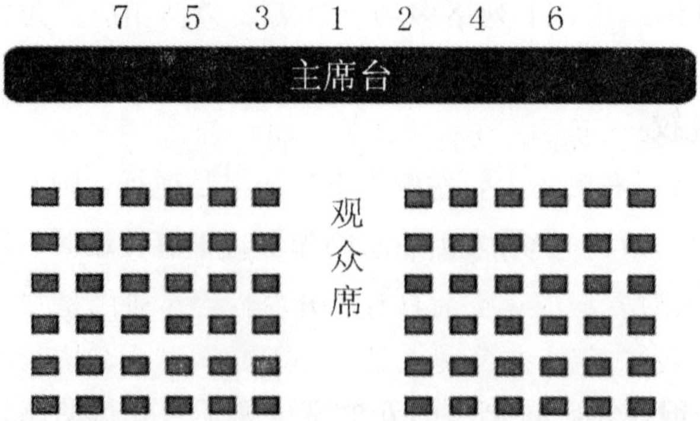

二、空间距离礼仪

空间距离指的是交际双方在彼此距离的远近方面所应遵守的礼仪。

（一）亲密距离（0～46cm）

这是人际交往中最小间隔或几无间隔的距离，只适宜于恋人、夫妻、父母子女、至爱亲朋之间才可以进入的空间，其中又可分为近亲密距离和远亲密距离。

1. 近位亲密距离

在0～15cm之间，这是一个“亲密无间”的空间距离，也称“零距离”。彼此肌肤贴近，耳鬓厮磨，相互感受对方的体温、体味与气息，这往往是恋人、夫妻、父母与婴幼儿之间独有的空间距离。外交场合的迎宾拥抱礼、亲吻礼也可以进入这一距离。其他关系是不能进入这一空间距离的，否则，会遭到强烈的排斥和谴责。

2. 远位亲密距离

在15～46cm之间，彼此可以执手扶臂，并肩而坐，悄悄私语，交流感情，这是亲密的朋友、家人进入的空间，而社交场合、公众场合是不允许进入的，尤其是普通的异性之间、陌生人之间、初次相识的人是不能以如此近距离的接触来表达热情的。即使是在人较多的电梯里、公交车、火车站、飞机场、排队买东西等个人无法排除拥挤因素的场合，也要尽量避免身体任何部位与对方触及和目光的长时间注视。否则，同样会被当作无礼者而引起对方反感，发生不愉快的冲突。

（二）私人距离（46～120cm）

这是一个稍有分寸感的交往空间，也可分为近位私人距离和远位私人距离。

1. 近位私人距离

在46～76cm之间，表现为较少的身体接触，传递的是“亲切、友好”的信息，可以握手、聊天、促膝谈心，适宜于熟人、朋友间。

2. 远位私人距离

是在76～120cm之间，这一距离几乎没有了身体接触，双方要把手臂完全伸直才有可能相互触及对方，这一空间具有了开放性，传递的是“友情、合作”的信息，普通朋友之间、办公室人员、熟人之间、社交场合可以进入这一空间。而银行大厅等处的一米线实际上就是提示人们这是私人空间，是不允许陌生人进入这一空间的。

（三）社交距离：（120～360cm）

社交所表现的已不再是熟人、亲人之间的关系了，而是一种礼节性的交往、应酬关系，是郑重其事的。社交距离也有近位和远位之分。

1. 近位社交距离

在120～210cm之间，办公室人员之间的工作交谈、领导布置工作、听取汇报、老师与学生交谈、客户商谈、接待来访等，这个距离的谈话内容多为事务性的，很少感情成分，传递出的是较为庄重、正式的信息。

2. 远位社交距离

在210～360cm之间，适宜于不固定的、临时性的事务往来，如小型典礼仪式、主席台与观众、商业活动、国事活动、高级官员的会谈、正式谈判活动等。这个距离体现出的是更为正式的事务交往，传递出的是庄重、严肃的信息。比如，身份地位较高的人往往坐在一张宽大的办公桌后面与来者谈话，显示出他的威严与权力。

（四）公众距离（360～760cm）

这是人际交往中的最大距离，是一个几乎能够容纳一切人的空间，在这个空间里，人际间的沟通大大减少。近位公众距离在360～760cm之间，远位公众距离在7.6米以外，在这个空间里适宜演讲会，报告会，听证会，文艺演出，重要领导人答记者问等等，这样一个距离发言者可以“旁若无人”的心态传达自己的观点。

三、影响人际交往空间效果的主要因素

上述几种空间位置与空间距离是人际交往的大致模式，但它们之间并不是机械的、固定不变的，而是受诸多因素影响而呈现出一定的伸缩性和互动性，从而影响交际效果，这些因素主要有以下几种。

（一）民族特点、文化背景对空间的差异性选择

不同民族、国度、文化背景中的人对空间的意义选择具有一定程度的差异性，比如，一般地中海国家的人在交往时允许有较多的身体接触，相互靠的较近，而北欧国家的人则相互离的较远，少有肌肤相触；同为东方人的中国和日本，中国人希望交往空间不要太小，而日本人则希望不要太大。法国人谈话总是保持较近距离，而英国人对此很不习惯。美国人喜欢与对方保持三四步距离，而北美人则常常以桌椅相隔与对方交流。文化程

度较高的人则通常选择与对方保持一定的身体距离，而文化程度较浅的人则喜欢与人离的很近。总之在交往中要注意不同民族文化因素对空间意义差异性的选择，以更好的达到交际目的。

（二）态度对空间的差异性选择

人的态度受制于多种因素，比如双方的身份、地位、当时的情绪、谈话的内容等等。有的人态度傲慢，一副拒人于千里之外的样子，对之切记要保持远距离接触，不要冒然进入他的私人空间；有的人态度随和，可以适当的近距离接触，但社交中仍以不要过于乐观的突破近位社交距离为好。在人际交往中，那种根本不考虑对方的态度，而一味的以己之心度他人之腹的做法是行不通的，比如，为了表现自己的实在与热情，初次见面就闯入对方的私人空间，甚至亲密空间，是极为失礼的。

（三）社会地位对空间的差异性选择

社会地位较高的人比普通的人群更需要较大的个体空间，他们为了保证自己能够获得更大的权威感和更大的自由度，总是有意识的与下属人群保持较远的空间距离，不允许他们与自己平起平坐，近距离接触，更不允许对自己有拍拍打打的身体接触。所以与他们交往时一定要尊重他们对空间距离的选择，不进入他们的私人空间，保持稍远的人际距离，并注意居于下属的空间位置。

（四）年龄、性格、性别对空间的差异性选择

一般来说，年龄相当的人彼此容易产生一种潜在的空间距离排斥意识，交往时要尽量减少近距离接触；年龄有差距的人，则容易产生一种潜在的缩小双方空间距离的心理趋向，所以同龄人之间，特别是初次相识的的同龄人交往应距离远些。与师长相处可以相互进入对方的私人空间，并对年长者表现出应有的尊重，也可以有一定的身体接触。比如，老师拍学生的肩膀，长辈对晚辈爱抚等。

性格内向的人对自己的亲密空间和私人空间非常敏感，守护严格，一旦受到“侵犯”则会产生焦虑感；性格外向喜欢交往的人，容易进入他人的个体空间，同时自己的个体空间也容易被人突破。所以与内向性格的人交往不要轻易靠近他，对外向性格的人可以近距离接触。

性别因素对空间差异的选择有其自身特点，一般来说，男性之间的空间比女性之间的空间距离较大一些。比如说聚会时，女性之间靠的较近，有时彼此拉着手，挎着臂，而男性则离的较远，除握手等礼节外，一般不会有亲热动作。在位置空间方面，女性往往喜欢坐、站在她喜欢的人身旁，而男性则喜欢坐、站在他喜欢的人对面。男女之间，女性最反感异性特别是陌生的异性近距离靠近，将之视为有意侵犯、骚扰；男性则反感陌生的同性坐在自己的对面，视其为有意竞争。同龄异性初次相遇于社交场合，距离应在两米以外，相熟的男女则在一米五左右为宜。

另外，情绪因素，环境因素对空间距离的选择也有不同方面的影响，这里不一一赘述。

总之，人际交往中要充分考虑空间因素对交往效果的影响，教师之间、师生之间和谐相处，相得益彰，使礼与仪的内涵在这一领域完美统一。

思考与练习

练习一：元旦了，学校派你去已经退休的张老师家里慰问，你该如何准备呢?

练习二：你病了在家里休息，这时有几个学生来看望，该如何接待他们?

练习三：学校要举行小型活动，你负责准备纪念礼品，请做一个计划吧。

练习四：主管文教的副市长来校检查调研，应如何做好陪同工作?

练习五：编写一部小剧本，指导学生排演一出公共礼仪小剧目。

第八章 鹿鸣宴饮 尊让絜敬

——教师宴饮礼仪

【情境导入】

常常见到这种情景：一堆人拥在饭店门口，你让他先进，他让你先进，彼此吵吵嚷嚷，谁都不肯先进；好不容易进到房间，又是一阵推让：他让你坐首席，你推他坐首席，大家又是一阵推来让去。

谁都要吃饭，谁都有机会宴请别人吃饭，也常有机会被别人宴请，教师也不例外，所以说宴饮是一项必要的社会交往活动，有时也是一项应酬性工作。作为社交礼仪中不可或缺的一部分，宴饮礼仪由于要述及的内容较多，本书将此列为专章加以介绍。

宴饮的形式很多，常见的有宴会、酒会、茶会、冷餐会（自助餐）、工作餐等。这些形式可分为正式宴会和非正式宴会两类。

第一节 正式宴会礼仪

正式宴会是专为宴请某位宾客而精心安排的隆重而正规的聚餐活动。在时间安排、地点选择、菜肴酒水档次、参加人员的身份、服饰、桌次席位排列、音乐演奏、宾主致辞等都有十分严格的讲究。同时又有中式和西式之别。归纳起来，正式宴会礼仪集中体现在以下几个方面。

一、主人的礼仪

应该说，宴会的成功有赖于主人的热情好客和细致周到的组织安排。从礼节上讲，主人的职责是使每一位来宾都感到主人对自己的欢迎之意。

主人举办宴请，无论是中餐还是西餐，无论是出于什么原因和目的，一般都应遵守相应的礼貌礼节。

（一）妥善安排，周密考虑

作为主人，对宴请的时间、地点、规格、方式、陪宾等均作周密合理的安排。

1. 宴请时间的确定，至少要考虑以下几个因素

首先要征询主宾的意见，以主宾的合适时间为基本时间。

其次，要照顾大部分宾客的习俗，一般应避开宾客的重大节日、假日、禁忌日和有重要活动的日子。

再次考虑主要陪宾人选，主要陪宾身份一般不宜高于主宾身份，否则会造成喧宾夺主的尴尬局面；但是，也不宜过低，那样又会有轻视主宾之嫌。所以，合适的做法应该是遵循身份对等原则。

最后，要考虑主办方的客观实际来确定宴请时间，比如公司开业、学校校庆、接风送行、生日寿辰等。

2. 宴请地点的确定，需要考虑的因素

首先要考虑饭店级别。一般正式宴请均为重要的、隆重的活动，所以应选择在中高级的饭店进行，其服务、供应、内部环境等与主宾的身份、宴请性质、目的是相对应的。

其次，当饭店级别确定之后，就要考虑其他连带因素了，比如饭店外部环境优雅、交通便利、菜肴富有特色，特别要考虑回族等少数民族对饭店的特殊忌讳。

3. 宴请规格的确定，需考虑的因素

主要是遵循基本的礼宾惯例，即身份对等原则。宴请活动中遵循这一原则，会使宾客受到相应的礼遇，否则，规格规模过低失礼，过高则无必要。

（二）制发请柬，提前邀请

正式宴请必须要发送请柬，有的请柬还附有回贴，如果只是打个电话通知或请人代为转告是极为不妥的。大型宴请发送请柬的时间通常是提前一至三周，以使客人有充足的时间作好准备，一般宴请提前三天左右即可。为妥善起见，在宴会日期到来之前的一两天内，还要电话联系，一是体现礼貌周到，二是提示或确证宾客能否按时到来。

（三）拟定菜单，彰显匠心

确定菜单的基本要求是：

1. 以主宾为准

要充分考虑宾客特别是主宾的健康状况、饮食习惯、性别特点、宗教禁忌、民族禁忌等。

2. 特色突出

菜肴酒水既要遵循通行规则，更要注意体现出一定的民族特色和地方特色，也就是常说的“吃特色”、“吃文化”，讲究精美与品味，体现餐饮的独特风格。

3. 合理开支

要根据己方实际情况量力而行，做到丰俭得当，有主有次，荤素搭配，恰到好处，既要有档次，又力避大吃大喝，奢侈浪费。那种追求以贵为好、以量取胜的做法是愚蠢的。

（四）巧排座次，宾主尽欢

正式宴会都是讲究摆排桌次和席位的，桌数较多时，可以只排部分宾客的桌次和席位，其他人可以自由入席。在这个问题上，最直接最合乎礼仪的做法是确定首桌和首席。

1. 中式宴会桌次、席位排列

依据国际礼宾惯例，并结合我国尊老敬贤习俗来确定首桌首席，同时兼顾客人间的私人关系、思想观点、语言沟通、专业志趣、熟悉程度等因素。

桌次排列：中餐通常为圆桌，一般8～12人一桌。人数较多时设多桌，这就要安排桌次。桌次安排的基本原则是：

第一，首先确定首桌，具体做法是：

以右为上：平行桌以面门居右一桌为首桌，右高左低（图1）；

居中为上：多张桌并列时，以中间桌为首桌（图2）；

以远为上：餐桌距餐厅门有远近之别时，以距门较远者为首桌。（图3）

第二，其他桌次高低以距离首桌远近而确定：离首桌越近桌次越高，反之则低。

第三，如果桌次较多，应摆放桌次牌。

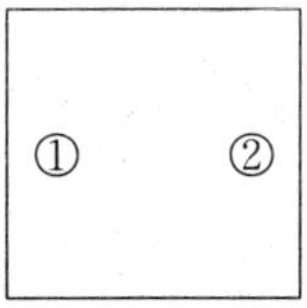

图1

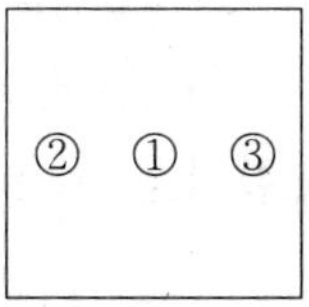

图2

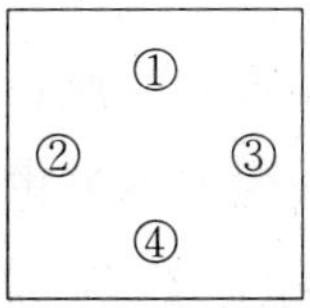

图3

席次排列：

首席：一般而言，首桌的面门中间座位为首席，第一主人居首席，第一主宾居首席右座。但我国有尊老敬贤习惯，遇有第一主宾比第一主人年龄长、身份尊、职务高等情况，则第一主宾应居首席，第一主人居主宾右座。席次高低以离首席远近而确定：右高左低，离首席越近席位越高，反之则低。（如图示）

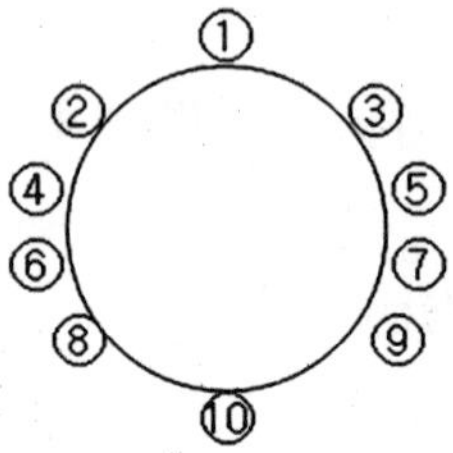

2. 西餐桌次、席位排列

桌次排列：与中式宴会的排法基本相同，只是西式宴会一般用长条桌。

席位排列：应遵守以下原则：

第一，尊右原则：右高左低，先右后左。女主人右方为首席（图示）。同一桌上席位高低也是以距离主人席位远近而定，离主人越近席位越高，反之，则低。

第二，女士优先原则，以女主人为准。如果是男女主人并肩同坐一桌，则男左女右，尊女性坐于右席；如果男女主人相对坐于同一桌，则女主人面门而坐，男主宾坐于女主人右方为首席；男主人背门而坐，主宾夫人居于其右方为次席。

入席时，由女主人陪同男主宾、男主人陪同女主宾入席。男宾为邻座的女宾拉开座椅，照顾其落座，显得彬彬有礼。

第三，男女夹座原则：中式宴会很少考虑男女比例问题，西式宴会则非常讲究男女各半，男女间隔而坐，且不能将女士排在末座。

第四，夫妇分座：如果是两桌或两桌以上，则由女主人陪同男主宾、男主人陪主宾夫人分坐在两个桌次上。

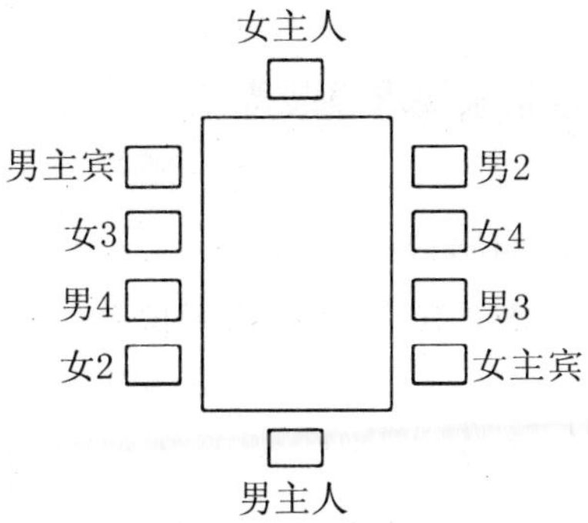

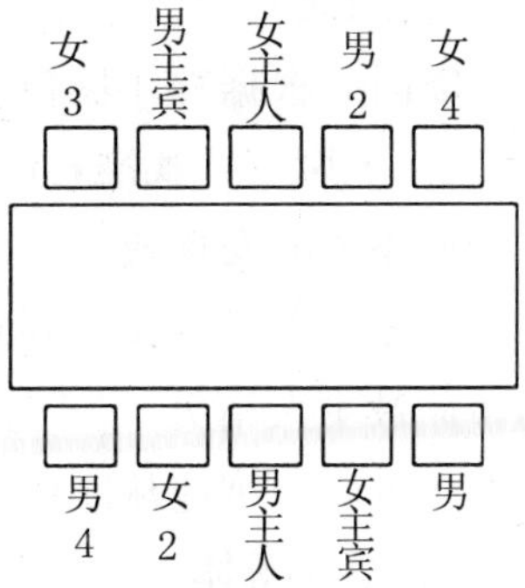

（五）热情迎送，善始善终

在宴会开始前，主人应该站立门前笑迎宾客，对每一位来宾，要依次招呼，待客人大部分到齐之后，再进到餐厅中来。主人对宾客必须热诚恳切，一视同仁，不可只注意应酬一两个而忽略了别的客人。当其他客人陆续到达而主人又不能分身时，可向先来的客人致歉，再抽身前去接待。一旦发现有些来客孤单无伴，主人应为他们介绍认识新朋友，免得使来客感觉冷落。

入席前，烟、茶不可全部假手他人或服务员代劳递送，主人应尽可能地亲自递烟斟茶。入席时，主人对座席分配要有计划，分别招呼客人入席，以免临时发生混乱。上菜后，主人应先向客人敬酒，说一些感谢光临的客气话。此后每一道菜上来，都要先举杯邀饮，然后请客人“起筷”。要照顾到客人的用餐方便，及时调换菜点或转动餐台。遇到有特殊口味的客人要及时调换菜点。请人用菜时，做到让菜不布菜，为了表示热情可以请宾客品尝某道菜肴，一般不为宾客夹菜。

席散后，主人到门口，恭送客人离去。对那些在宴请中照顾不多的客人，应说几句抱歉和感谢之类的话。对走在后面的客人，可略为寒暄几句。

二、赴宴礼仪

作为客人去参加宴会，要遵守如下礼仪：

（一）如约赴宴

接受了赴宴邀请，一般情况下应准时践约，不能中途再另有他约；确因临时有特殊情况而不能出席，则应向主人深致歉意，请求谅解。

（二）仪表整洁

赴宴时，根据具体场合下的服饰礼仪或请柬要求整装待发。

（三）入席——找准自己的位置

遵照主人的安排或席位卡的指示入座；如果自己不是主宾，应待主宾入座后再坐；千万不能看到有空位子就旁若无人的坐下，假如恰好坐到主宾席位而被主人请开，宾主都会很尴尬的。如果已落座而又有领导、长者、女士入席，则应从座位上站起迎接以示尊重。

（四）举止得体

落座后，要举止得体，不要把座椅拉开离餐桌较远的距离；不要把头枕在椅背上；不要双手托腮双肘支在餐桌上或趴在餐桌上；不要伸懒腰、双腿乱抖动；与人说话不要指手划脚；不要一坐下就打开口布（餐巾）；不要下意识地玩弄餐具，似乎有催促主人开席之嫌。正确的做法是：把座椅调整到合适的位置，距离餐桌 20 厘米左右为宜，端正身姿，坐正坐直，神情自然，与同桌客人微笑点头致意或小声交谈，以创造一个和谐的就餐氛围。

（五）用餐礼仪

1. 不喧宾夺主

以客人身份赴宴，应待主人举杯致辞、示意宴会正式开始时方可用餐。切不可抢在主人前面，喧宾夺主。在国内，家宴一般由男主人宣布开始，公务宴请则由职务高者宣布开始；在西方，则由女主人宣布开始。

2. 文雅用餐

指的是动作要轻，细嚼慢咽，不出声响，不显贪吃相。比如，使用餐具时，每次取食后应按原来位置放好，不要总是拿在手里；每上一道菜，应待主宾、主人或长者先品尝后再取用，不要抢先食用。喝汤时，避免用小汤匙从大汤碗里舀出直接送到嘴里，而要用公用汤匙先舀到小碗里，再用小汤匙舀着喝，不能端起碗来一饮而尽；如果汤、菜太热，应待稍凉后再用，不要用嘴对着碗“扑扑”的吹气。咀嚼食物、喝汤时不要发出“叭叭叭叭”或“咕噜咕噜”的声响；食物要往嘴里送而不是吸，比如面条；口中嚼着食物时，不要与人讲话，以免食物喷出造成尴尬；吃完的骨头、鱼刺等食物残滓不要直接吐到地下或桌上，应放在面前的小食碟中，待服务员来更换新碟；菜肴转到自己面前时再取用；轻拿轻放，以免碰到邻座或将菜肴酒水碰翻在桌上，或溅到别人身上；不要一手拿筷子一手拿勺子进食；不挑食，要用眼睛紧盯着自己爱吃的菜肴；不贪吃，不能把嘴塞得满满的，夹菜时，不要一次夹太多，或者欠身离座伸长胳膊取远处的食品等，这些都是贪吃相。从某种意义上说，“吃相”更能反映出一个人的素养。用餐期间，不要当众整理仪表仪容，比如补妆、梳头、宽衣解带等，都是失态的表现。

3. 祝酒礼仪

请人喝酒时，做到祝酒不劝酒，敬酒不灌酒，即使劝酒也只是点到为止，体现礼貌尊重即可，千万不能极力劝饮，似乎不让对方喝的酩酊大醉不足以表达好客之情，尤其是不要劝女士饮酒。

祝酒时要目视对方表示致意，不要只顾自己喝完了事；与人碰杯时，注意不要交叉碰杯，也不必欠身伸长胳膊与距自己座位较远的宾客碰杯，只是举杯示意即可，或者可以离座走到宾客身边敬酒。

别人敬你酒时，要礼貌接受，不必一味固辞，尤其西餐礼仪中，是不能拒绝对方的敬酒的，即使自己不会喝酒，也要端起酒杯回敬对方，不然就是一种非常不礼貌的行为。饮酒时点到为止，不要慷慨狂饮，吃西餐饮酒忌讳举杯一饮而尽，文雅的饮酒是懂得慢慢品评酒的色、香、味。

主人与主宾相互祝酒时，其他宾客要暂停进餐、交谈，以示敬重。

（六）中餐餐具使用礼仪

1. 筷子

使用时需要特别注意的是：不要用舌头去舔筷子，不能用筷子翻挑盘子里的菜，不要敲筷子，那有催饭之嫌，是对主人的不尊重，说话时不要把筷子当成道具挥来挥去。另外，席间筷子掉地下不要捡起再用，而请服务员另换一副；筷子通常应摆放在碗旁边的筷子架上，不能放在碗上，也不可插在饭碗里，也不可用筷子去叉馒头或别的食品。给别人夹菜用公筷。

2. 餐巾、餐纸

通常，要等主人拿起餐巾后，您才可以取出平铺在腿上，或者压在食盘下面，不要别进衣领上。餐巾的主要作用是防止食物落在衣服上，所以只能用餐巾的一角或餐纸来印一印嘴唇，擦手或嘴边的食物渍，不能拿整块餐巾擦脸、头、颈，也不要用餐巾来擦餐具。

3. 酒水

一般餐桌上会为每位用餐者准备茶水饮料和酒水，通常茶水饮料酒水在右手侧，饮用时尽量不要用错。作为主人和陪同人员，若是在宴会进行期间为客人斟酒上菜，应该从客人左侧上菜，从客人右侧斟酒水。

4. 牙签

需要剔牙时，应一手拿牙签一手拿餐纸遮着口，而不能当众公开的剔，那样很不雅观。剔出的食物残滓要用餐纸擦去，而不能随口乱吐；用过的牙签置于面前的小食碟，不要叼着也不要用它再扎取食物。

（七）西餐餐具使用礼仪

与中式餐具相比，西餐餐具较为繁多，主要有刀、叉、匙、盘、酒杯等。叉子的用途相当于中式餐具筷子，为主要进食工具。刀子是进餐的辅佐。匙、盘、酒杯各自的形状虽有不同，但其用途大致相同。

餐具摆置方法：西式餐具的摆法因不同民族习俗和用餐规格而有所区别。其基本要求是，垫盘在正中，叉具置于垫盘左侧，叉齿始终朝上，刀具和匙置于垫盘的右侧，刀刃始终朝里。有时甜点匙和甜点叉横放在垫盘前面。主食在左，饮料在右。一些专用餐具以及烟缸和调料瓶等，可视需要酌情放置。酒杯的数量和种类应根据上酒的品种而定，通常是从右起，依次放置烈性酒杯、葡萄酒杯、香槟酒杯、啤酒杯。下面是西式餐具的国际摆法：（图示）

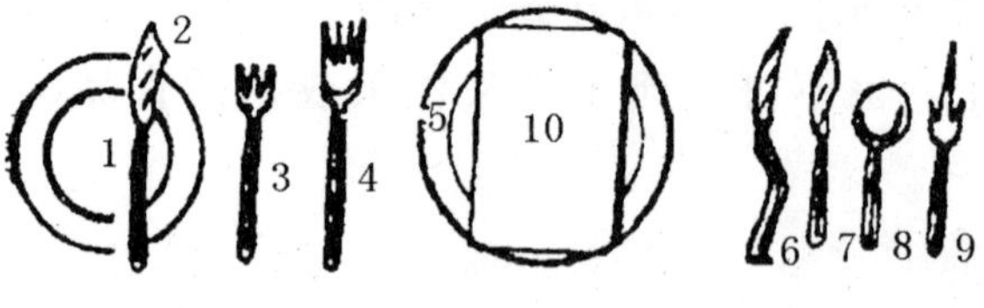

1. 面包和黄油盘；2. 黄油刀；3. 鱼叉；4. 叉；5. 垫盘；6. 猪牛排刀；7. 鱼刀；8. 清汤匙；9. 龙虾叉；10. 口布；11. 盐和胡椒瓶；12. 烟灰缸；13. 水杯；14. 红酒杯；15. 白酒杯；16. 甜点匙；17. 甜点叉

餐具使用方法：

拿叉的姿式是，用左手拇指、食指、中指拿住叉；拿刀的姿式是，用右手食指压在刀背上以出力，其余手指拿住刀把，即左手持叉，右手持刀，叉齿朝下。

用刀、叉和匙时，要从最外面开始，一道一道往里拿。西餐一般讲究吃不同的菜用不同的刀叉，饮不同的酒用不同的酒杯，吃完一道菜将刀叉并列放在盘子的右边。不要举着刀叉和别人说话，不能发出刀叉相碰的声音。如果你暂时不会用西式餐具没关系，跟着主人或他人做就行了。

用餐方法：

吃肉类食物有两种方式：一是边割边吃，二是先把肉块（如牛排）切好，然后把刀子放在食盘的右侧，单用叉子取食。前者是欧洲的古老习惯，后者则是美式的吃法，一般以前者比较正式。

吃鱼时，应从鱼的中间切开，把肉拨到两边取掉鱼刺鱼骨，慢慢食用。

肉饼、煎蛋、沙拉，都不用刀只用叉，吃甜点可用叉或匙

面包应用手指掰成小块食之。

炸薯片、炸肉片、普通三明治等食物，跟面包一样，用手取食。取食时，仅限于用拇指和食指拈取，食后用摆在面前的小手巾拭手。。

喝汤时，用匙进食。握匙的正确姿式为：用大拇指按住匙的把，其他手指轻轻托住另一边。舀汤时，应从盘子里面向外舀，盘中汤不多时，用左手将汤盘微微外倾，用匙舀，千万不可端起汤盘吮吸。

吃梨、苹果不要整只去咬，要用水果刀将水果切成四至六块，剜去果心，用手拿着一块一块吃。

吃香蕉则剥皮后整只放在盘子里，用刀、叉切开，一块一块吃。

吃桔子用手把皮剥掉，一片一片地掰开吃。

用餐过程中，自己够不着的调味瓶等物，可以请别人帮忙递过来，传递要用右手。

进食时，骨头、肉屑、果皮等，可放在食盘的右角。

果核则吐在餐巾纸里，不可随便抛在桌上或地上。

若有事暂时离开，请将餐巾放在椅子上，把刀叉摆成八字，居中放在盘上。

用餐完毕，将刀叉并列，靠右侧放在盘上，这样，服务员就会把餐具

收拾走了。

在宴席中，鸡肉、龙虾或西式全部菜点上完后，便是咖啡和茶。喝咖啡和茶的方式是先用小茶匙放糖搅拌，搅匀后仍将茶匙放回原处（茶匙不能放在茶杯里），用右手端着茶杯把，左手端茶杯托碟，不能用茶匙一匙一匙的舀着喝。喝完咖啡和茶，宴会就该结束了，客人可以开始告辞。

吃西餐应特别注意水盂的使用，弄不好会闹出笑话。凡是上一道用手取的食品，如鸡、龙虾、水果等，通常会同时送上一个水盂（铜盆、水晶玻璃缸、瓷碗），水上飘有玫瑰花瓣或柠檬片，但它不是饮料，而是西餐讲究的洗指碗，置于左上方，把手浸入水中，轻轻洗一下，然后用餐巾擦干净，千万不要去饮用。

三、礼貌退席

（一）耐心等候，以示涵养

作为主人，在客人用餐尚未完毕时不能有已经用毕的表示，比如放下筷子作等待状；作为客人，在主人没有示意结束时不能抢先离席，或作出不耐烦的举动。假如确因有事需提前退席，则应与主人悄悄告辞，不要惊扰其他宾客。

（二）离席道谢，自然有序

全体用餐完毕，主人先向主宾示意，然后从座位上站起，全体宾客跟随起立。先由主人陪同主宾走出餐厅，进入休息室，或直接到大厅门口。主宾第一个向主人告辞致谢，其他宾客待主宾辞行完毕，再一一向主人告辞表示谢意，这是一个非常重要的必须遵守的程序。如果宾客较多，只需与主人点头致意或握手致谢就行了。通常情况下，男宾先向男主人告辞，女宾先向女主人告辞，然后交叉。其后与主方其他人员辞行；最后宾客之间相互简单道别。

（三）席后致谢，以示礼貌

正式宴会，主宾应在其后 1～2 天内送呈主人“致谢”字样的名片或感谢信，也可电话再次致谢，并真诚表达回请之邀，以示礼貌。

第二节　非正式宴会礼仪

非正式宴会也称便宴，主要有家宴、酒会、冷餐会、工作餐、茶会。多用于日常交往，其形式从简，对宴请规格、菜肴数目、桌次席位排列、参加人员的身份、地位、服饰等一般不作规范化要求，与正式宴会不同，它不完全是为了一种礼节需要，而更是为了广交朋友，联络感情，融洽气氛，增进往来。要遵守的礼仪不尽相同，又各有特点。

一、家宴礼仪

家宴即在家中宴请宾客，多用于款待亲朋好友。举行家宴，重要的是要营造一种亲切友好、热情自然的气氛。一般是由主人亲自下厨烹调（也可请厨师或亲友掌勺）、家人共同招待的形式，让客人有一种宾至如归的感觉。

二、酒会礼仪

酒会是一种典型的西式宴请活动，其招待形式有两种：

第一种是正餐之前的酒会，也叫作鸡尾酒会。是在下午 6 点左右举行，持续时间一般是 2 个小时。不备正餐，以酒水和饮料为主，如雪莉酒、香槟酒、红（白）葡萄酒、开胃酒。略备小吃，如三明治、火腿肠、罐头、炸薯条等；食品饮料由客人自行到固定的小桌上取用，也可由服务员用托盘端送；不设座椅，只设小桌或茶几，以便于客人随意走动。

另一种是正餐之后的酒会，也称为“聚会”或“家庭招待会”。一般是晚上 9 点开始，这种聚会通常安排有跳舞活动和夜宵。一般不规定客人告辞的时间，客人可以在其间随时到达和退席，来去自由，不受约束。酒水供应与鸡尾酒会大致相同。因为是在晚餐之后，可以不备食品。但如果是大型或正式酒会，持续时间较长，应该备有夜宵。

参加酒会主要遵循的礼仪是：

1. 服饰礼仪

应着礼服，尤其是参加音乐舞会时，女士最好穿晚礼服。

2. 遵时守约

按照主人通知或请柬要求准时到达。虽然酒会的时间自由度较大，但仍要考虑礼节问题；退席时间一般应在酒会即将结束时或稍后一些时间向主人致谢离去。

3. 广泛交流

酒会的一大特点就是广交朋友，所以不能只站在一处独斟独饮，而要随处走动，借机结识新交，深化旧交，广泛联络，增进感情。交谈内容要轻松愉快，是大家共同感兴趣的话题，避免涉及专业性极强的内容或敏感的时事政治、宗教信仰等话题。

4. 情绪饱满，落落大方，举止得体，谈吐文明。

三、冷餐会礼仪

冷餐会是目前国际上广为流行的一种西式非正式宴会，在国内通常叫作自助餐。一般在较大型的餐厅或露天花园里举行，如果在室外，还要备遮阳伞；设桌椅，不排座次，自由就座用餐，也可站立或四处走动用餐，菜肴酒水自取也可由服务员端送；以冷食为主，也备热食，规格可高可低。冷餐会特别适合招待较多人数的宾客。参加冷餐会的礼仪主要有：

1. 服饰要求

虽不像正式宴会那样有严格的要求，但出于自身形象考虑，仍以正装为好。

2. 按时赴约

虽然冷餐会是随到随吃，自由度较大，但开餐时间是有限的，主人在开餐时往往有简短的致辞，或宣布一件事情，所以没有特殊情况应尽量按时赴约。

3. 自觉排队

冷餐会宾客较多，应遵守秩序，互相谦让，自觉排队等候取食。

4. 少取多跑

冷餐会菜肴丰富，品种齐全，色香味俱佳，容易引起食欲。但取用时，切记不要一次取食太多，那样既造成浪费又有贪吃之嫌，被人讥笑。正确的做法是要“少取多跑”，即每次少取，吃完再取。取食时，一定用公用餐具，切忌用自己使用的筷子勺子去取；自己喜欢吃的食物如果暂时用完，则不要站在食物台旁边等待，而应适当取些别的食品，待那道菜端上来以后再去取。

5. 用餐完毕，将餐具送到指定的位置，而不能一走了之。

6. 注意，由于是自助餐，千万不能“吃不了兜着走”。

四、工作餐礼仪

工作餐也叫商务聚餐，其特点是以餐晤友，借餐商事，一般不必预约，只要双方觉得有必要就可以进行。进餐时间分为早餐、午餐和晚餐，以午餐居多。参加人员都为工作人员，不请其配偶或其他亲朋。人数宜少不宜多，一般不超过 10 人为好；持续时间在 2 个小时之内为宜。如果其中有重要客人，则要排桌次和座次。工作餐的礼仪主要有：

1. 服饰方面

如果参加者只是己方人员，则可不必拘泥于服饰礼仪；如果有宾客参加，则要着制服或正装。

2. 订餐

工作餐虽不象正式宴会那样必须提前多日预定餐厅，但为了聚餐方便还应提前几个小时预定房间和菜肴、酒水。但规格不宜过于隆重，以从简为原则。如果有重要客人参加，则应礼貌地预留两道菜等待这位宾客来点定。

3. 座次安排

工作餐一般不必讲究规范的座次，可随意入座。但若有宾客，则应请主宾坐于主人右方，以示尊重，便于交谈。

4. 谈话内容

工作餐不是社交聚餐，而属于商务活动，有一定的功利性，其目的是借机商事，在话题选择方面不能只是礼节性的应酬，而是围绕工作这一主题进行交谈。

5. 退席灵活

就餐结束，宾主双方都可以提出退席，不必象正式宴会那样必须由主人示意结束。

五、茶会礼仪

茶会也叫茶话会，是一种更为简便的招待形式，一般在上午十点左右或下午四点左右举行，持续时间为 1～2 个小时不等。不用餐厅，常在会客厅或会议室，设沙发、座椅、茶几、小桌等。一般不排座次，随意入座；

但若有贵宾，则要有意识地请贵宾与主人并坐。因为是茶会，故对茶叶、茶具颇为讲究：茶叶要中高档的；茶具必须用陶、瓷器皿，而不能用玻璃杯代替，也不能用热水瓶代替茶壶。茶会有时也是很讲究茶艺（道）的，体现出茶文化的特点。在我国，还略备些点心或风味小吃；有时也可以用咖啡代替茶作为主要饮品。

总之，正式宴会和非正式宴会的礼仪有许多相通之处，掌握这些礼仪知识是很必要的，而且也是教师了解社会、了解生活、了解学生、了解家长的必要渠道。

第三节　教师的宴请礼仪

上述基本的宴请礼仪规范具有广泛应用性，身为教师，还应具有符合教师身份与职业特点的宴请礼仪。

一、教师之间的宴请礼仪

教师之间的宴请可以分两种情况，一种是工作餐，一种是私人聚会。

教师（包括学校领导）之间因工作需要而安排的工作餐，则基本上按照本章前两节述及的礼仪规范行事。但是，教师之间相互都是熟人，在宴请礼仪上则应当采取规范性与灵活性相结合、程序性与随意性相结合的原则。

教师与教师之间除了同事这一层工作关系外，还应是朋友关系，同事时间长了，彼此在思想上、生活上也都会有一定的私人交往，这样大家自然地建立起了一种亲情关系。为了更进一步保持友谊，增进和睦，老师们可在工作之余，选择适当时机相聚宴饮，比如逢年过节的时候，假日休闲的时候，几位志趣相投的老师小聚畅谈，谈教育，谈教学，谈学生，谈专业，谈理想，谈人生，谈国家，谈社会，还可“举杯邀明月，对影成三人”式的文人抒怀，话题包罗万象，释放工作的压力，享受业余的轻松。在饭店规格、酒水菜肴档次、数量上要以简单节约为宜，不必追求高标准，狂吃豪饮、铺张浪费不是教师的风格；在座次安排上可依年龄大小落座，不必拘泥那些刻板的礼仪规范；在宴会形式上，可以是正式宴会形式，也可以是非正式宴会形式，只要宾主双方感觉舒服、其乐融融就是最好的宴请礼仪。

二、师生之间的宴请礼仪

首先，老师是可以宴请学生的。

“一日为师，终生为父”，这是古训。因工作需要，老师可以在适当时候请学生吃饭，比如在学生遇到思想、情绪或生活方面问题的时候，在师生共同完成一项课题项目的时候，在庆祝学生取得优异成绩的时候，在学生毕业离校的时候，等等，老师可以解囊设宴，与学生一同进餐。形式上以简约为宜，略备酒水，以饮料为主，尤其不备白酒啤酒，可以去饭店，可以在学校餐厅，也可以把学生邀到家中。在饭菜安排上，不必过分讲究美馔佳肴，这时老师从内心里应当把学生当成自己的孩子，饭菜以舒适可口为宜，有时为了讲究个小情调，老师也可以请学生喝杯茶或咖啡，略备几个小茶点，也是一种不错的宴请。师生在其乐融融的氛围中，增进感情加深了解，分担失意分享快乐，帮助引领学生的人生成长，达到教书育人的目的。

其次，老师不可以接受学生及家长的宴请。

按传统的说法，老师的职业是“传道授业解惑”，教书育人是老师义不容辞的职责，为了体现教育的公开与公平，老师对所有的孩子应一视同仁，学生在校期间不接受他们及其家长的宴请。但现代教育中常常会有这样一些情况，学生家长出于对自己孩子的关爱，希望老师能对自己的孩子更多一些关注与指导，就设法请老师吃饭，借此表示对老师的嘱托与敬重。按说这是人之常情，可以理解，但面对那么多的学生，老师是难于应付过来的，久而久之，就会让学生及家长对老师产生厚此薄彼的印象，同时造成教师职业的“俗气相”，带上“交易”之嫌，从而降低学生、家长及社会对老师形象与威信的评价，所以，老师应当予以婉拒。为了避免教育中类似的媚俗化与商业化现象，有些学校就明文规定了“老师不准接受学生及家长的宴请”，这对保护学校声誉和教师形象会起到积极作用。

再次，老师可以适当接受学生及家长的谢师宴。

关于“谢师宴”，这是一个比较敏感的话题。一般学生毕业离校了，或者考上了大学、研究生，或者参加了工作，或者多年以后的学生回校看望老师，出于对老师当年为自己成长成才所负出辛苦与心血的回报，表达自己对老师的感激之情，学生及家长要举行谢师宴，老师出席之际也可同时表达对学生及家长的祝贺。谢师宴自二十世纪九十年代以来，随着社会整体经济水平的提高而逐渐增多，在以往经济困难的时代恐怕学生家长即使心怀感激也是有心无力的。

其实，谢师宴由来已久，起源于唐代的鹿鸣宴、会武宴、宋代的琼林宴，元明清时代又出现了鹰扬宴、荣恩宴，名称虽不同，但都是科举考试金榜提名者的庆功宴，同时很多都是由官方主办，都是庆祝的意思。发展到现在，我们之所以说谢师宴变成了一个敏感的话题，这源于谢师宴的规格、消费越来越高，基于家长的攀比心理而导致谢师宴的物质化、面子化、扭曲化。同时，社会舆论对于教师群体的道德要求比较高，甚至将谢师宴与吃请受贿等同一体，这导致谢师宴由师生感情的交流升华异化为有损于教师清廉形象的庸俗场合，这恐怕与学生、家长、教师的初衷背道而驰。出于这样的顾虑，很多老师对谢师宴心存忌惮，甚至有的学校明令禁止教师参加谢师宴。

实际上，一般的情况是，当学生或家长举办谢师宴，往往是学生与教师之间的在校关系终结之时，今后学生与教师之间只有师生的情谊而再无利害的纠缠，不再存在接受了谢师宴从而对这个学生特别照顾的利益交换情景。因此，相比于学生或家长在学生在校期间的宴请（这应该是教师坚决回绝的），谢师宴其实没有那么多的功利色彩，相比之下更为单纯、感情色彩更浓，也更体现出尊师重道的传统色彩。因此，出于对师生情谊的珍惜，教师在对待谢师宴问题上可以不必那么拘泥，真正地把学生和家长当做朋友相处，大方地参加谢师宴，真诚地送上祝福语。

谢师宴的形式一般有这样两种：一是由家长组织的；二是由学生们自发组织的。

谢师宴礼仪程序：

家长组织的谢师宴，一般是由主人宣布宴会开始，先由学生致感谢辞，接着是家长致谢辞，第三是老师致贺辞，并向学生赠送小礼品表示祝贺。接下来就是席间宾主亲朋间的觥筹交错，琅琅话语，宾主互祝互谢，尽情欢饮，在愉快气氛中结束宴请。

学生自发组织的谢师宴，一般会策划好活动流程，控制好规模与规格，设计好宴会形式与席间活动穿插，设有一位主持人，参加的老师可能是一位，也可能是几位。在程序上，主持人备好主持词并宣布宴会开始，先由学生代表致谢师辞，接着由老师代表致贺辞。接着是师生之间的频频举杯，把盏话当年。

老师参加谢师宴，一定要注意的一点，就是要主动控制谢师宴的规格，不能放任铺张浪费，在与主人协商的前提下，做到简朴而低调，让情感交流唱主角、让热烈气氛留回忆。同时，教师还要做到：一是注意自己的老师身份，做到欢饮但不过量失态；二是注意角色的调整，融入氛围不刻板；三是备些小礼品或赠言赠送给学生，表达老师对学生的一份情怀；四是控制好现场情绪，防止学生们狂饮致醉，甚至发生意外。

思考与练习

请你做一个宴请计划，内容是邀请新同事小李。

第九章　笔迹墨缘　书卷本色

——诗书礼仪

第一节　传统书信礼仪

书信是一种重要的感情沟通方式，彼此虽不谋面，但字里行间，传情达意，揖让进退之态如睹如见，而且更显温文尔雅、彬彬有礼。

一、书信格式

我国书信文化源远流长，可回溯到春秋战国时期，如李斯的《谏逐客书》、司马迁的《报任安知书》等都是书信礼仪的典范。到魏晋时期就有人开始写“书仪”，即专门研究书信格式的著作，迄今所知最早的“书仪”是晋代书法家索靖书写的《月仪》。经过历代承传与发展，至今大体形成了为世人所认同的书信格式。通常一封书信包括六个部分：称谓语、提称语、思慕语、正文、祝愿语、署名和启禀语。

（一）称谓语

就是称呼语，称呼要符合彼此的身份和关系，更重要的是要用敬称和谦称：对人用敬称，对己用谦称，这是传统文化中“自谦而敬人”的尊重理念在书信中的体现，也是做人的基本原则之一。

称谓语应在第一行顶格写，这是古人书信“抬头”传统的延续。古人行文顺序为竖写，自右而左，凡书信涉及对方名姓或称呼时，无论行文到信笺何处，都要转到下一行顶格来写，称“平抬”（平）；也可以另起一行空一格或两格写，称为“挪抬”（阙），以示尊重。自近代以来“平抬”方式渐少，“挪抬”应用广泛。目前，我国港台地区文人书信在这方面犹为普遍。

1. 敬称：对他人表示尊敬的称呼。常用的敬称有：

（1）古代爵称、官位转换成敬称：

君：原指天子君王，后转换为较为宽泛的对男子的尊称。如称呼已故祖先为“先君”，称自己的父亲为“家君”，妻子称丈夫为“夫君”。现代书信中可以用“君”替代第二人称“你”，显得文雅又尊重，如“接到你的信”改为“接君惠书”；如“听你说话，收获很大“改为“听君一席话，胜读十年书”。

公、卿：古代天子有三公、九卿。公、卿用作尊称，即在姓氏后面加“公”或“卿”字，德高望重者称“某公”、“某卿”；君称臣为“姓＋爱卿”；夫妇、挚友间表示亲密关系也用“卿”。这些敬称在现代书信中时有用之。

（2）“令”字＋称谓

长辈提到晚辈的父母叔伯时，称“令尊大人”、“令堂大人”、“令伯”、“令叔”；

长辈之间互相提到对方的晚辈时，则是：“令郎”、“令息”、“令公子”（对方的儿子）；“令嫒”、“令爱”、“令女公子”（对方的女儿）、“令侄”、“令孙”等；

同辈之间互相提到对方的长辈、兄妹时，则是“令尊大人”、“令堂大人”、“令姊”、“令妹”、“令兄”、“令弟”。

在现代书信中，这些敬称仍然保留。但如果称呼对方的长辈为“你爷爷”、“你爸爸”，称呼对方的晚辈为“你儿子”、“你孙子”则显得有失礼貌。关系密切的同辈之间在称呼对方的长辈时可以与对方使用同样的称呼，比如互称对方的爷爷、奶奶、姥姥。

（3）“台”表尊称

“台”是“三台”简称，为天上的三颗星，指三公，用以尊称对方，例如：台启、台安、台端、台鉴、台甫。

（4）“大”表尊称

如：“尊姓大名”、“拜读大作”。

（5）“老”表尊称

有三种形式，一是“‘您’字＋老”，例如“您老高寿?”；二是“姓氏十老”，例如郭老、张老；三是“双音名字中的第一个字＋老”，例如著名语言学家陈望道先生可尊称为“望老”。

（6）书信中不能出现人称代词“你”、“他”，而用尊称替代。如

第二人称尊称有：您、贵、先生、小姐、夫人、阁下、仁丈、仁兄、砚兄、学长、学兄、学弟、学妹等。如“贵方”、“贵夫人”、“总理阁下”、“祝英台小姐”、“梁山伯仁兄”等。

第三人称尊称有：彼、渠。在现代书信中较少用到了，而常常用尊称或谦称称谓来代替，如与对方提到第三人时，可说“尊夫人”、 “舍弟”等。

2. 谦称：表示自谦的称谓语

（1）过去君主王侯自谦常常称“孤”道“寡”；男人自我谦称“臣”；女人自我谦称“妾”或“臣妾”，这些称呼在现代书信中几乎被淘汰了。

（2） “我”的自谦：在下、生（晚生、小生、学生）、晚辈、敝人、愚、“受业”（学生对老师自称）等。

（3）对他人提及父母及家人时的谦称：

提及父母长辈用“家”：如称父亲为“家父”、“家君”、“家严”；称母亲为“家母”、“家堂”、“家慈”；称家中长辈“家伯”、“家伯母”、“家叔”、“家婶母”、“家兄”、“家嫂”等。提及过世的长辈用“先”：如“先祖”、“先祖母”、“先父”、“先母”、“先伯”等。提及比自己年龄或辈份小的则用“舍”或“愚”：如“舍弟”、“舍妹”、“舍侄”、“愚弟”等。提及自己的妻子可用“内人”、“拙荆”、“媳妇”、“太太”、“老婆”，千万不能称“这是我夫人”，因为“夫人”是尊称而不是谦称。提及自己送别人礼物用“菲”、“薄”、“寸”、“芹”等，如“薄酒一杯，聊表芹献”，请人吃饭说“略具菲酌，不成敬意”，“礼轻意重，聊表寸心”。

3、在书写格式上，提到自己可用扁格和用较小的字，例如鲁迅致母亲的信中，两次提到自己“男”都用的扁格和小字号，而这种格式在现代书信中较少运用了。

例文一：鲁迅致母亲的信

母亲大人膝下，敬禀者，四月廿四日来示，已经收到……上海报载廿六日起，北平大风，未知寓中如何，甚以为念。大人胃病初愈，当无力气，当希加静养为要……男身体尚好但因琐事不少，故不免稍忙……专此布达。

恭请

金安

男树叩上广平及海婴同叩

四月三十日

（注：树：鲁迅原名周树人；广平是其妻子；海婴是其儿子）

例文二：毛泽东致符定一的信

澄宇先生夫子道席：

既接光仪，又获手示，诲谕勤勤，感且不尽。德芳返平，托致微物，尚祈哂纳。世局多故，至希为国自珍。

肃此。敬颂

教安。不具。

受业：毛泽东

年　月　日

（德芳：指符定一女儿符德芳）

（二）提称语

是用在称谓语后面表示尊敬的词语，与称谓语形成对应关系。常用的提称语有：

用于父母：膝下、膝前、尊前、道鉴（鉴：表示请人看信）；

用于长辈：几前、尊前、尊鉴、道鉴、赐鉴、尊右、钧鉴；

用于师长：函丈、坛前、坛席、讲座、尊鉴、道席、撰席、史席；

用于平辈：足下、阁下、台鉴、大鉴、惠鉴；

用于同学：砚右、文几、台鉴；

用于晚辈：如晤、如面、如握、青览；

用于女性：慧鉴、妆鉴、芳鉴、淑览、懿鉴。

提称语可以几个词叠加使用，以示尊敬程度之深。例如，毛泽东致老师符定一（澄宇）先生的信的开头“澄宇先生夫子道席”，一连用了三个提称语“先生”、“夫子”、“道席”。现代书信已较少用这些提称语了，随着现代白话文的普及，常常使用如“父母大人”、“兰兰爱女”“小强吾儿”、“王刚学友”等，用之会显得文雅庄重。

（三）思慕语

提称语之后，不直接进入正文，而用简练的文句表达对收信人的思念或问候或仰慕之情的话，叫思慕语。常见的思慕语例举：

思念语：
不睹芝仪，瞬又半载；
自违芳仪，荏苒数月；
风雨晦冥，时殷企念；
多日未晤，系念殊殷；
望风怀想，能不依依；
寒灯夜雨，殊切依驰；
何日西窗，重联短榻；
乍暖还寒，甚以为念；
久未通函用疏候语：
病魔时扰，致疏音讯；
久疏问候，伏念，宝眷平安，阖府康旺；
奔走四方，久离乡井，从此远隔，顿觉阔疏；
珍重语：
春寒未解，诸维珍重；
纸短情长，万望珍重；
接信语：
刻接手教，敬悉一切；
接奉大札，敬悉种切；
来信收阅，勿念；
倾接赐礼，不胜欣喜；
请教语：
乞复候教；
还望不吝赐教；
敬祈示知；
伫候明教；
盼即复赐；
抱歉语：
抱歉之至；
歉疚殊深；
甚感愧怍；
至感不安；

惭愧至极；

现代书信中的思慕语更是举不胜举，例如“久未通信，近来可好?”；“中秋月圆，分外思念”，“久闻芳名，如雷灌耳”；“久仰大名，时深景慕”；“相思之切，与日俱增”；“来信收悉，勿念”；“近闻贵体微恙，甚为牵挂”等等，不一例举。

（四）正文

是信的主体，有话则长，无话报平安；文字内容清晰明了，可分成若干段落来写。

（五）祝颂语

对收信人表示祝颂、勉励、劝慰、尊敬的话。

祝颂语第一行要空两格书写，第二行要顶格书写，后加“!”。古代书信中的祝颂语例举：

用于父母：叩请金安；恭请福安；敬请福安；敬叩禔安；顺叩崇祺。

用于长辈：恭请崇安；敬请福祉；敬颂颐安；谨祝荣寿；敬祝安好；敬祝健康；敬请康安；虔敬崇安；敬请钧安；恭请福绥。

用于师长：敬请教安；敬请教祺；敬颂诲安。

用于平辈：顺祝时绥；即问近安；敬祝春祺。

用于学友：即颂文祺；顺颂台安；恭候刻安。

用于女性尊长：恭叩慈安；恭请懿安；敬请坤安；敬请淑安。

现代书信中，这些旧辞古语已用的不多了，而以现代白话祝语来替代，如：身体健康、平安顺利、阖家团圆、一路平安、心情愉快、敬祝健康、诸事顺利、贵体康泰、顺问近好、专此祝好、即问（颂）近祺、日祺、冬安、春安、夏怡、秋安、顺颂大安、大吉大利、此布即颂、专此布达、此致敬礼……

（六）署名与启禀语

祝颂语之后要署写信人的名字，也叫落款；落款后面要有启禀语，即请书信人开启信件的敬语。启禀语有：

对长辈：叩、叩上、叩禀、跪禀、敬禀、谨禀、谨上、奉上、拜上、再拜、百拜，等。

对平辈：谨启、手书、鞠启、上，等。

对晚辈：字、白、谕、示，等。

最后，署日期：一般将写信日期写在署名与启禀语的下一行右下方。

二、信笺折叠

古时信笺折叠或者先横后直，或者先直后横，都是有一定讲究的，而现代书信不拘横竖，但文字必须向外，信笺顺折向上最为恰当，当收信人抽出信笺，一眼就能看到对自己的称谓。切忌文字向内反折，按传统习俗说法，那是报丧、凶信的折法。

三、信封格式与信封用语

信封有横式和竖式两种格式。横式信封行序由上而下，字序由左而右；竖式信封行序由右而左，字序由上而下。目前我国通行的是标准信封，即印制好邮编空格的横式格式。港澳台地区常用传统格式。

信封书写要求：

1. 字迹清晰，一目了然；收信人姓名应居信封中间，字体稍大一些；

2. 称呼：收信人的姓名后空 2～3 个字写上称呼，如“先生”、“女士”。值得注意的是，信封上的称呼与信笺上的称呼不能一样。信笺上的称呼是写给收信人的，而信封上的称呼是写给邮递员的，如果在信封上写“××父亲大人安启”字样，则是失礼的。

3. 启、缄：

启：称呼后面要有“启”字样。关于“启”的用法：

（1）最普遍的为“台启”；

（2）用于祖父母、父母用“安启”；用于其他尊长是“钧启”、“赐启”、“俯启”；

（3）用于平辈用“大启”；用于小辈是“手启”；

（4）对自己的子女不用“启”，而用“手拆”、“收折”等。

缄：是“封”的意思，旧时的信是写在竹简上的，为了防止别人偷看，就在上面用木板覆盖起来，用绳子扎好，那个绳子就叫做“缄”，我们现在说“三缄其口”就是“封好”、“扎好”的意思。后来用封泥把信封好，再在封泥上盖章，表明这封信没有被拆开过。“缄”字写在寄信人地址姓名之后，可只写一个“缄”字，也可以写“缄寄”；对父母、尊长要用“谨缄”。

需要说明的是，名信片无“启”与“缄”：因为名信片无套封，寄者无用缄，收者无用启，只在名字和称呼后面写上“收”字就可以了。

随着现代通讯技术的越来越快捷便利，电话、电子邮件、传真、手机短信等已成为了现代人的主要沟通交流方式，传统的书信受到一定程度的冷遇，但是，书信的作用和意义在许多方面是这些通讯形式所难以取代的。比如，仅仅从情感角度而言，书信的一个最重要的意义就是传递感情，由于书信大多是写信人亲笔所为，只有少数不会写字的人请人代笔，所以，那种“见字如面”的情感份量是上述通讯形式所无法相比的。像曾国藩家书、傅雷家书、鲁迅和许广平的两地书以及许多名人和普通人所保留的书信都成为珍贵的历史文化资料。我们大都有这样的体验，当我们接到对方的亲笔来信和拿到一封打印的信函时的心情和感受是不一样的，特别是阅读家人、师长、朋友在若干年以前的来信，手捧发旧的信纸和写信人熟悉的笔迹，往日情怀历历在目，一种故旧重逢的感情会油然而起，而这种感情正是人们最值得回忆和拥有的美好体验。所以，我们完全可以充分利用高速发达的现代通讯技术，同时，不要忽略书信这一传统的传情达意的重要通讯形式。

作为教师，教会学生写书信，懂得古代书信礼仪规范，传承优秀文化传统是义不容辞的职责。

第二节　礼仪文书

礼仪文书是人们在应酬、庆贺、哀吊等礼仪活动中用来表情达意的书信，其种类主要有致词、题词、赠言、序跋、柬贴、唁函、讣告、悼词等。

一、致词

致词也叫致辞，是在各种喜庆场合或会议场合的礼仪演讲词。致词主要包括祝词、贺词、欢迎词、欢送词、答谢词等。

（一）祝词贺词

是致词人表示祝愿和祝贺的礼仪演讲词或文稿。祝词贺词在一些场合可以互用，但二者还是有些许差别：祝词一般是对未果事情表示祝愿与希望，贺词往往是对已果事情表示庆贺，但二者在使用礼仪上是基本相通的。

1. 种类

根据祝贺对象的不同，祝贺之词可分为祝贺事业、祝贺寿诞、祝酒三类。

祝贺事业：一般用于会议、运动会、文化艺术节、取得优异成绩、开业剪彩、纪念日、新年等重大活动的开幕闭幕和节日祝贺词。

祝贺寿诞：老年祝寿、中年华诞、青少年儿童庆生等常见活动时的祝贺词。寿诞祝词一是祝福健康幸福长寿，二是颂其品行、业绩。

祝酒：宴会酒会上常用演讲词，宾主双方一般都要致祝酒词。主人的祝酒词一是表示对来宾的欢迎，二是说明宴会主题；主宾的祝酒词一般重在表达对主人的感谢，另外假如主人没有说明宴会主题，主宾在祝酒词中可予以说明或加以重申强调。

2. 基本格式：

祝词贺词的写法灵活多样，可以是诗词形式，可以是对联形式，可以是文章形式。其中，文章形式是较为常见也较为正式的形式，其格式大致包括四个部分：

(1) 标题　标题的写法有两种：

一种是"致词人＋场合＋祝（贺）词二字"构成，例如：《某某老师在教师节表彰大会上的祝词》；另一种"祝贺对象＋事由＋祝（贺）词二字"构成，例如《某某中学全市统考荣获第一名的贺词》。

(2) 开头　首先是称呼，要写明祝贺对象的姓名、身份、职务，为表尊敬，一般在姓名前用"敬爱的"、"亲爱的"、或"尊敬的"字样。例如："亲爱的新同学"。

(3) 正文　这是祝贺词的主体，一般由三部分构成，一是表致意（祝愿、祝贺），二是祝贺内容，三是展望未来，再次表祝贺。

(4) 落款　书面的祝词要有正式落款，写上祝词发出者（可以是某个具体的人，也可以是某个机关单位、企事业集团或社会团体）以及时间。口头宣读的贺词，如果是重大场合，在本人亲自宣读的情况下，可不宣读落款日期；在由他人代为宣读的情况下，应出现落款及日期；由机关社团等发出的祝词应宣读落款及日期。假如不是重大场合，则是否宣读落款及日期均可。

3. 祝词贺词的语言风格

充满喜庆、热烈、健康、积极的格调，肯定与表扬要恰如其分，使祝贺对象感到愉快舒服，也受到鼓舞激励，忌讳批评、辩论、质疑性语言，也注意避免颂扬过度甚至谄媚而适得其反。

4. 字数简明扼要，不宜过长，以把握在发言时间 2～3 分钟为宜。

例文一：祝寿诞

尊敬的各位来宾，各位亲朋好友：

春秋迭易，岁月轮回，当甲申新春迈着轻盈的脚步向我们款款走来的时候，我们欢聚在这里，为我尊敬的奶奶共祝八十大寿。

在这里，我首先代表所有亲朋好友向奶奶送上最真诚、最温馨的祝福，祝奶奶福如东海，寿比南山，健康如意，福乐绵绵，笑口常开，益寿延年！

风风雨雨八十年，奶奶阅尽人间沧桑，她一生中积累的最大财富是她那勤劳善良的朴素品格，她那宽厚待人的处世之道，她那严爱有加的朴实家风。这一切，伴随她经历了坎坷的岁月，更伴随她迎来了今天晚年生活的幸福。

嘉宾旨酒，笑指青山来献寿；百岁平安，人共梅花老岁寒。今天，这里高朋满座，让寒冷的冬天有了春天般的温暖。

君颂南山是说南山春不老，我倾北海希如北海量尤深。最后还是让我们献上最衷心的祝愿，祝福老人家生活之树常绿，生命之水长流，寿诞快乐，春辉永绽！

祝福在座的所有来宾身体健康、工作顺利、合家欢乐、万事如意！

谢谢大家！

××××年×月×日

例文二：教师节祝酒词

尊敬的各位领导、同仁们：

在这硕果累累的金秋时节，我们怀着喜悦与感恩迎来了第 28 个教师节，更怀着激动与光荣来参加全市教师节座谈会。

经常有人说，教师是是一个神圣的职业、是一个奉献的岗位，但我要说，教师更是一个幸福的职业、一个收获的岗位。有句话说的好，爱自己的孩子是人，爱别人的孩子是神。作为一名老师，他对教育事业的忠诚、对学生的爱同时赋予了自己崇高的色彩，收获了学生纯真的回馈，这是身为教师最宝贵的收获。让我们坚守住这份幸福，“春蚕到死丝方尽，蜡炬成灰泪始干”，为心爱的教育事业做出自己的最大贡献。

各位老师，我们都曾经或将要经历一系列成长的过程，从稚嫩到成熟、从忐忑到从容，但不变的是我们无私的付出！淋浴着校园的阳光雨露，感染者学生们的朝气活力，接受着各级领导和老师们的帮助与支持，让我们在教书育人的路上走的更加坚实、更愿坚守。

最后，让我们共同举杯，为了我们的学生，为了我们的事业，为了大家的健康，干杯！

（二）欢迎词、欢送词、答谢词

欢迎词和欢送词是在专门的仪式上，主人对宾客的到来表示欢迎，或对宾客的离去表示欢送的致词。

答谢词是在专门的仪式上，宾客对主人的热情接待表示衷心感谢的致词。

欢迎词、欢送词和答谢词的格式、写法及语言文字风格与祝词贺词基本相同，只是在内容方面有异。

例文一：欢迎词

在 2010 级新生开学典礼上的致词

尊敬的各位领导、各位老师，亲爱的同学们：

大家好！在这收获的季节，我校迎来了充满青春与活力的 2010 级新同学。首先请允许我代表我院全体教师，对同学们经过长期努力，严格选拔，如愿步入大学殿堂表示衷心的祝贺和热烈的欢迎。

每年都有这样的开学典礼，每年都有这样的场景，但是今天却是非同寻常的，因为你们是我校获批本科教育以来所招录的第一批新生，随着大家的入学，沧州师范学院正式掀开了崭新的篇章，我们已经骄傲地成为这一历史时刻的见证者和亲历者。

借此机会，我要代表全体教师对大家说一说心里话。同学们，你们每一个人身后都有一片关注的目光，学校、家长和老师对你们寄予厚望。步入大学校门是人生中一个良好的开端，而面对这样一个倡导“终身学习”的时代，我们更应该树立起远大的理想，为自己的未来做一个长远的规划，为自己的未来积蓄足够的能量。大学是读书学习的最好场所，但它又不仅仅是一个读书学习的场所，它是由单纯的学习生活走向社会职业的纽带，这就决定了在今后的大学生活中，你们不但要学习专业知识，还要关注社会，锻炼能力，全面发展。在这里，学会做事重要，学会做人更重要；学习知识重要，学会如何学习更重要；施展自己的才华重要，培养团结友爱的团队精神更重要。

前面的路并非坦途，同学们应该有充分的心理准备，去挑战学习中的困难，去迎接人生风雨的洗礼！同学们，应该记住：大学时光是一生中最宝贵的时光，一分耕耘、一分收获，你们选择了勤勉和奋斗，也就选择了希望与成长；你们选择了纪律与约束，也就选择了理性与自由；你们选择了痛苦与艰难，也就选择了练达与成熟；你们选择了拼搏与超越，也就选择了成功与辉煌！

同学们，作为教师，我们永远都会是大家坚实的后盾，我们将竭尽所能，让学校成为大家学习知识、发展能力、展示才华的最好平台。同学们，我们的梦想、荣誉都与你们连接在一起，你们的幸福将是我们由衷的期盼，你们的进步将是我们最大的欣慰，你们的成功更将是我们最深的骄傲！

让我们师生团结一心，去创造美好的明天。

最后，祝同学们在未来的日子里劈波斩浪、学有所成！

谢谢大家！

××系×××

2010 年 9 月 11

例文二：欢送词

在 2009 届毕业典礼上的致词

尊敬的学校领导、老师：

亲爱的同学们：

大家上午好！

今天，是一个庄严的日子，也是一个非常值得纪念的日子。2009 届毕业生圆满完成了学业，欢聚一堂，在这里举行热烈而隆重的毕业典礼。请允许我代表全校老师向即将毕业的同学们表示衷心的祝贺！

同学们，三年的大学生活，你们走过了春夏秋冬，春华秋实，一分耕耘一分收获；一千多个日日夜夜，你们走过了赤橙黄绿，色彩纷呈，描画了自己多彩的人生；你们趟过了一段知识的河流，智慧女神开启了你们年轻的心智；你们攀上了一座才能的山峰，沧州师专激发了你们潜在的本领；你们修身养性，爱国孝亲，尊师重友，传承了我校优良的文化传统；

多少个日子，你们坐在明亮的教室伏案苦读；多少个夜晚，你们仰望星空凝思遐想……

三年前，你们带着大学的梦想来到这所学校，入学时的情景历历在目；眨眼间，你们即将离开母校、离开老师，离开朝夕相伴的同学，开始新的人生旅程。三年来，你们经过自己的刻苦努力，顺利完成了几十门课程的学习，掌握了知识和技能，磨砺了意志和精神，学会了做人做事的道理和方法。在你们身上，老师看到的是年轻一代的健康成长，是积极进取、迎难而上的自信，是蓬勃的青春，是肩负祖国未来、民族希望的一代新人！

同学们，今天的毕业典礼，既是你们大学生活的一段结束，又是步入社会的新的起点。希望你们在今后的工作和生活中，要继续保持良好的学习习惯，学海无涯，知识永远是无穷无尽的，做到“活到老，学到老”；要不断提高自身素质和适应社会的能力，正确处理好复杂的人际关系，勇于克服困难和挫折，保持乐观的生活态度和良好的精神风貌，学会生存，求得发展。要坚定理想，明确目标，执着于事业的追求，不怕吃苦受累，学会从基础做起，脚踏实地，一步一个脚印地向前迈进，实现自己的人生价值；要自强不息，充满信心，努力奋斗，毫不气馁，以昂扬的激情迎接人生的新挑战，以良好的形象展示我校学子的风采，以高度的责任感为社会、为人民、为祖国奉献自己的青春和才华！

同学们，虽然你们离开了美丽的校园，但从老校区到新校区，一草一木一砖一瓦都记下了你们青春的剪影；

虽然你们离开了老师，但老师会始终牵挂着你们的生活，关注着你们的成长，期盼着你们的进步，祝福着你们的顺利！

虽然你们毕业了，但母校永远是你们温暖的家园，是你们坚强的后盾！

“海阔凭鱼跃，天高任鸟飞”，你们风华正茂，恰同学少年，意气风发，相信在未来的日子里，你们一定不会辜负老师的殷切期望和谆谆教诲，努力学习，勤奋工作，谱写人生新的乐章，为母校、为老师增光添彩！

衷心祝愿同学们前程似锦，一路顺风！

谢谢大家！

××系×××

2009 年 6 月 25 日

例文三：答谢词

答谢词

尊敬的市档案局刘局长、王主任：

尊敬的市交通局档案室于主任：

首先，让我代表××学院××系文秘班的全体同学，对您们为我系学生的这次校外专业实习所进行的周密安排、热情接待和现场指导表示衷心的感谢！

为了应对社会发展对高校提出的新的培养要求，我校提出了应用型创新型复合型人才培养的总体目标，由此带来了教学理念、教学方法上的一系列改变。以往，我们学生的知识来源就在校园里、课堂上、书本中。目前，随着社会对应用型创新型人才的需求，我们设法对接社会，对接人才需求现状，千方百计把课堂拉到社会，让学生从实习实践中得到真才实学。“档案学”课程的校外参观就是这样的一个举措。方案设想之初，我们曾为与实习单位的对接而忐忑，深恐影响了对方正常的工作秩序。但当我们找到市档案局领导寻求支持时，让我们深受感动的是，市档案局刘局长不仅亲自协调这件事，而且两天来一直亲临我们的实习单位市交通局档案室，现场协调指导。交通局档案室的于主任更以她娴熟的业务功底，和敬业的态度，一页页不厌其烦地给学生讲档案的性质、归类与管理等专业知识和技能，使学生感到课本之外的课堂之大、之深，学习到了刘局长、王主任和于主任的敬业精神和高超的专业技能，也由此建立了与您们的合作交流机会。我们相信，有您们的支持，我们的专业会办得越加向好，我们的人才培养理念会更加清晰，我们的学生也会因此更加珍惜课堂内外不同的学习机会，他们会以优异的成绩回报您们、回报社会对他们的关心和爱护！

最后，再一次感谢您们对我们所做的一切！

××学院×××

年　月　日

二、题词

也称题辞，是为给人、物或事留作纪念而题写的文字。

题词的最大特点就是它的纪念性，其格式较为自由灵活，但要求“叙事欲简而赡，秉笔欲健而严”，即应做到叙事简短充实，语言严谨有力；词语可以是自编，也可以是摘录前人或名人格言佳句等，只要是恰到好处，起到作用，达到效果即可。

题词可分为给人题词、给物题词、给事题词三类。

（一）给人题词

按被题对象的身份可分为以下三种：

1. 给英雄人物题词

这类题词是为了表示勉励、赞扬，也有纪念意义和号召力量。在这方面，毛泽东主席堪称典范。如，1939 年毛主席题写了“毫不利己，专门利人”来纪念国际主义战士白求恩医生；1944 年题写了“为人民服务”几个大字号召人民向解放军英雄张思德学习；1947 年为纪念 13 岁的女共产党刘胡兰壮烈牺牲的英雄壮举而挥笔题词“生的伟大，死的光荣”；1963 年 3 月 5 日为纪念人民的好战士雷锋而写下了“向雷锋同志学习”的题词。这样的例子举不胜举，如孙中山先生为鉴湖女侠秋瑾的题词“巾帼英雄”，宋任穷为人民的好书记焦裕禄题写“学习焦裕禄同志，全心全意为人民服务”等等。这些题词言简意赅，激情浩然，达到了勉励、激励、赞扬、号召和纪念的作用。

2. 长辈给晚辈题词

这是长辈对晚辈表示关怀、奖掖、勉励的一种方式。徐特立曾题词给青年学生：“有关家国书常读，无益身心事莫为。”我国四代领导人都对少年儿童寄予殷切希望，先后题词予以勉励，毛泽东主席的题词是“好好学习，天天向上”，邓小平的题词是“立志做有理想、有道德、有知识、有体力的人，立志为人民做贡献，为祖国做贡献，为人类做贡献”，江泽民的题词是“星星火炬，代代相传”，胡锦涛题写的是“勤奋学习，快乐生活，全面发展”。

3. 同辈之间的题词

这种题词也称赠言，是使用频率最高的一种。友人之间，同学之间，常常使用，往往写上“赠××”字样，也可直接就写题词内容。

例如瞿秋白赠鲁迅的题词：“人生得一知己足矣，斯世当以同怀视之”，表达二人间的深厚友情；巴金为表达对冰心的敬佩，用冰心散文《小桔灯》的立意，写下了“有你在，灯亮着”的赠言。著名京剧艺人谭鑫培晚年请梁启超为自己的一幅画像“渔翁蓑笠图”题词，梁启超即兴题诗一首："四海一人谭鑫培，声名廿纪轰如雷。如今老矣偶玩世，尚有俊声吹埃尘。菰雨芦风晚来急，五湖深处一烟笠。何限人间买丝人，枉向场中费歌泣。"梁起超的诗中既切入渔翁蓑笠的主题，又对谭鑫培的艺术揄扬有加，从此"四海一人谭鑫培"蜚声中外。

（二）给物题词

这类题词可分为四种情况：

1. 给自然景物题词，包括名胜古迹、山川风物等

浏览山川草木，名胜古迹，随处都见文人墨客的题词墨宝，如泰山的"五岳独尊"刻石，云台山的"娲遗石"题词，趵突泉的"天下第一泉"，万里长城的"不到长城非好汉"，山海关的"天下第一关"等，这使我们在饱览大自然的无限风光时，又可以领略到悠久灿烂的历史文化，

给自然景物题词的注意事项：

（1）遣词用语形象逼真，栩栩如生，彰显出该地的奇景异色。就拿华山来说，那里石奇壁峭，峰险路难，文人墨客的题留生动形象，惟妙惟肖，如：华山论剑、涧壑烟霞、登天云梯、屏障西天、云海、通天路、奇险灵秀、力扶元气、玉峰高处、履险如夷等等，题写出了西岳华山的迷人景色。

（2）调动中国语言文字的艺术魅力，令人产生向往之情。例如，杭州西湖湖心亭有一石碑，名为"虫二"，是为清乾隆皇帝手书。传说当年乾隆下江南，夜游西湖，被湖心亭美景深深吸引，便题下了"虫二"二字，寓意"风月无边"。原来这两个字是取自繁体字"风月"二字的中间部分，把外框去掉，就变成了"虫二"。这就是靠语言的想像力使景物留下了动人故事。

（3）注意保护自然景观，不能乱涂乱刻乱画，体现出应有的礼仪修养。如"某某到此一游，消闷解愁，远望群山，一锅窝头"之类，此话用来逗趣玩笑尚可，如果涂在景点上就是既少文化又乏素养的表现了。

2. 给建筑物题词，包括题额、题匾、题门、题墙等

顾名思义，这是题在匾、额、门、墙上的词。过去，牌、匾、额在功能、用途和形制上是非常有讲究有区别的，现在人们常常笼统地称其为牌匾、匾额。

游山水名胜、观亭台楼阁、入园林宅邸、进殿堂庙宇、过关隘码头等，游人常会被那一幅幅悬挂端正、透着神韵灵气的匾额吸引驻足，它们

像一位位饱读诗书的老人，透视着古老的文化遗存，妆点着一个文明古国的文化仪容。

匾额题写的内容与特点：

（1）楼堂殿阁名称，蕴涵丰富又文采独具：如滕王阁、望月亭、长生殿、望江楼；如文学名著《红楼梦》中贾府专为元春省亲建造了一座园子，取名“大观园”，大观园里的每个建筑根据不同风格又分别取了独具特色又极富寓意的名称，如怡红院、潇湘馆、稻香村，暖香坞、栊翠庵、蘅芜苑、滴翠亭、藕香榭、凸碧山庄、凹晶馆等等，不但字面极富美感，而且含蓄地点名了各个主要人物的命运以及四大家族的命运兴衰。

（2）歌功颂德的内容：如俭德遗风、禄阁流芳、棣萼连辉、桃李满园、爱民如子、名垂千古等。

（3）绘景抒情：如鸳飞鱼跃、清风肃来、山清水秀、春和景明、爱吾庐、汉儒家、见大宾等。

（4）借物抒怀：壮志凌云、还我河山、鞠躬尽瘁、天伦叙乐、诗书传家、耕读传家、家和万事兴等。

这类题匾一般都浸润着诗文典故，具有较深的含义。

如汉代司马相如未得志时，路过成都““升迁桥”，题词曰：“不乘驷马高车，不过汝下!”。

又如，一篇名为《那些民居的题匾》文章，介绍鄂赣边界一些人家在祠堂和民居上赫然悬挂的匾额。如在一个村落，好多房子门匾写着“江陵世泽”，原来这里是楚王古地，熊姓之族；有一座老房子，门楣上写的是“一部春秋”，原来这家姓吕；一处祠堂挂“带草流芳”的匾，其典故是东汉经学大师郑玄，用自家门前的带草捆绑书籍，郑氏后人以“带草”作为堂号，寓意在于激励后人博览群书。

比如还有这样一个有趣的故事：清朝大臣和珅在府内建造凉亭一座，竹林环绕，气派非凡，凉亭需要一幅亭额，便求大学士纪晓岚题字，纪晓岚爽快答应，题以“竹苞堂”三个字”。这字出自《诗经·小雅·斯干》中“如竹苞矣，如松茂矣”句，人们常以“竹苞松茂”颂扬华屋落成，家族兴旺。和珅大为高兴却不解其意，就高高挂在亭子上。乾隆帝临幸和珅宅第，一见纪晓岚题字，马上就知道了纪晓岚是在捉弄和珅。原来这是纪晓岚骂和绅是“个个草包”。

3. 为日常用品题词

这类题词一般题在扇子、茶具、笔筒、手帕等物上面，其中以题在扇子上居多。

扇面题词内容丰富多彩，以诗词名文、格言警句，成语典故为主，如“鹏程万里”、“金石可镂”、“天道酬勤”，“紫气东来”、“江山如此多娇”、“山随画活，云为诗留”、“竹：咬定青山不放松，立根原在破岩中，千磨万击还坚劲，任尔东西南北风”，等等。

扇面题词格式一般从右向左写，空不空行要看字数和空间大小定。字的大小要根据题词字数而定，字体没有要求，全由题词者决定，一般不再配画。

4. 给书籍题词

这类题词包括为书籍题写的书名、题言、题诗等，它比序言更精炼，更概括，有时借此抒发感情，表示对社会、对作者的评价等。例如江泽民总书记为《中国大百科全书》题词：“弘古今中外知识，扬中华民族风采。”

需要注意的是：

第一，注意所题书籍的内容与种类，考虑是学术著作还是文艺作品，是科技类的还是语言文学类，是通俗类的还是高雅类的，是农村题材还是城市题材，等等。

第二，注意是为他书题词还是为自己书题词。为他书题词当然就遵守上述注意事项，如果是自己著书赠送他人，那么一般而言，就是下面第三点介绍的题写方式了。

第三，如果是赠给长辈或领导，则写请某某指正、雅正、斧正、惠存；若是赠给晚辈，可写请某某惠存。

（三）给事题词

一般指给某个单位、某项有意义的事业的题词。题词者往往是社会中较有名望的人，如领袖、首长、学者和专家等。

如1947年，时任国民政府要员的白崇禧和李宗仁为广西省立医学院校庆分别写了“发扬医学精神，维护民族健康”和“同济寿宇”的题词；

1941年，毛主席为《通信战士》杂志题词：“你们是科学的千里眼，顺风耳。”1945年9月，主席又为重庆《新华日报》的题词：“庆祝抗战胜利，中华民族解放万岁。”

又如，1985年7月，邓颖超同志为人民教育出版社建社35周年题词：

“教材的编辑和出版是为四化培育人才的一项基本建设。”

1991年仲夏，冰心老人受邀为《人民日报海外版》与南京一家杂志社联合举办的一个散文征文活动写题词以示纪念，时年91岁的冰心，以她特有的清丽典雅的文笔，借用清代词人纳兰性德词作了题词：“金陵明月奖征文纪念，但似月轮终皎洁，不辞冰雪为卿热，辛未中秋书纳兰成德句，冰心”。

1997年为庆迎香港回归，家住北京海淀六郎庄乡的掏粪工人魏林海与几个乡间书画爱好者在自家西屋搞一个书画展，想请一位名人写个条幅以壮声色，于是辗转找到了季羡林。季老听说是掏粪工人求题，欣然答应，很快就写好了“六郎庄农民书画展”的横幅。字苍劲有力，韵味高古，挂在展室中颇有高雅之气，二人也因此成了忘年交。

三、赠言

指的是为亲朋好友题写的纪念、惜别之词。

通常，赠言无特定格式，内容视赠别对象而定，形式上与题词有相似之处，即也可以是简短的诗词，可以是格言警句，有时也可是一篇短文，可以是自己拟词，也可以抄录名人名言，但需情真意切，高雅文明，积极向上，具有鼓励、激励作用。需要注意的是，那些消极颓废、庸俗无聊的文字是不能用来作赠言的。

赠言的类型：

按内容区分，常见的有：激励性赠言、祝福性赠言、褒扬性赠言、怀念性赠言、鞭策性赠言等。

按形式区分，常见的有：诗歌式、抒情式、格言式、对偶式、算术式、仿古式等。

举例：

1. 激励性赠言

“长风破浪会有时，直挂云帆济沧海。”

“海内存知己，天涯若比邻。”

“激流勇进，再攀高峰。”

“世界上本没有路，走的人多了，便成了路。”

“失败是成功之母，老师相信你！”

2. 祝愿性赠言

“莫愁前路无知己，天下谁人不识君。”

“今日的分别，是为明天的相聚，祝朋友前程似锦，一路顺风!”

“但愿人长久，千里共婵娟!”

“你是我的学生，也是我的孩子，今后无论是工作还是求学深造，老师都会祝福你!”

3. 思念性赠言

“桃花潭水深千尺，不及汪伦送我情。”

“劝君更饮一杯酒，西出阳关无故人”。

“洛阳亲友如相问，一片冰心在玉壶。”

“遥知兄弟登高处，遍插茱萸少一人。”

“孤帆远影碧空尽，唯见长江天际流。”

“你美丽的笑容和执着的精神给老师留下了深刻印象，老师永远记得你。”

4. 赞美性赠言

“生如夏花之绚烂，死如秋叶般静美。”

“春蚕到死丝方尽，蜡烛成灰泪始干。”

“知书达礼，秀外慧中，老师为你骄傲!”

5. 鞭策性赠言

“墙角的花，你孤芳自赏时，天地便小了。”

“古人学问无遗力，少壮工夫老始成。”

“盛年不重来，一日难再晨，及时当勉励，岁月不待人。”

“青春须早为，岂能长少年。”

“莫等闲，白了少年头，空悲切!”

“少壮不努力，老大徒伤悲。”

“你没有摘到的只是春天里的一朵花，而整个春天还属于你，孩子，别灰心!”

6. 致谢性赠言

“滴水之恩，当涌泉相报!”

“谁言寸草心，报得三春晖。”

“鸦有反哺之义，羊知跪乳之恩。”

“路遥知马力，日久见人心。”

“您是我暗夜的灯光，照亮我懵懂的青春，您是我成长的阶梯，让我踏上更高的领域，谢谢您，老师，永远!”

四、序跋

序与跋的合称，前人也通称为“题跋”，明代徐师曾《文体明辨》中说：“按‘题跋’者，简编之后语也。凡经传、子史、诗文、图书之类，前有序引，后有后序，可谓尽矣，而总谓之‘题跋’。”其中所说的“序引”和“后序”即为序和跋。

序跋的作用主要是为了方便读者，使读者看了序跋，就可知道这本书撰写目的，以及内容大略、体例方法等等，以便于阅读。

序又称为叙、叙文、叙言、序言、序文、引、引言、导言等，放在书的前面，对书籍内容、出版宗旨、编写体例和作者情况进行说明，也可以对书籍进行评论及有关问题的研究阐发。

“跋”也称“后序”，置于书后，它是作者需要补充说明或表示感谢的话，也可以是别人的心得、意见、考证等内容。

序与跋一般由作者自己写，也可请别人写，从形式上，一般序详而跋简，序重在对全书做总体说明，跋则只是有感而发，内容与形式更为自由灵活，议论、叙事、说明、抒情无所不可，篇幅大都短小，少有长篇。

如王羲之的《兰亭集序》、鲁迅的《呐喊·自序》韩愈的《张中丞传后叙》、文怀沙的《红楼梦研究·跋》，都是著名的序跋文章。

五、请柬

又名请简、请帖、柬帖，是邀请宾客参加某一重大或重要活动时使用的正式邀请书。

（一）柬贴种类主要有：

1. 公务活动类：如纪念活动、招待会、座谈会、研讨会、展销会、洽谈会、招聘会、新闻发布会等。

2. 文化艺术类活动：如文化艺术节、体育赛事、文艺演出、书画展、舞会、晚会等。

3. 宴会类：如婚宴、招待宴、茶会酒会等。

4. 庆吊类：如校庆、开业、新厦落成、开业典礼、开学典礼、毕业典礼、诞辰、聚会、谢帖、婚帖、礼帖、丧务等。

（二）请柬的特点主要是：

第一，它是正式发出的邀请，郑重诚恳；

第二，格式基本固定，所以常常买来印制好的请柬，直接填写；

第三，内容简短，一般只要把活动的时间、地点、活动名称、主题、受邀宾客姓名写清楚即可；

第四，制作精美。

举例：

请 柬

王教授：

兹定于9月10日下午3时在某某学校大礼堂举行庆祝教师节表彰大会，敬请届时光临。

顺致

教安！

某某学校

年　月　日

六、唁函

唁函是亲朋好友家中有丧事而无法前往吊唁而发去的慰问信，语体上通常为文言文，现在也常用白话文。其格式与写法如下：

（一）格式

1. 开头：收唁函者的称呼，如系死者家属应写其姓名，并加先生、同志、夫人等称呼。

2. 正文：主要表示惊悉噩耗的悲痛心情，略述死者的美德、情操、业绩，表达化悲痛为力量的决心。

3. 结尾：向丧家诚挚问候，节哀顺变。

4. 署名：写发唁函者的姓名，再写年月日。

（二）写法

1. 用词要深沉、质朴，体现吊唁者的悲痛悼念之情，忌讳油腔滑调，滥用修饰词；

2. 对死者生前品行业绩的表述要恰如其分，突出本质；

3. 语言要精练、概括、朴实、安详。

4. 唁函要写得及时，否则将失去原有意义。

5. 篇幅不宜过长。

举例一：唁友丧父

路平先生礼鉴：

顷接讣音，敬悉令尊大人遽归道山，剑水云横，花庭月暗。令尊大人耆年硕德，福寿全归，先生昆季，亦皆事业有成，宜室宜家尔昌尔炽，料令尊大人在天之灵，已无遗憾。深盼先生以礼制情，节哀顺变。阖家人前，尤冀代致慰候之意。谨具奠仪，即乞代荐。专唁孝履，顺希

珍卫

文焕谨启

月　日

举例二：唁丧夫

台北谢延禧女士雅鉴：

海峡阻隔，音信迟滞，时至近日，方从北京校友王竹琴先生处，惊悉谢森中先生不幸已于今年四月二十四日病逝于美国，噩耗传来无不为之震恸。

固知修短随化，终期以尽，人生百年，自有定数。然则追忆畴昔与先生契阔谈宴，纵论天下国家大势，共商两岸学术交流，得益匪浅，犹望今年五月再晤于上海，不意先生已于四月作古。呜呼：人生如寄，先生之音容风范，犹历历在目，而俯仰之间已为陈迹，能不令人悲痛。

先生学识渊博，从事经济理论研究与实践五十余年，乃近世经济界之巨擘，先生为台湾经济之发展，亚洲经济之复兴，贡献绝卓，并惠及四方，且多次获国际经济成就大奖，蜚声海内外数十年，先生之成就，实为我中华学子之骄傲，亦为母校之光荣。

谢延禧夫人，亦我中大校友，与森中先生结缡近六十年，内助有方，教育子女，今皆事业有成。伉俪情深，兰蕙双秀，亦为校友中之佳话。

谨以致诚，唁函台北，祭奠英灵，永志哀思，并向谢延禧夫人及其亲属，致以诚挚慰问。

中央大学校友会于南京

二〇〇四年九月十四日

七、讣告

亦称讣闻、讣文、讣音。由逝者所在单位或治丧委员会在一定范围内通报丧事时使用的专有礼仪文书。其作用是向逝者亲属、好友、同事、同

窗及其他有关人员通报逝者的死讯，以及治丧活动的安排，形式上，可以是张贴形式，也可在网上、电视、报纸等媒体上发布。

（一）讣告的三个突出特点

第一，措辞庄重严肃。辞世是生命的终结，讣告必须严肃庄重，沉痛表达，幽默风趣是讣告最忌讳的表达风格。

第二，情绪悲痛。字里行间要哀婉伤感，沉痛悲悼。

第三，行文简明扼要。讣告是一种说明性文体，应言简意赅，切忌写成哀悼性散文。

（二）讣告的三种类型

第一种，一般张贴式。这类讣告最为常用，一定要用白纸、黑字写出张贴，书写一定工整清晰，避免潦草造成误会。

第二种，公告式讣告。这类讣告隆重庄严，主要用于国家领导人、级别较高的干部、著名民主人士。

第三种，新闻报道式讣告。用新闻报道的形式向全社会发布死者去世消息。它主要用于身份低于国家领导人和级别较高的干部，但生前是具有一定社会影响的人物。

（三）讣告的写法

1. 标题

一般讣告：标题通常采用“讣告”二字即可，或在讣告前冠上死者姓名。

公告式讣告：标题则写“某某同志治丧委员会公告”。

新闻报道式讣告：标题多采用“某某同志去世”的形式。

2. 正文

主要包括三个方面的内容：

一是死者简介，主要包括死者姓名、身份（单位、职务、职称）、死亡的原因、时间、地点、终年岁数等。

二是治丧活动的主要安排，主要包括何时在何处举行遗体告别仪式或追悼会，何时在何处集合，欲送花圈、挽帐、挽礼者如何与治丧委员会联系等。

三是结束语，一般只写“特此讣告”即可。

3. 结尾

主要包括署名、和讣告发布时间。署名可以是单位名称，也可以是治丧委员会名称；时间一定要准确。

举例一：一般讣告

讣　告

××学校教授、××省××研究会会长×××同志，因病医治无效，于××月××日××时××分在××医院逝世，终年××岁。

兹定于××月××日××时××分在××殡仪馆举行××同志遗体告别仪式。

特此讣告

×××同志治丧委员会

年　月　日

（后可附死者治丧委员会成员名单）

举例二：公告式讣告：周总理逝世讣告

中国共产党中央委员会、中华人民共和国全国人民代表大会常务委员会、国务院讣告

中国共产常中央委员会、中华人民共和国全国人民代表大会常务委员会、国务院以极其沉痛的心情宣告：中国共产党中央委员会委员、中央政治局委员、中央政治局常务委员会委员、中央委员会副主席、中华人民共和国国务院总理、中国人民政治协商会议全国委员会主席周恩来同志，因患癌症，于一九七六年一月八日九时五十七分在北京逝世，终年七十八岁。

周恩来同志是中国共产党的优秀党员，是中国人民伟大的无产阶级革命家，是中国人民的忠诚的革命战士，是党和国家久经考验的卓越领导人。

周恩来同志一九七二年得病以后，在伟大领袖毛主席、党中央经常的亲切关怀下，医护人员进行了多方面的精心治疗。周恩来同志一直坚持工作，同疾病进行了顽强的斗争。由于病情恶化，医治无效，中国人民的伟大战士周恩来同志终于和我们永别了。他的逝世，对于我党我军和我国人民，对于我国的社会主义革命和建设事业，对于国际反帝、反殖、反霸的事业和国际共产主义运动的事业，都是巨大的损失。

周恩来同志忠于党，忠于人民，为贯彻执行毛主席的无产阶级革命路线，夺取中国人民解放事业和共产主义事业的胜利，英勇斗争，鞠躬尽瘁，无私地贡献了自己毕生的精力。在毛主席的领导下，周恩来同志对建设和发展马克思主义的中国共产党，对建设和发展战无不胜的人民军队，对夺取新民主主义革命的胜利，创建社会革命和建设事业的胜利，争取无产阶级文化大革命和批林批孔运动的胜利，巩固我国的无产阶级专政，对加强国际革命力量的团结，反对帝国主义、社会帝国主义和现代修正主义的斗争，都作出了不可磨灭的贡献，建立了不朽的功绩，受到全党全军全国人民的衷心爱戴和尊敬。

周恩来同志的一生，是为共产主义事业光辉战斗的一生，是坚持继续革命的一生。

周恩来同志逝世的消息，将在我国人民的心中引起深切的悲痛。我们要化悲痛为力量，全党全军全国人民都要学习周恩来同志的无产阶级革命精神和高尚革命品质，在毛主席为首的党中央领导下，团结一致，以阶级斗争为纲，坚持党的基本路线，坚持无产阶级专政下的继续革命，坚持无产阶级国际主义，巩固和发展无产阶级文化大革命的胜利成果，为巩固无产阶级专政，反修防修，为把我国建设成为社会主义的现代化强国，为共产主义事业的胜利而奋斗。

中国人民伟大的无产阶级革命家、杰出的共产主义战士周恩来同志永垂不朽！

八、悼词

凡是向死者表示哀悼、缅怀与敬意的文章统称为悼词。这里主要介绍的是在追悼会或遗体告别仪式上宣读的悼词。

（一）悼词的特点和作用

1. 盖棺定论。总结死者生平事迹，并对其生平业绩作出充分评价与肯定。

2. 对死者的沉痛悼念。哀伤、痛惜之情充满字里行间，是对死者的告慰，也是对生者的激励。

3. 对死者亲属、友人的安慰。痛失亲人是人生一大伤心事，悼词也是对死者亲友某种程度上的精神安慰，希望他们节哀顺变，早日从痛苦中走出。

（二）**悼词的写法**

1. 标题：有三种写法

第一种：直书“悼词”二字；

第二种：死者姓名＋称呼＋悼词二字。例如：“×××先生悼词”。

第三种：“在×××同志追悼会上的悼词”。

2. 正文：

开头：一般开头模式是：“今天，我们怀着无比沉痛的心情，悼念×××同志。”

主体：分三个层次：

第一层：死者生平简介，主要包括死者姓名、身份、死亡的时间、地点、原因、终年岁数等。

第二层：死者生平业绩简介。要历数死者生前的生活、工作、为人等方面的业绩，要说全说透，丰富充实，对有突出贡献者，在这部分所占篇幅要长一些。

第三层，对死者结论性评价和对死者再次表达悼念之情。结论性措词一定要慎重，字斟句酌；还可以表达死者去世对工作、事业、对社会、对人民所带来的损失，表示要继承死者遗志，以实际行动向死者表达怀念追悼之情。

3. 结束语：

文字要简练，通常采用模式化的句式：“×××同志永垂不朽!”“×××先生千古!”“×××女士安息吧!”

（三）**注意事项**

悼词不是一个人写的，而是需要集体来完成的。因为这不是一个人对另一个人的评价和悼念，而是一个集体对一个人的最终评价和悼念，是对一个人一生生活、工作和思想品德、所取得成绩等的全面总结与评价，有些资料需要到档案馆（室）查找，经相关人员核实的；在评价上，也不是一个人能够做到的，需要跟领导、同事等有关人员一起客观公正的予以商讨，给以盖棺定论。重要的人物，如国家领导人、级别较高的干部、有重大和特殊贡献的人物，悼词起草之前，更要认真研究，集体讨论，避免评价不足或过誉，最后达成共识后再形成文稿在追悼会上宣读。

第三节 中华礼仪经典选评

中华礼仪，经典荟萃，这些凝聚着儒家思想核心与智慧的文化载体，在千百年的历史进程中，在治国安邦及人们生活交往中曾起着巨大的作用，成为我们民族特有的文化组成部分。而在日趋国际化的当今时代，我们的礼仪文明如何继承其中的优秀特质，使本民族礼仪的魅力得以彰显延续、并焕发出新的活力，对我们民族礼仪追本溯源，让子孙后代不要忘记祖先们在历朝历代积淀下来的文化精华，教师在这方面则任重而道远。本节将部分搜览礼仪典籍，分门别类略加评说，撷英咀华，以飨读者。

第一部分：礼仪概要

1. “夫礼者，所以定亲疏、决嫌疑、别同异、明是非也。礼不妄说人，不辞费。礼不逾节，不侵侮，不好狎。修身践言，谓之善行。行修言道，礼之质也。”

——《礼记·曲礼上》

简评：

这段话的大意是说，礼，是用来判定亲疏、解决疑惑、判别异同、断明是非的。它要人讲信用，而不随意取悦于人，不说空话；它要人知道恭敬，而不逾越上下级的节度，对他人不侵犯侮慢，也不随便狎昵。修养自身，说到做到，就是美好的品行。品行端正美好，话语合乎正道，就是礼的本质。

《礼记》论述礼非常重视其功用，将礼视为治国安邦的重要范畴。礼可以“定亲疏，决嫌疑，别同异，明是非”，上至国家君臣，下至家庭父子，都要以礼来规范行为，统一步调。此段话告诉我们如何去知礼学礼，告诉我们礼的本质是什么，告诉我们君子要务本，即要注重修养自身，言而有信，知道恭敬，言谈举止有礼有节，只有这样，才会有一个安定祥和的社会。尽管古代“礼”的内涵与今天“礼”的内涵有所区别，但这对于我们今天学习礼仪还是有重要的启迪意义的。

2. “道德仁义，非礼不成；教训正俗，非礼不备；分争辨讼，非礼不决；君臣、上下、父子、兄弟，非礼不定；宦学事师，非礼不亲；班朝治军，莅官行法，非礼威严不行；祷祠祭祀，供给鬼神，非礼不诚不庄。是以君子恭敬撙节，退让以明礼。鹦鹉能言，不离飞鸟；猩猩能言，不离禽兽；今人而无礼，虽能言，不亦禽兽之心乎。夫唯禽兽无礼，故父子聚麀。是故圣人作，为礼以教人，使人以有礼，知自别于禽兽。”

——《礼记·曲礼上》

简评：

这段文字大意是说，道德仁义，不通过礼则不能完成；教育训导端正习俗，不通过礼就不能完备；判决争端及诉讼，没有礼不能决断；君臣之间、上下级、父子兄弟的关系没有礼就不能确定。从师习吏之道，没有礼师生就不亲密；确定朝列位置，治理军队，担任各种官职，施行法令，没有礼就不能树立威严；祈祷求福，祭祀还愿，给鬼神进供祭器，没有礼就不心诚，不庄重。因此，君子都恭恭敬敬，节制谦让，以彰显礼。鹦鹉虽会说话，但还是飞鸟；猩猩虽能讲话，但还是禽兽；而如果做人却没有礼，即使会说话，不还和禽兽一样吗？正因为禽兽无礼，才会有父子与同一母兽交配的情形。因此圣人出现，制订礼以教化人们，使人有了礼，自己知道如何别于禽兽。

道德仁义是儒家思想的核心，而礼则是这一思想核心的集中呈现，是合于道德要求的治国理念和切于民生日用的交往方式。有了礼，才可教化百姓，醇厚风俗；有了礼，才可以辨是非断诉讼；有了礼，才可以定名份明人伦；有了礼，才可以亲师授道；有了礼，才可以有班朝治军、居官执法时的威严；有了礼，才有祭祀祝福时的诚敬之心。从这段话来看，在古代社会，礼无处不在，有礼才有德，无礼事难成，可以说，礼是人区别于动物走向文明的标志。当今社会，更应知礼用礼，让文明风气发扬光大。

3. **“礼尚往来，往而不来，非礼也；来而不往，亦非礼也。人有礼则安，无礼则危。故曰：礼者不可不学也。夫礼者，自卑而尊人，虽负贩者必有尊也，而况富贵乎？富贵而知好礼，则不骄不淫；贫贱而知好礼，则志不慑。”**

——《礼记·曲礼上》

简评：

这段话的大意是，礼崇尚有往有来，如果只有施予，没有回报，这不合乎礼的规范。而只有回报，没有施予，也是不合乎礼的规范的。人有了礼的规范约束就会安宁，不讲求礼就会面临危险。所以说，礼是不可不学的。那么礼是什么呢？礼就是自尊而又尊重他人，即使那些挑着担子沿街叫卖的小商贩也应受到尊敬，更何况是富贵之人呢？富贵者如果知道讲礼，就会不骄横不放纵；贫贱的人如果知道讲礼，他的精神就不会畏怯困惑。

中国有句老话叫“言必称三代”，意思是说中国的文化思想、制度都是从夏商周三代起源的。就礼仪来讲，虽经历朝历代演变，但许多精华的内容与形式已传承至今。这段话着重讲了两个方面，一是礼仪的互动原则，强调的是“礼尚往来”，这也成为千百年来中国古代礼仪的一个重要原则。二是将“礼”提到关乎人生安危成败的高度，强调“人有礼则安，无礼则危”，因此无论是卑者还是尊者，是贫穷还是富有，都应明礼守礼，从而提出“自卑而尊人”的又一基本原则，所以说，礼不是可有可无的，而是必不可少的。

4.“国君去其国，止之曰：‘奈何去社稷也！’大夫，曰：‘奈何去宗庙也！’士，曰：‘奈何去坟墓也！’国君死社稷，大夫死众，士死制。”

——《礼记·曲礼下》

简评：

这段话表达的是对国家对宗族的热爱。这段话的大意是：国君如果要逃离自己的国家去他国，臣下阻止时说：“怎能抛下社稷呢！”大夫要逃离自己的国家，阻止时说：“怎能抛下祖先的宗庙呢！”士要逃离自己的国家，阻止时说：“怎能抛下祖宗的坟墓呢！”国君应与社稷共存亡，大夫应与众士卒共生死，士应誓死捍卫国家的政令。

爱国爱家爱黎民百姓是上自国君、下至臣民的一种高尚的情感与责任，是炎黄子孙世代相袭的历史传统。今天，我们每一个中国人只有将这种情感与责任发扬光大，才无愧于历史，无愧于民族。热爱祖国，热爱人民、热爱我们的兄弟姐妹，也是现代礼仪修养中的重要内涵。

5.“陈亢问于伯鱼：‘子亦有异闻乎？’

对曰：‘未也。尝独立，鲤趋而过庭，曰：‘学《诗》乎？’对曰：‘未也。’‘不学《诗》，无以言。’鲤退而学《诗》。

他日，又独立，鲤趋而过庭。曰：‘学礼乎？’对曰：‘未也。’‘不学

礼，无以立。’鲤退而学礼。闻斯二者。”

——《礼记·曲礼下》

简评：

这是陈亢与伯鱼关于“诗”与“礼”的一段对话。陈亢认为伯鱼肯定从他父亲孔子那里听到过与众不同的教诲，伯鱼告诉说“没有”，然后跟他讲了两件事：“有一天，父亲独自在庭院里站着，问从他身边走过的我：‘学《诗》了吗？’我说‘没有’。父亲就说：‘不学《诗》，就不会说出有文采的话。’于是我就开始学《诗》。又一天，父亲又独自站在庭院里，我走过他身边，他又问我：‘学礼了吗？’我说没有。’父亲说：‘不学礼，就不会处身立世。’于是我就开始学礼了。如果说我独自听到父亲的教诲，那么就这两次。”

孔子所说的《诗》就是我国最早的诗歌总集《诗经》，孔子认为，只有学好了《诗》，才能学会说有文采的得体的话。而要想立足于社会，只学《诗》还不够，还要懂礼，知道什么事可以做，什么话可以说，懂得约束自己的言行，懂得尊重他人。所以，历代文人学士都把诗和礼当作立身之基、传家之宝，也常常把“诗礼传家”几个字题于自家的大门上，以标示书香门第，普通百姓也把“知书达礼”当作有知识有修养的标准而教育子女。

第二部分　服饰礼仪

6. “屦，夏用葛。玄端黑屦，青絇繶纯，纯博寸。素积白屦，以魁柎之；缁絇繶纯，纯博寸。爵弁纁屦，黑絇繶纯，纯博寸。冬，皮屦可也。不屦繐屦。”

——《仪礼·士冠礼》

简评：

这段话主要介绍在冠礼上冠者所穿鞋子的礼仪。夏天穿用葛做的，穿玄端服要以黑色的鞋子相匹配。鞋头的装饰，鞋缝中的圆条丝带，鞋的镶边都是青色，镶边一寸宽。穿带褶的白缯裳，用白色的鞋匹配，用蜃粉涂于鞋帮，鞋就变成白色；鞋头的装饰、鞋缝中的圆条丝带，鞋的镶边都是白色的，镶边宽一寸，穿爵弁服，用浅绛色的鞋相配，鞋头的装饰，鞋缝中的圆条丝带，鞋的镶边都是黑色的，镶边一寸宽。冬天，可穿皮革做的鞋。不穿用麻布做的鞋，因为麻布一般用于丧服。

从这段文字中可以看出我国古代十分注重鞋子与服装色彩的搭配，在鞋子的质地、装饰、加工上十分讲究，同时也可以看到古人在不同的季节、场合穿不同的鞋子，表达不同的思想情感，决不随便从事。尤其是男子在作为成年礼的冠礼上穿的鞋子就更加的讲究，可见古人对服饰礼仪的高度重视。

7. “**古者深衣盖有制度，以应规矩绳权衡。短毋见肤，长毋被土。续衽钩边，要缝半下。袼之高下，可以运肘；袂之长短，反诎之及肘；带、下毋厌髀，上毋厌胁，当无骨者。**

——《仪礼·深衣第三十九》

简评：

这段话讲的是古代深衣穿着标准。古代深衣的制作有一定的规格，以合乎圆规、矩尺、墨线、秤锤、秤杆，短不要露出小腿肚，长不能拖地，裳的衽连在两边，中间收小（呈上下广中间狭的形状），腰的宽度是裳下摆的一半。袖与上衣在腋下的接缝，以可以让肘自如运动为标准；衣袖的长短，以反折后到手肘为宜；腰间的大带，向下不能盖住股骨，向上不能盖住肋骨，应当位于肋骨下股骨上的无骨之处。

深衣是我国古代的一种服制。它的衣和裳相连，因为披体深邃，故称深衣。古代诸侯、大夫、士平时在家主要穿深衣。除此之外，也可用于一些朝事祭祀以外的一些非正式活动，其用作十分广泛。深衣在设计、裁制上十分考究，其长、短、宽、色彩等均有严格规定，其方形的衣领似矩，表示应当方正；背缝直线一直下垂，表示应当正直，裳的下摆似秤锤秤杯，表示公平之义，袖口为圆规，则表示揖让圆融。可见我国古代在服饰的裁制穿着上是十分严格的，并有着丰富的文化内涵。

8. “**君子不以绀緅饰，红紫不以为亵服。当暑袗絺绤，必表而出之。缁衣羔裘，素衣麑裘，黄衣狐裘。亵裘长，短右袂。必有寝衣，长一身有半。狐貉之厚以居。去丧，无所不佩。非帷裳，必杀之。羔裘玄冠不以吊。吉月，必朝服而朝。齐，必有明衣，布。**”

——《论语·乡党》

简评：

此段记述孔子衣服之礼节。孔子不用玄色或浅绛色的布给平常穿的衣服镶上边作饰物，不用红色或紫色的布做便服。暑天穿粗的或细的葛布单衣，但一定要套在内衣外面。黑色的罩衣配黑色的羔羊皮袍，白色的罩衣配白色的鹿皮袍，黄色的罩衣配黄色的狐皮袍。居家穿的皮袍做得较长，但右袖要短一些（为了便于做事）。睡觉一定要有一身半长的睡衣。用狐貉的厚毛皮做坐垫。丧服期满，脱下丧服后，便佩带上各种各样的装饰品。如果不是上朝和祭祀时穿的用整幅布制作的礼服，一定要裁去多余的布。不穿黑色的羔羊皮袍和戴着黑色的帽子去吊丧。每月初一，一定要穿着朝服去朝拜君主。斋戒的时候，一定要有沐浴后穿的衣服，是用麻布或葛布做成的。

孔子对“礼”的遵循，不仅表现在与国君和大夫们见面时的言谈举止和仪式，而且表现在衣着方面。他对祭祀时、服丧时和平时所穿的衣服都有不同的要求，如单衣、罩衣、麻衣、皮袍、睡衣、浴衣、礼服、便服等，都有不同的规定。这一点，孔子可谓服饰礼仪的典范。

第三部分　语言礼仪

9.“与君言，言使臣；与大人言，言事君；与老者言，言使弟子；与幼者言，言孝悌与父兄；与众言，言忠信慈祥；与居官者言，言忠信。

凡与大人言，始视面，中视抱，卒视面，毋改。众皆若是。若父，则游目，毋上于面，毋下于常。若不言，立则视足，坐则视膝。”

——《仪礼·士相见礼》

简评：

这里讲的是谈话话题、表情与体态的礼仪。

在谈话内容上，与君主谈话时，要谈如何任用臣下；与卿大夫要谈如何事奉君主；与年老长者应谈如何教育弟子；与年轻人应谈如何对父兄孝悌；与众人应谈如何诚信和睦；与官吏应谈如何忠君守信。

在表情与体态上，凡是与卿大夫说话，开始时视线落在（他的）脸部，（观看其神情），然后，视线落在（他的）胸部，（给对方以思考时间），最后再移视线至脸部，（看他是否同意自己的看法）。（整个过程）不要随便变动体态表情。对在座的其他卿大夫也是如此。如果是与父亲说话，目光则可放松移动，但上不要高于脸部，下不要低于腰带。如果对方不再说话，（那视线就应当是）对方站立就落在其足部，对方坐就落在其膝部。

这两段文字论述的是古代燕见及其他场合会面时言谈的礼节。燕见，是私见的意思，指臣子在君主内廷与君主相见，以别于朝会。尽管不是正式的朝会，在谈吐举止上仍有严格的要求。此外，对君王、长者、幼者、众人谈吐也有要求，值得注意的是，古人在谈吐时对谈吐者的神情有具体的要求，谈吐的同时，要有得体的目光神情，才能表现出对对方的尊重，才能使谈吐有良好的效果，这是在礼仪学习中应当注意的。

10. **“子曰：‘巧言令色，鲜矣仁！’”**

“有德者必有言，有言者不必有德。”

“君子耻其言而过其行。”

——**《论语》**

简评：

孔子是一个讲究仁义道德的人，他的仁义道德体现在多个方面，其中语言是最直观的礼仪表现。这几段话大致是说，花言巧语，满脸装笑，是缺少仁德的表现；有德性的人必定会讲话，会讲话的人不一定有德性；那些有修养的人深感羞愧的是自己的言谈与自己的行为不相符。

语言是思想的直接现实，只有发自内心的话才是最真诚、最有力量的。也许华美的言辞能在一时一地被人相信，但巧言乱德，行为的反差终究会令其失去诚信。因此，孔子说“君子不以言举人，不以人废言”，意即有修为的人不会因为几句美言就提拔他，也不会因为话不投机就不理睬他，察人不仅要“听其言”，更要观其行。

“君子一言驷马难追”，真实无欺、实事求是等从来就是语言礼仪的重要内涵，也是做人的艺术。《诗经·大雅·抑》说：“无易由言，无曰苟矣，莫扪朕舌，言不可逝矣……”，意思是话语不能轻易的脱口而出，不要说“随便吧，没有人能捂住我的嘴”，可话一出口就追不回来了，因此“慎言”是重要的语言礼仪修养，凡事三思而后行，语言慎思再出口，真正的君子讷于言而敏于行，所以孔子的话的确发人深思。

11. **“子曰：‘中人以上，可以语上也；中人以下，不可以语上也’。**

简评：

孔子说，中等学问以上的人，可以与他谈论高深的知识和道理；中等以下学问的人，不可以与他谈论高深的知识和道理。其实这是一个简单的道理，可是在几千年前由孔子提出，就显得很高深了。

语言不是一个死板的框架，而是深具丰富性和灵活性等特征的体系，不同的话语对象应该采取不同的表达方式，从而达到教化、启智、成事的目的。对于文化层次较低者，要用浅显明白的语言；而对于较高层次的人则可"语上"。比如子路和冉有曾向孔子问了同一个问题，孔子根据两个人的性格特征、能力大小、行为习惯、处事方式等予以不同的回答，这就是艺术的语言，也是语言礼仪的原则。

第四部分 行为举止礼仪

12. "若夫，坐如尸，立如齐。"

"毋侧听，毋噭应，毋淫视，毋怠荒。游毋倨，立毋跛，坐毋箕，寝毋伏。敛发毋髢，冠毋免，劳毋袒，暑毋褰裳。"

——《礼记·曲礼上》

简评：

这两段话的大意是说，坐的样子要像祭祀时的"尸"一样端直，站立的样子要如同祭祀时屈身恭敬一样；在正式场合不要侧耳偷听，不要高声大叫，不要左顾右盼，不要散漫不拘，行走不要摆出傲慢的样子，站立不要一脚着地一脚离地，坐时不要双脚像畚箕张开，入寝时不要趴着，头发要收束不要披散，帽子不要随便摘下，劳作时不要袒露身体，暑天不要撩起下裳。

我国古代礼仪对于人的形体姿态十分重视。这两段文字从人的站立、行走、坐、卧、表情等方面提出了严格的礼仪要求，这些要求直到今天仍然是值得借鉴的。试想，今天不是还有很多人还没有做到"劳毋袒，暑毋褰裳"吗？很多人在夏天袒胸露背，招摇过市，这些人实在是该全面提高自己了。

13. "受立，授立，不坐。性之直者则有之矣。"

——《礼记·少仪》

简评：

这句话的大意是说，在接受和送给别人物品时都应该是站着的，而不能是坐着的姿态。如果生来就身材高大，那么接受物品时可以跪着。

《少仪》专门介绍日常琐事所应注意的礼仪。这里介绍的是接受和给予别人东西时的礼节。在日常生活中，接受和给予是极其平常的行为。因其平常，故易忽略。一般来讲，为了表示对对方的尊敬，接受者在接受东西时要起身站立，而给予者在给予时亦要起身站立。但也有例外，如果对方是身材矮小的长者，而自己的身材又很高大，则可以挺直上身跪着接受或给予了。这一要求虽然讲的是授受之礼，其中也透露了礼可以权变的道理。

14. “孔子于乡党，恂恂如也，似不能言者；其在宗庙、朝庭，便便言，唯谨尔。朝，与下大夫言，侃侃如也；与上大夫言，訚訚如也。君在，踧踖如也，与与如也。”入公门。鞠躬如也，如不容。立不中门，行不履阈。过位，色勃如也，足躩如也，其言似不足者。摄齐升堂，鞠躬如也，屏气似不息者。出，降一等，逞颜色，怡怡如也。没阶，趋进，翼如也。复其位，踧踖如也。

食不语，寝不言。寝不尸，居不客。

——《论语·乡党》

简评：

这段文字的大意是：

孔子在乡邻百姓那里非常恭顺温和，好象是个不善言谈的人；在宗庙、朝堂则非常善于辞令，只是说的比较谨慎罢了。

孔子上朝时，与下大夫交谈，理直气壮，温和从容；与上大夫言，和颜悦色，直言诤辩。国君临朝，又恭敬谨慎，仪态得体。

孔子进入朝堂大门的时候，像鞠躬似的弯曲着身子，好像高大的公门不能容受其身。站立时不挡在大门的中央，行走时不踩踏门槛。经过国君的座位时，面色矜持庄重，脚步也快起来，说话时下气低声似乎气力不足。提起衣襟走上朝堂时，像鞠躬似的弯曲着身子，屏住气好像不呼吸一样。退下时，走下一级台阶，则舒放神态，和颜悦色。走尽台阶，快步向前，好像鸟儿舒展翅膀。回到自己的朝位，依然恭敬而不安的样子。

孔子吃饭时不交谈，睡觉前不说话。睡觉时不像死尸那样直躺着，平时坐着也不像做客或接见客人那样端直。

《论语》是记录孔子与弟子及时人相互问答的一部语录体著作，其中也有一些对其行为举止的记录。孔子是一个极其重视礼的谦谦君子，作为后学弟子的表率，他处处严格要求自己，严格约束自己的行为。

这段文字记载的是孔子在乡、在朝、在日常生活等不同场合的言谈举止，音容笑貌，给人留下十分深刻的印象，处处显示了孔子的为人之礼。在乡邻面前，他谦逊、和善，在朝堂上，他恭敬而有威仪，在国君面前，他温和恭顺，庄重严肃又诚惶诚恐。他的每一个行动姿态、每一种面部表情，都不慌不忙，不卑不亢，有礼有节，恰到好处。即使是平时独立性较强的吃饭、睡觉、休息等小事，他也莫不规矩有度：吃饭时不交谈、睡觉前不说话、睡姿如弓，平时蹲坐等，是利于养生的生活习惯，这种生活习惯和养生之道是值得我们学习的。

第五部分　饮食礼仪

15. **“共食不饱，共饭不泽手。毋抟饭，毋流歠。毋咤食，毋啮骨，毋反鱼肉，毋投与狗骨，毋固获，毋扬饭，饭黍毋以箸，毋嚃羹，毋絮羹，毋刺齿，毋歠醢。客絮羹，主人辞不能亨。客歠醢，主人辞以窭。濡肉齿，决干肉不齿决。毋嘬炙。”**

——《礼记·曲礼上》

简评：

这段话的大意是说，与他人一起用餐，不要只顾自己吃饭。共同在一个食器内（用手抓饭）时不要搓手。抓饭时不要把饭抟成团，不要把手上的饭再放回食器中。不要大口地饮汤。嘴巴不要发出咤咤的响声，不要使劲啃咬骨头；未吃完的鱼肉不要放回食器中，不要把骨头扔给狗吃。不要只吃一种菜或争挟菜；不要去扬饭上的热气，吃黍米饭不用筷子，不要大口吞咽羹汤。不要往羹汤上放调味品，不要当众剔牙，不要大口地吃肉酱。如果客人往羹汤里放调味品，主人要抱歉说自己烹调不好；如果客人大口吃肉酱，主人要抱歉说准备不周。湿软的肉可以用牙齿咬开，干肉则不可用牙齿咬断（要用手撕开）。吃烤肉时不要大声吞吃。

古人的饮食礼仪有着十分严格的规范，通过这段文字可以看出，古人的宴饮进食礼节是十分繁琐的，从宴饮菜肴、食物的摆放，到主客之间的相互尊敬、谦让，事无巨细。尤其对人们在宴饮中的行为、举止、表情更有详尽的要求，古代这些礼节的宗旨，是培养人们“尊让契敬”（《礼记·乡饮酒义》）的精神，要求社会不同阶层上下有礼。这套饮食礼仪对中国古代社会产生了深远的影响。对今天我们的餐饮礼仪也有重要的学习价值。

16. **“凡饮食，须要敛身离案，毋令太迫，从空举箸，以次著于盘中，毋致急剧，将肴蔬拨乱。咀嚼，毋使有声，亦不得恣所嗜好，贪求多食。安放碗箸，俱当加意照顾，毋使失误随地。”**

——屠羲时《童子礼·饮食》

简评：

这段话的意思是说，吃饭的时候身子要离桌子远一些，不要紧贴桌子；筷子夹菜的时候不能太急，更不能乱拨把菜肴拨乱了；咀嚼不能发出声音，对于自己喜欢吃的饭食不能太贪；吃完饭后收拾碗筷要轻手轻脚，以免失手打碎。这些要求非常细致，甚至有些繁琐，但到今天仍然对我们的个人行为有一定的借鉴意义。这些繁琐的规定背后，其实是传统的礼仪规范。它们要求每个人都要从小事上养成良好的习惯，我们今天仍然经常说到的“小处不可随便”、“小节之处见精神”等，就是与上述这些传统的礼仪吻合的。

第六部分　家庭礼仪

17. **“凡内外，鸡初鸣，咸盥漱，衣服，敛枕簟（dian），洒扫室堂及庭，布席，各从其事。孺子蚤寝晏起，唯所欲，食无时。”**

——《礼记·内则》

简评：

这段话的大意是：全家上下的人，都要在鸡一鸣叫的时候起床洗漱，穿戴整齐，收拾起枕席，打扫房屋庭院，铺设坐席，各行其事。只有小孩子不必如此，随他高兴，吃饭也没有固定的时间。

《内则》介绍的是男女、居室、事父母舅姑的礼仪。这里论述的是日常生活中应遵守的礼法，阐释了遵礼守礼始于细枝末节和一日之计在于晨的道理，并将这一道理具体化、形象化。家中男女悉应闻鸡即起，洒扫庭院，一应穿衣戴帽、叠被铺床、洗漱洒扫之事，须有条不紊，既给人以整肃洁净的感受，又予人以识礼崇敬的印象。这一要求即使对我们今天的年轻人来讲，依然有着典型的意义，其实，它就是我们平时所说的勤俭持家、勤劳致富、一年之计在于春、一日之计在于晨。希望我们都能养成良好的生活起居习惯，尤其在当今人们工作节奏高度快速、时间紧张以至于有时昼夜颠倒、社会交往活动日趋频繁、个人生活失去规律的现代社会，人们更应该注意调整起居规律，保障个人健康，才能更好地生活，更好地发展事业。

18.“凡为人子之礼：冬温而夏凊；昏定而晨省。在丑夷不争。”

“夫为人子者，出必告，反必面，所游必有常，所习必有业。恒言不称老。年长以倍，则父事之；十年以长，则兄事之；五年以长，则肩随之。群居五人，则长者必异席。”

“父母有疾，冠者不栉，行不翔，言不惰，琴瑟御，食肉不至变味，饮酒不至变貌，笑不至矧，怒不至詈，疾止复故。”

——《礼记·曲礼第一》

简评：

这三段文字讲的是做子女对待父母长辈的礼仪，其大致意思是讲：

子女对父母要尽孝尽礼，冬天要让父母温暖，夏天要让父母清凉；晚上为父母安置好被褥侍奉他们安寝，早晨向父母问安并向他们祝福。与平辈相处要平和而不纷争，以免父母操心难过。

对父母，出门必先禀告父母，回来必须面告父母，出游必须有常规，学习必须有正业，平时说话不要自称“老”，对年龄比自己大一倍的人，就如同父辈那样来侍奉；比自己年长十岁的人，就如同兄长那样来侍奉；比自己年长五岁的人，就可以与之并行而稍后些。五个人聚会时，就必须为年长的一位另设坐席以示敬重。

父母有了疾病，已成年的儿子不梳头装扮，走路时不摆动双手，不说歪邪之语，不鼓琴瑟。吃肉不要过多而导致口味都有变化，饮酒不要饮到脸变了颜色；不要露齿大笑，不要高声怒骂，等到父母病好了再恢复原来的生活状态。

尊老敬老风尚是中华文明的一朵奇葩，既为中华文化添了光彩，也为后代留下了一笔宝贵的精神财富。尊老是中华民族的传统美德，上面几段文字都是说明在家庭中儿辈对父母的礼节，其核心是孝顺父母，尊敬父母，照料父母。在我国古代的家庭礼仪中“孝”是最为重要的一个范畴，孔子即把“孝悌”作为“仁”的核心。在古人看来，百善孝为先，求忠臣于孝子之门，因而围绕“孝”有非常严格、非常繁琐的家庭礼仪，这影响了千百年来的中国社会和千千万万个家庭。在今天，这些礼仪仍有其合理成份，有一定的价值和积极意义。中国已进入老龄化社会，尊老敬老问题在当下更显得具有现实意义和历史意义。

19. **“父母没，将为善，思贻父母令名，必果；将为不善，思贻父母羞辱，必不果。”**

——《礼记·内则》

简评：

这里论述的是子女对待父母的态度，是另一个角度的孝敬父母。大意是说，父母虽去世了，做子女的将要做一件好事的时候，想到这必然会给父母带来好名声，就一定想法做成；将要做一件不好的事，想到这将会给父母带来羞辱，就一定不会去做。

做一件事情，首先要想到它会给自己的父母带来什么样的影响，如果做的是一件好事，能给父母带来好的名声就坚决去做；如果做的是一件坏事，会给父母带来羞耻就不要去做。如果能做到事前考虑到这些，也就是做子女的对父母的孝了。即使父母不在了，也应如此坚持，这与孔子所说的三思而后行是一致的。虽则时代已经演进到21世纪，这种规范仍具有相当的进步意义，是值得我们效法的。

20. **“礼始于谨夫妇。男女不同椸（yi）枷，不敢悬于夫之楎（hui）椸，不敢县于夫之箧笥，不敢共湢（bi）浴。夫不在，敛枕箧簟席，襡（du）器而藏之。为宫室，辨内外。男子居外，女子居内。深宫固门，阍寺守之。男不入，女不出。”**

——《礼记·内则》

简评：

这段文的大意是：礼开始于慎重的对待夫妇关系。男女不共用衣架，妇女不能把衣服挂在丈夫的衣架上，不能收藏在丈夫的衣箱里，不和丈夫在同一个浴室里洗澡。丈夫不在家的时候，要把丈夫的枕头放在衣箱里，睡席和坐席都收起来，丈夫的其他器物也都收藏起来。建造宫室，严分内外。男子在外面的正寝，女子在里面的燕寝。深宫固门，有阍人、寺人负责看守。男子不到里面去，女子不到外面来。

这里论述的是夫妇之礼与男女之别。在古代中国社会中，男女、夫妇是有区别的，即所谓男女之大防。它要求男女之间要有内外之别，甚或至于“授受不亲”。这一规定无疑限制了青年男女行为的自由，禁锢了人们的思想，是较典型的禁欲主义思想的具体体现。随着时代的进步，女子们在社会活动中的地位和作用日见突出，那种严格区别内外的旧礼制渐渐退出历史的舞台了。但在青年男女的正常交往中，我们尚需注意要保持一定的距离。

第七部分　为学礼仪

21．“大学之教也，时。教必有正业。退息必有居学。不学操缦，不能安弦；不学博依，不能安诗；不学杂服，不能安礼；不兴其艺，不能乐学。古君子之于学也，藏焉，修焉，息焉，游焉。夫然，故安其学而亲其师，乐其友而信其道。是以虽离师辅而不反。《兑命》曰：“敬孙务时敏，厥修乃来”。其此之谓乎。“

——《礼记·学记》

简评：

这段文字的大意是“大学”的教学，要有一定的时序。所教要有必修的科目，课外休息时也有温习的内容，学生不学习操弄指法，琴瑟就弹不好；不学习广博譬喻，诗就不能出色；不学习洒扫、应对、盥洗等琐辟事，就不能很好地行礼；不喜欢学习技艺，也就不会有浓厚的学习兴趣。所以君子对于学习，每天挂记在心，休息的时候学，闲游的时候也学。正因如此，才能安于学习，亲近师长，乐于与同学相交，坚信自己所学的道理（去依照施行）。因此，即便离于老师、朋友，也不违反信奉的道理。《尚书·兑命》说：“敬重所学之道，（勤勉治学），时时不放松，所修的学业就会成功。”就是说的这个道理吧！

《礼记·学记》中的这段文字精辟地论述了学生在学校应勤勉治学，时刻不放松自我，学习要广博，要培养浓厚兴趣，更要从洒扫、应对、盥洗琐碎的事务做起，才能懂得行礼，要有自己所信奉的道理，并坚持施行，只有做到这些，所修的学业才会成功。今天我们的有些在校生一味埋头应试，却忽略了搞好洒扫、应对、盥洗等琐事，不懂得与师长同学交往的礼节，忽略“一屋不扫，何以扫天下”的道理，读读这段文字，很好地反思一下，会对每个人都有极大的启示意义。

22．“凡学之道，严师为难，师严然后道尊，道尊然后民知敬学。是故君子之不臣于其臣者二：当其为尸，则弗臣也；当其为师，则弗臣也。大学之礼，虽诏于天子无北面。所以尊师也。”

——《礼记·学记》

简评：

学习之道中，尊敬老师是最难做到的，只有老师受到尊敬，那么他所传的道才会被尊重，道受到尊重，然后民众才会懂得敬重学习。因此，君主不以对待臣子的态度来对待臣子的情形有二种：一是在臣子担任祭祀中的“尸”的时候，二是当臣子做自己的老师的时候。“大学”的礼节，即使是对天子讲课，老师也不面向北，这正是表示对老师尊敬的缘故啊。

我国古代对老师是十分尊敬的，古人有所谓“一日为师，终身为父”的说法。在学校的礼节中，“师严道尊”是至高无上的，即使天子也不例外。于此可见，作为学生在学校中最重要的礼仪就是尊敬师长，只有这样，才可能认真学习，不断提高。

第八部分　见面礼仪

23. “士相见之礼：挚，冬用雉，夏用腒。左头奉之，曰：“某也愿见，无由达。某子以命命某见。”主人对曰：“某子命某见，吾子有辱。请吾子之就家也，某将走见。”宾对曰：“某不足以辱命，请终赐见。”主人对曰：“某不敢为仪，固请吾子之就家也，某将走见。”宾对曰：“某不敢为仪，固以请。”主人对曰：“某也固辞，不得命，将走见。闻吾子称挚，敢辞挚。”宾对曰：“某不以挚，不敢见。”主人对曰：“某不足以习礼，敢固辞。”宾对曰：“某也不依于挚，不敢见，固以请。”主人对曰：“某也固辞，不得命，敢不敬从！”出迎于门外，再拜。宾答再拜。主人揖，入门右。宾奉挚，入门左。主人再拜，受，宾再拜送挚，出。主人请见，宾反见，退。主人送于门外，再拜。主人复见之，以其挚，曰：“向者吾子辱，使某见。请还挚于将命者。”主人对曰：“某也既得见矣，敢辞。”宾对曰：“某也非敢求见，请还挚于将命者。”主人对曰：“某也既得见矣，敢固辞。”宾对曰：“某不敢以闻，固以请于将命者。”主人对曰：“某也固辞，不得命，敢不从？”宾奉挚入，主人再拜受。宾再拜送挚，出。主人送于门外，再拜。“

——《仪礼·士相见礼第三》

简评：

这段文字详细介绍了古代士人的见面礼。

见面时带的礼物，冬天用野鸡，夏天用风干的野鸡。

宾客来到主人家大门求见时，要把野鸡的头朝左捧着，说：“我一直愿意拜见您，但无缘自达。现在某人以您的命令让我来拜见您。”

主人则答：“某人也命我去见您。现在您屈尊前来，让我感动。请您先回家，我马上到贵府拜访。”

宾回答：“我实在不敢烦劳您，还是请您在此赐见吧。”

主人回答：“我不敢虚情假意，还是请您先回贵府，我马上前往拜访。”

宾回答：“我也不敢虚情假意，一定请您赐见。”

主人回答：“我一再推辞，得不到您的同意，我随即就去拜访您。听说您带来了礼物，实在不敢当，不敢接受您的礼物。”

宾回答：“我不带礼物来，不敢拜见您。”

主人回答：“我不敢当此大礼，真的不敢接受。”

宾回答：“我不带礼物表达敬意，就不敢拜见您，请您一定收下。”

主人回答：“我一再推辞，得不到您的同意，哪敢不恭敬从命呢!”

于是在大门外迎接宾客，行再拜之礼。

宾回以再拜礼。

主人揖请宾客，自己先进门走在右侧，宾捧着野鸡，进门后走在左侧。

在庭中，主人再拜接受礼物，

宾再拜之后送上礼物，礼毕出门。

主人请宾相见，宾返回与主人相见，然后退出。

主人送宾到大门之外，行再拜之礼。

（以上为宾客的拜见礼，以下为主人的回访礼）

主人（上文之“主人”）改日到宾家拜访，仍以宾客带来的野鸡为礼物，说：“不久前您屈尊前往，让我荣幸地见到您，请允许我把礼物交还给您的传命傧相吧!”

主人（上文之“宾”）回答：“我已经荣幸地与您相见了，不敢再烦劳您前来。”

宾（上文之“主人”）回答：“我不是冒昧地求见主人，不过是将礼物交还给您的传命傧相。”

主人（上文之“宾”）回答：“我已经拜见过尊贵的您了，所以再次辞谢。”

宾（上文之“主人”）回答：“我不敢把还礼物的事来烦扰您，所以再次请见您的传命傧相。”

主人（上文之“宾”）回答：“我再三推辞，得不到您的同意，哪敢不恭敬从命呢？”

宾（上文之“主人”）捧着礼物进门，主人（上文之“宾”）行再拜之礼后收下，宾（上文之“主人”）向主人行再拜之礼后送上礼物，然后出门，主人送到门外，行再拜之礼。

简评：这是《礼记》中记述士相见之礼的一段文字，其后还记述了士见大夫、大夫相见、士大夫见于君等的礼节，都是由士相见之礼推及；因此士相见之礼有着较为典型的示范意义。今天看来，士相见之礼过于客套烦琐，但其体态、言语、过程对我们今天的社交礼仪还是有借鉴价值的。

第九部分　朋友之礼

24.“**朋友死，无所归，曰：‘于我殡’**”。

“**朋友之馈，虽车马，非祭肉不拜。**”

——《论语·乡党》

简评：

朋友死了，没有亲属来发葬，孔子就说：“丧事由我来办理吧。”

朋友的馈赠，虽然是车马，只要不是祭肉就不拜谢。

这里记述的是孔子重朋友之情和轻财重祭之礼。孔子重友情轻钱财，重祭肉轻车马，这是孔子的仁仪思想的具体体现。为朋友发葬关乎“仁”，祭肉关乎“孝”。孔子作为丧主厚葬朋友会使自己的内心得到净化，拜谢朋友赠予的祭祀祖先的祭肉，这祭肉不仅仅是一块普通的可以食用的肉，而是对祖先尽孝的一个载体。现代生活早已剔除了拜祭肉这样的仪式，但每个人心中应存对父母长辈的孝敬，对朋友的忠诚，这是现代礼仪对古代礼仪文明的继承，成为现代人应有的美德。

第十部分　作客礼仪

25.“**将适舍，求毋固。将上堂，声必扬。户外有二屦，言闻则入，言不闻则不入。将入户，视必下。入户奉扃，视瞻毋回。户开亦开，户阖亦阖。有后入者，阖而勿遂。毋践屦，毋踖席，抠衣趋隅。必慎唯诺。**”

简评：

这段话大意是：到别人家作客，不要责求主人寻找过去见过的东西。将进入主人堂屋的时候，一定要高声探问。如果看到门外有两双鞋子，听到里面有回应的声音才能够进入，听不到里面有回应的声音就不能进入。进门时，眼睛要往下看。进了门，双手做出捧着门栓的样子，目光要往前看而不能回顾。门原来是开着的，进门后依然开着；门原来是关着的，进门后仍把门关上。如果后面还有人要进来，只作慢慢关门的姿势以待来人，不能将门马上关上。脱鞋子时不要踩了先到者的鞋子，登席入座时不要超越次序，用手提着下裳，慢慢的从席角走向座位。应对时，要慎重回答。

有的客人来了，主人就盼他走，走了就不希望他来；有的客人不来，主人盼他来，来了就怕他走，走了又盼他来。作客是有讲究的。这里介绍的是访友作客之礼仪。访友作客是人们日常生活中必不可少的一个内容，但如何做到有礼貌地拜访，成为一个受人欢迎的客人，却是很有讲究的。这段文字就为我们介绍了自进门到登堂入室、再到就坐安席和与人答问的全过程中的每个细节，并具体而生动地描摹了各个环节的动作。那种傲慢自雄、无视他人的作风和那种穷酸措大、扭捏作势的态度，都会招致主人的厌恶而使自己成为不受欢迎的人。只有谦恭识礼、举止大方、进退有度的人，才会受到主人的欢迎。

中华传统礼仪走过了几千年，如同本节开篇所言，它有着许多文明灿烂的精华，同时也带有鲜明的统治者主体意识，而那些“繁文缛节”在飞速运行的现代化进程中又对人的言行构成许多约束。无论是精华还是糟粕，当我们面对它，也面对越来越接近的世界和越来越了解并接受的西方礼仪时，方悟出我们民族礼仪的源远流长与博大精深，悟出“越是民族的就越是世界”的这句话的意义所在。古老而又新鲜的中华传统礼仪，在今天虽然有些形式已不再应用，如跪拜礼、作揖礼等，但其蕴含的民族礼仪文化精神仍有其独特的魅力与价值。因此，现代礼仪始于传统，学习礼仪，就一定要从中华传统礼仪开始。

参考文献

1. 钱玄、钱兴奇等：《周礼》，《仪礼》，《礼记》，岳麓出版社，2001年7月。

2. 任继愈、朱筱新：《中国古代的礼仪制度》，商务印书馆，1997年12月。

3. 任继愈、王炜民：《中国古代礼俗》，商务印书馆，1997年12月。

4. 陈戍国：《中国礼制史》，湖南教育出版社，1998年12月。

5. 王琦珍：《礼与传统文化》，江西高校出版社，1994年6月。

6.《论语》，内蒙古人民出版社，2000年9月。

7. 彭林：《中华传统礼仪概要》，高等教育出版社，2006年8月。

8. 彭林：《 彭林说礼》，电子工业出版社，2011年月10月。

9. 彭林：《中国古代礼仪文明》，中华书局出版社，2004年1月。

10. 彭林：《中华传统礼仪》，北京燕山出版社，2004年1月。

11. 未来之舟：《礼仪手册》，海洋出版社，2005年2月。

12. 贝新莨：《中学生礼仪常识及人文素质培养》，新华出版社，2003年1月。

13. 马桂茹、张文俊： 《仪表美训练》，中国旅游出版社，1993年7月。

14. 金正昆：《社交礼仪》，北京师范大学出版社，2011年6月。

15. 郝铭鉴、孙为：《中国应用礼仪大全》，上海文化出版社，1991年5月。

16. 金正昆：《商务礼仪》，北京大学出版社，2004年7月。

17. 李泽厚：《美学四讲》，天津社会科学院出版社，2001年11月。

18. 潘肖珏：《公关语言艺术》，同济大学出版社，1991年9月。

19. 王军编：《公关礼仪》，华中科技大学出版社，1996 年 6 月。

20. 金正昆：《商务礼仪》，北京大学出版社，2004 年 7 月。

21. 李道魁：《现代礼仪教程》，西南财经大学出版社，2003 年 9 月。

22. 李嘉珊：《实用礼仪教程》，中国人民大学出版社，2011 年 12 月。

23. 朱志贤：《心理学大辞典》，北京师范大学出版社，1989 年 10 月。

24. 杨林：《最新社交应用文体写作大全》，陕西人民教育出版社，1992 年 3 月。

25. 孙春旻：《现代实用文体写作大全》，西北大学出版社，2004 年 11 月。

26. 杨文丰：《现代应用文书写作》，中国人民大学出版社，2011 年 12 月。

后 记

历经两年的酝酿、研讨、推敲，《教师礼仪通论》一书终于出版了。

我们力求将这部书稿作为多年来教学、教研与实践的总结与升华！

我们任教的沧州师范学院创建于1958年，迄今已有五十多年的历史。学校秉承“明德博学，知行日新”的校训，非常注重对学生道德品行、文明礼仪的养成教育，在对师范生的培养上形成了自身特色。中文系作为较早的本科院系，在传授专业知识的同时，还一直注重对师范生身心气质的培育，尤其注重将礼仪的规范与礼仪的文化精神浇灌浸润在每个学生的心田。面对公民礼仪素质现状，面对社会对礼仪知识的渴望，我们越来越深切地感受到对师范生进行礼仪教育、训练的必要性与迫切性。早在2004年，我们就率先在中文系尝试开设教师礼仪课，一直注重对师范生身心、气质的培育。多年以来，我们聘请礼仪专家讲座、培训，把“教师礼仪”作为特设课纳入教学计划，围绕礼仪教育开展系列教改、教研和实践活动，在此基础上，2007年和2009年我们分别承担了中国教育学会重点课题《礼仪师资专业化专职化的培养途径研究》和《传统礼仪文化与现代学校礼仪教育的接轨研究》，发表多篇礼仪文化、礼仪教育论文，并成立了“沧州师院礼仪教育研究中心”，真正建立起礼仪教育与研究的平台。为了扩大交流、拓展视野，我们通过各种渠道与各地大中小学的礼仪工作者保持密切联系与合作，关注高校和中小学的礼仪教育教研现状与前沿信息，在这些活动与研究、探索中，逐渐形成了越来越清晰的礼仪教育理念，为本书的编著打下了坚实基础。

总结以往，我们的深刻体会是：

第一，礼仪教育应成为师范生的公共必修课纳入教育教学计划。礼仪是师范生德育的一个极具操作性的切入点，我们从最初的礼仪讲坛，到逐渐建立起教育教研实践平台，和较为完整的教师礼仪课程体系，学生受益匪浅，培养效果显著。

第二，教师礼仪有着自身鲜明的规律与特点，一般通用礼仪是不能完全替代和覆盖它的，因此，师范生非常需要一本真正适合他们使用的礼仪教材。

第三，教师礼仪实践成果应成为教育教学的重要内容。礼仪教育成果不仅来自课堂，更来自实践中的创建与应用，来自人们对它的理解与认同，我们力争把多年的礼仪实践成果加以凝炼，揉入其中，也力争使这部书稿在众多礼仪书籍中具有自身特色，具有科学性、针对性、实用性、适用性。

本书的编著有幸得到了河北大学博士生导师胡连利教授的指导，他以高端、开阔的学术视野，为本书在礼仪教育理念、体例与框架上拔冗斧正，并欣然作序；沧州师院院长刘树桢教授非常关心此书编写，并提供了珍贵的资料；副院长牛芙珍教授在礼仪文化内涵和书稿文字风格上提出了中肯的指导性意见；全国首位特级礼仪教师贝新茝女士慷慨提供了关于中小学礼仪教育的前沿信息和相关资料……可以说，书稿的最终完成得到了很多宝贵的帮助与支持，在此一并致谢。

最后，特别要感谢我们中文系四位可爱的学生陈梦、关明金、张琪、赵东晓，他们作为本书图示的模特儿，将礼仪行为要领进行了形象示范；感谢摄影师刘佳怡，她一丝不苟的敬业精神和高超技术为本书增色。

限于编著者笔力，书中难免存有缺憾，诚请大家学者、读者朋友批评指正，共同参与、壮大我们的礼仪教育与实践！

《教师礼仪通论》编写组

二〇一三年九月